OPUSCULES
ET MÉLANGES
HISTORIQUES
SUR LA VILLE
D'ÉVREUX
ET LE DÉPARTEMENT DE L'EURE.

OPUSCULES

ET MÉLANGES

HISTORIQUES

SUR LA VILLE

D'ÉVREUX

ET LE DÉPARTEMENT DE L'EURE.

ÉVREUX,

IMPRIMÉ PAR JULES ANCELLE.

1845.

PRÉFACE.

—

Moins heureux que bien d'autres pays, Evreux et le département de l'Eure ont vu l'ignorance et les révolutions détruire la majeure partie des titres originaux de leur histoire, sans qu'aucun travail antérieur vint diminuer les regrets.

Quelques lambeaux épars d'archives communales ou religieuses, d'histoires inédites, incomplètes, des lettres et dissertations disséminées dans les anciens journaux littéraires, de minces calendriers historiques, voilà tout ce qui reste.

Mais plus ces débris sont rares, plus ils sont précieux, plus nous avons d'intérêt à les recueillir.

Aussi, en attendant qu'on puisse publier les chartes et les titres retrouvés dans les archives, et les rares documents qui peuvent encore faire connaître sous un jour nouveau les institutions et les monuments de nos villes, nous venons satisfaire au désir souvent manifesté par nos amis de voir rassembler les opuscules épars, imprimés dans les journaux du temps, intéressant notre histoire, afin de mettre chacun à même de juger en connaissance de cause la réalité et l'importance des découvertes que chaque jour amène.

On a reproduit dans ce mince volume le Calendrier astronomique publié en 1749, par Jacques Cretien, curé d'Orgeville, chez Jean Malassis, imprimeur-libraire à Evreux. Cet écrit, qui a pour titre *La Science sublime, ou la parfaite Connoissance du ciel et de la terre par le soleil, la lune et les étoiles*, contient 80 pages in-12, dont les 48 premières renferment des notions astronomiques générales qu'on n'a point réimprimées ; mais on a cru devoir rien retrancher au surplus du volume, bien qu'il concernât un grand nombre de localités étrangères au département de l'Eure.

Puis vient la réimpression *textuelle* des deux Calendriers historiques de Durand, professeur au collége d'Evreux.

Ces petits livres, dont le premier fut imprimé à Rouen, en 1749, par Laurent Dumesnil, et le second à Chartres, en 1750, par François le Tellier, sont complètement reproduits, à l'exception des notions astronomiques qui les précèdent.

Mais en essayant de mettre un peu d'ordre dans leurs notices historiques, nous craignons de n'avoir organisé que le désordre.

Durand, né à Evreux, ainsi qu'il semble l'indiquer lui-même, explique dans la préface (1) de son

(1) « Plusieurs villes ont leur calendrier particulier. Un licencié de Sorbonne ne dédaigna pas l'an passé d'employer sa plume à faire celui de Paris. Pourquoi la ville et le diocèse d'Evreux n'auroient-ils pas le même avantage ? J'ai osé entreprendre cet ouvrage, qui plaira aux uns et sera peut-être critiqué des autres ; mais cela devra-t-il m'empêcher de travailler ? Non, sans doute, car comme je ne cherche que l'utilité publique, je serai charmé qu'on me corrige dans les endroits où j'aurai

premier volume le motif et le but de sa publication. Mais il paraît qu'elle n'obtint point l'assentiment de ses contemporains, et que les acheteurs firent défaut à son livre, puisqu'après un second essai, ce fut le Journal de Verdun qui publia ses recherches.

Malgré quelques erreurs qu'il ne lui était peut-être pas permis de rectifier par l'examen des titres, on doit regretter que l'appui du public lui ait manqué, et l'ait empêché de nous conserver de nombreux documents perdus aujourd'hui.

On a reproduit en outre des lettres et dissertations d'auteurs anonymes sur quelques coutumes singulières du clergé, des écrits de Béziers et du curé de Saint-Thomas d'Evreux, Adam, dont on a perdu l'*Histoire d'Evreux* à laquelle il consacra sa vie; enfin un extrait de l'*Art de vérifier les dates*, concernant les comtes d'Evreux; les personnes qui s'occupent de notre histoire locale pourront y puiser d'utiles renseignements sur la chronologie des chartes et de l'histoire de ces seigneurs.

Malgré l'insertion de quelques listes et de nomenclatures nécessaires à l'intelligence de quelques articles, nous avons dû être sobre de notes. Notre but n'était point d'écrire l'histoire, ni de rectifier les

pu manquer. J'insère au commencement les remarques astronomiques dont un de mes amis (M. Cretien, curé d'Orgeville) m'a fait part : comme elles n'ont pour objet que la ville d'Evreux, je crois qu'elles seront goûtées des personnes qui aiment l'astronomie. Il m'a promis les autres signes du zodiaque dans le goût de celui-ci. Je compte qu'il ne manquera pas à sa parole. Je ferai en sorte de varier tellement ce petit ouvrage tous les ans, qu'il paroîtra toujours nouveau. Enfin, puisque je ne l'ai entrepris que dans la vue d'être utile à ma patrie, si l'on veut me faire part des recherches curieuses et particulières qu'on peut avoir faites sur la ville et le diocèse d'Evreux, je les insérerai dans mon Calendrier avec celles dont j'ai fait provision, et que je ferai paroître par la suite. On aura la bonté de les adresser au sieur Malassis, imprimeur à Evreux. »

erreurs de ceux qui l'écrivaient avant nous, mais, comme nous l'avons dit, de mettre entre les mains du public les pièces à l'aide desquelles il pût juger sainement de la réalité et de l'importance des découvertes à venir.

Puisse cette compilation être favorablement accueillie de nos concitoyens !

T. B.

Evreux, 1er février 1845.

LA JUSTE POSITION

DES

PRINCIPALES VILLES ET BOURGS DE NORMANDIE;

LEURS DEGRÉS DE LONGITUDE ET LATITUDE (1).

Manière très-facile pour trouver aisément la situation de tous les pays de la province.

LA HAGUE, PAYS ET DIOCÈSE DE COUTANCES.

CHERBOURG, ville située sur le bord de la mer au 16 degré 12 m. de longitude, et au 49 degré 38 m. de latitude, à l'embouchure d'une petite rivière nommée Divette : il y a une abbaye d'hommes de l'ordre de Saint-Augustin, qui vaut 8,000 liv.

VALOGNE, ville située au 16 degré 31 m. de longitude, et au 49 degré 30 m. de latitude, à 3 lieues de la mer, 63 de Paris, sur une petite rivière nommée Merderet : il y a élection. C'est la patrie de Jean de Launoy (2).

CARANTAN, petite ville située au 16 degré 28 m. de longitude, et au 49 degré 19 m. de latitude : il y a un ancien château distant de la mer de 3 lieues, 8 lieues de Coutances, au nord-est, et 8 lieues de Bayeux.

SAINT-LÔ, belle ville située au 16 degré 32 m. de longitude, et au 49 degré 7 m. de latitude, distante de Coutan-

---

(1) Quoiqu'une grande partie de cette espèce de dictionnaire astronomique de la Normandie concerne plusieurs villes étrangères au département de l'Eure, sur lequel nous avons voulu réunir ces documents historiques épars, nous n'avons pas cru devoir mutiler l'œuvre du curé d'Orgeville, qui restant complette doit intéresser plus de lecteurs. On trouvera donc ici cet ouvrage, tel qu'il est publié dans *la Science sublime, ou Parfaite connaissance du ciel et de la terre, par le soleil, la lune et les étoiles*, imprimée à Evreux chez Jean Malassis, en 1794. Nous avons rapporté dans la préface les détails que nous avons pu nous procurer sur cet auteur, et sur son livre.

(2) Théologien, né le 21 décembre 1603.

ces de 5 lieues, et de 66 de Paris; elle est dans un terrain fertile; il y a une manufacture de draps, d'étoffes et de fer: elle est sur la route de Caen à Coutances.

Coutances, ville épiscopale, située au 16 degré 12 m. de longitude, et au 49 degré 3 m. de latitude; elle est proche la mer, à 9 lieues au nord d'Avranches, à 18 lieues occidentales de Caen, à 15 lieues nord-est de Saint-Malo, et 70 lieues occidentales de Paris. Les églises sont belles et la cathédrale est magnifique (1).

Granville, ville maritime à 3 petites lieues occidentales de la Haye-Painel, 6 lieues de Coutances, 74 de Paris, située au 16 degré 3 m. de longitude, et au 48 degré 50 m. de latitude.

PAYS ET DIOCÈSE D'AVRANCHES.

Avranches, ville épiscopale, située au 16 degré 17 m. de longitude, et au 48 degré 41 m. de latitude, à demi-lieue de la mer, 3 du Mont-Saint-Michel, 3 de Pont-Orson, 3 de la Luzerne, 8 de Mortain, 9 au sud de Coutances, 12 à l'est de Saint-Malo, 70 de Paris: ce diocèse a 10 ou 12 lieues de long; l'air y est assez doux et tempéré, les habitants sont polis, adroits et aiment la guerre; les cidres y sont les meilleurs de toute la Normandie.

Mont-Saint-Michel, très-forte ville et abbaye, située sur un rocher en mer, au 16 degré 2 m. de longitude, et au 48 degré 38 m. de latitude.

Pont-Orson, sur la rivière de Coesnon, aux confins de la Bretagne, est situé au 16 degré 8 m. de longitude, et au 48 degré 33 m. de latitude, distant de Paris de 73 lieues.

Sainte-James, petite ville située au 16 degré 28 m. de longitude, et au 48 degré 30 m. de latitude, à 3 lieues de Pont-Orson, et 67 lieues de Paris.

Savigny et Teilleuil sont de la même hauteur du pôle.

PAYS ET DIOCÈSE DE BAYEUX.

Louviers, petite ville sur le bord de la mer, située au

---

(1) On en trouve une bonne description dans les mémoires de la Société des Antiquaires de Normandie.

16 degré 45 m. de longitude, et au 49 degré 24 m. de latitude.

Les Deux-Gémeaux, bourg situé au 16 degré 43 m. de longitude, et au 49 degré 22 m. de latitude.

Longues, abbaye de l'ordre de Saint-Benoît, qui vaut 4,000 livres, est située au 16 degré 55 m. de longitude, et au 49 degré 21 m. de latitude.

Douvre, bourg situé au 17 degré 10 m. de longitude, et au 49 degré 18 m. de latitude.

Cruly, bourg situé au 17 degré de longitude, et au 49 degré 17 m. de latitude.

Isigny, gros bourg, petit port de mer, situé au 16 degré 35 m. de longitude, et au 49 degré 20 m. de latitude, à 6 lieues de Bayeux : c'est le siége de l'amirauté et le pays natal du père le Tellier (1).

Bayeux, ville épiscopale, située au 16 degré 57 m. de longitude, et au 49 degré 16 m. de latitude : saint Exuper en étoit le premier évêque; la cathédrale est une des plus belles de Normandie (2); les habitants sont laborieux et fort propres au commerce : il y a un château et un gouverneur.

Caen est une très-belle ville, située au 17 degré 18 m. de longitude, et au 49 degré 11 m. de latitude : il y a une célèbre université fondée par Charles VII (3), un présidial, un bureau des finances, un bailliage, un hôtel des monnoies : elle est la seconde ville de Normandie, et la patrie de Fr. Malherbes (4), du père Fournier (5), jésuite, de Daniel Huet, évêque d'Avranches (6), du célèbre Pierre Varignon (7), et de plusieurs autres grands personnages; elle

(1) Michel le Tellier, théologien, né le 16 décembre 1643.
(2) Il en existe une description dans le magnifique ouvrage anglais de Pugin, sur les antiquités normandes.
(3) Elle avait été primitivement fondée par Henri V, roi d'Angleterre, an 1417.
(4) Né en 1555.
(5) Né en 1595.
(6) Né en 1630.
(7) Né en 1654.

est à 26 lieues sud-ouest de Rouen, 18 à l'est de Coutances, et à 51 de Paris.

Torigny, ville située au 16 degré 35 m. de longitude, et 49 degré 12 m. de latitude ; elle est sur un ruisseau à 3 lieues de Saint-Lô, 8 de Coutances : il y a un magnifique château et une abbaye de l'ordre de Citeaux, qui vaut 5,000 liv ; c'est la patrie de François de Calliers (1).

Aunay, bourg et abbaye de l'ordre de Citeaux, qui vaut 6,000 liv. Elle est située près du 49 degré de latitude, et sur la route de Caen à Vire.

Le Plessis, bourg et abbaye situés près du 17 degré de longitude, sur la route de Caen à Avranches.

Condé, bourg situé au 16 degré 58 m. de longitude, et au 48 degré 50 m. de latitude, sur le Noireau, à 5 lieues de Falaise et de Vire, à 4 lieues de Tinchebrai et 50 de Paris.

Vire, capitale du petit pays de Bocage, avec titre de vicomté ; il y a élection et manufacture de draps : c'est la patrie de Jean-Baptiste Duhamel (2). Elle est située au 16 degré 45 m. de longitude, et au 48 degré 5 m. de latitude, à 11 lieues sud-est de Coutances, 8 sud-est de Saint-Lô, 13 sud-ouest de Caen et 60 de Paris.

Tinchebray, bourg situé au 16 degré 45 m. de longitude, et 48 degré 5 m. de latitude.

PAYS ET CAMPAGNE DE CAEN.

Trouard, bourg situé au 17 degré 20 m. de longitude, et au 49 degré 14 m. de latitude.

Argence, bourg situé au 17 degré 20 m. de longitude, et au 49 degré 15 m. de latitude, sur la Meance, à 4 lieues de Caen.

Fontenai, bourg et abbaye de bénédictins, valant bien 8,000 liv., situé au 17 degré 13 m. de longitude, et au 49 degré 6 m. de latitude.

Saint-Silvain, bourg situé au 17 degré 24 m. de longitude, et au 49 degré 5 m. de latitude.

(1) Grammairien, historien, né en 1645.
(2) Mathématicien du XVIe siècle.

Turi, bourg et marquisat, situés au 17 degré 8 m. de longitude, et au 48 degré 59 m. de latitude.

La Mousse, Conbrai, Martinville, Saint-Pierre, Lessart, Aubigni, Amblainville et Barou, sont toutes paroisses situées au 48 degré 57 m. de latitude.

Falaise, ville située au 17 degré 25 m. de longitude, et au 48 degré 45 m. de latitude, distante de Caen de 8 lieues sud-est, 16 lieues nord-ouest de Sées, 11 sud-est de Lisieux, et 46 de Paris : elle est en forme de vaisseau, avec un château où il y a une des plus belles tours qui soient en France. Elle est remarquable par la naissance de Guillaume-le-Conquérant (selon la plus commune opinion), de Roch Bailli, surnommé la Rivière, et de Guy le Febvre (1), et par son commerce de serges, de toiles et de dentelles (2), et par la foire de Guibrai l'un de ses faubourgs.

DIOCÈSE DE SÉES ET PAYS APPELÉ HOULME.

Argentan, ville au diocèse de Sées, sur une hauteur, au milieu d'une belle plaine très-fertile, sur le bord boréal de l'Orne, située au 17 degré 35 m. de longitude, et au 48 degré 54 m. de latitude, à 5 lieues nord-ouest de Sées, 5 lieues et demie au sud-est de Falaise, et 44 de Paris.

Flers, gros bourg avec titre de comté, situé au 17 degré 2 m. de longitude, et au 48 degré 43 m. de latitude.

Ecouché, gros bourg situé sur le bord austral de l'Orne, au 17 degré 30 m. de longitude, et au 48 degré 43 m. de latitude.

Briouse, bourg situé au 17 degré 14 m. de longitude, et au 48 degré 41 m. de latitude.

Lonlai, abbaye de l'ordre de Saint-Benoit, située au 16 degré 52 m. de longitude, et au 48 degré 39 m. de latitude.

Domfront, petite ville qui a titre de comté ; elle est située sur une montagne, au 16 degré 58 m. de longitude, et au 48 degré 35 m. de latitude.

Carouge, bourg situé au 17 degré 27 m. de longitude, et au 48 degré 34 m. de latitude.

(1) Premier médecin de Henri IV.
(2) Gilbert le Febvre, poëte, né dans le XVIe siècle.

Juvigni, bourg situé au 17 degré 6 m. de longitude, et au 48 degré 33 m. de latitude.

Lignères, bourg situé au 17 degré 24 m. de longitude, et au 48 degré 32 m. de latitude.

Passais ou la Conception-Mantille, Ceauce, Etrigé, Genelai, Halaine et Couterne, situés sur le bord boréal de la rivière de Mayenne, sont tous pays au 48 degré 31 m. de latitude.

PAYS D'AUGE.

Touques, bourg situé au 17 degré 45 m. de longitude, et au 49 degré 21 m. du latitude.

Pont-l'Evesque, petite ville située sur la Touque, au 17 degré 48 m. de longitude, et au 49 degré 17 m. de latitude, à 10 lieues de Caen, 4 de Lisieux, 3 de Honfleur et de la mer, et 42 de Paris.

Beuvron, bourg situé au 17 degré 34 m. de longitude, et au 49 degré 13 m. de latitude.

Cambremer, bourg sur la route de Caen à Lisieux, situé au 17 degré 44 m. de longitude, et au 49 degré 10 m. de latitude.

Saint-Pierre-sur-Dive, abbaye de bénédictins qui vaut 10,000 liv., située au 17 degré 38 m. de longitude, et au 49 degré 2 m. de latitude.

Courcy, bourg situé au 17 degré 35 m. de longitude, et au 48 degré 58 m. de latitude.

Vimoutiers, petite ville située au 17 degré 54 m. de longitude, et au 48 degré 57 m. de latitude : elle est de l'élection d'Argentan, sur le bord occidental de la rivière de Vie.

Letrun, bourg situé sur le bord boréal de la Dive, au 17 degré 41 m. de longitude, et au 48 degré 51 m. de latitude.

Chamboi, bourg situé sur le bord boréal de la Dive, au 17 degré 45 m. de longitude, et au 48 degré 48 m. de latitude.

Hiesme, bourg sur une haute montagne stérile située au 17 degré 48 m. de longitude, et au 48 degré 46 m. de latitude.

DIOCÈSE DE LISIEUX ET PAYS DE LIEUVIN.

Pont-Audemer, ville entourée de bonnes murailles, située au 18 degré 16 m. de longitude, et au 49 degré 22 m. de latitude, sur le bord austral de la Rille, à 10 lieues occidentales de Rouen, 7 au nord-est de Lisieux, 5 à l'est de Honfleur et 34 au nord-ouest de Paris.

Beuseville, gros bourg situé au 18 degré 2 m. de longitude, et au 49 degré 25 m. de latitude.

Saint-Christophe, bourg situé au 18 degré 18 m. de longitude, et au 49 degré 23 m. de latitude, à trois quarts de lieue à l'ouest de la Rille.

Epagnes, bourg situé au 18 degré 10 m. de longitude, et au 49 degré 21 m. de latitude.

Boneville, bou g situé au 18 degré 4 m. de longitude, et au 49 degré 20 m. de latitude.

Blangi, bourg situé au 17 degré 58 m. de longitude, et au 49 degré 19 m. de latitude.

Cormeilles, bourg et abbaye de bénédictins, sur la Calone et sur la route de Pontaudemer à Lisieux (1) : elle est située au 18 degré 6 m. de longitude, et au 49 degré 19 m. de latitude ; elle vaut 14,000 liv.

Saint-George, bourg de la généralité de Caen, et de l'élection de Mortain, situé au 18 degré 16 m. de longitude, et au 49 degré 18 m. de latitude.

Lieurai, bourg situé sur la route de Lisieux à Montfort, du sud-ouest au nord-est, et de Pontaudemer à Sées, du sud au nord, situé au 18 degré 14 m. de longitude, et au 49 degré 17 m. de latitude.

Lisieux, ville épiscopale, située au 17 degré 55 m. de longitude, et au 49 degré 11 m. de latitude, sur la jonction des rivières d'Orbé et de la Touque : les églises, maisons religieuses, et le palais épiscopal y sont très-beaux. Elle est éloignée de Rouen de 16 lieues, au sud-ouest, 12 orientales de Caen, 5 de la mer et 37 de Paris.

(1) Ancienne voie romaine.

THIBERVILLE, bourg situé au 18 degré 14 m. de longitude, et au 49 degré 10 m. de latitude.

BERNAY, ville qui porte le titre de comté, et située sur la Carantone, au 18 degré 20 m. de longitude, et au 49 degré 6 m. de latitude, à 6 lieues sud-est de Lisieux et 12 sud-ouest de Rouen : il y a une riche abbaye de bénédictins qui vaut 20,000 liv.

ORBEC, petite ville située au 18 degré 7 m. de longitude, et au 49 degré 3 m. de latitude.

FERVAQUES, bourg situé sur la rivière de Touque, même degré de hauteur.

MOUTIERS-HUBERT, sur la Touque, près du 18 degré de longitude, et du 49 de latitude.

SAP, vicomté, gros bourg, généralité d'Alençon, élection de Lisieux, situé au 18 degré 3 m. de longitude, et au 48 degré 54 m. de latitude.

ORGEVILLE, sur la Touque, près du 18 degré de longitude, est de la même hauteur.

SAINT-EVROULT, bourg et abbaye de bénédictins qui vaut près de 20,000 liv., situés au 18 degré près de 7 m. de longitude, et au 48 degré 48 m. de latitude.

DIOCÈSE DE SÉES ET CAMPAGNE D'ALENÇON.

La TRAPPE, abbaye de l'ordre de Cîteaux, située dans un vallon où la rivière d'Iton prend sa source, au 18 d. 16 m. de longitude, et au 48 degré 37 m. de latitude : elle est fort célèbre par la vie austère et sainte de ses religieux; ils suivent l'étroite observance, et sont continuellement occupés au travail, au jeûne et à la prière, et gardent un silence perpétuel.

SÉES, ville épiscopale, située sur la rivière d'Orne, dans un pays agréable et abondant en tout ce qui est nécessaire à la vie, au sud-ouest de la forêt d'Ecouves, au 17 degré 50 m. de longitude, et au 48 degré 36 m. de latitude : elle est éloignée d'Alençon de 5 lieues au nord, 8 de Laigle au sud-ouest, 26 de Rouen au sud-ouest, et 41 à l'occident de Paris. La ville contient environ 3,000 personnes, et l'évêché 500 paroisses.

Essei, bourg qui porte le titre de marquisat, situé sur la petite rivière de Vesone, au 17 degré 53 m. de longitude, et au 48 degré 32 m. de latitude.

Mortagne, ville des plus grandes et des plus peuplées du Perche, située au 18 degré 14 m. de longitude, et au 48 degré 31 m. de latitude : elle est éloignée de Sées de 7 lieues sud-est, de 9 lieues nord-est d'Alençon, et 34 de Paris ; il y a bailliage et élection.

Alençon, grande et belle ville, avec titre de duché, située sur le bord boréal de la rivière de Sarte, au 17 degré 45 m. de longitude, et au 48 degré 25 m. de latitude, à 8 lieues au nord du Mans, 25 sud-ouest de Rouen, et 35 de Paris : il y a un beau château bien fortifié ; elle passe pour la troisième ville de Normandie ; elle est une des trois où il y a généralité (1). Il y a aux environs des carrières de pierres à bâtir, où l'on trouve des diamants qu'on appelle d'*Alençon*. Cette ville est la patrie de Pierre Allix (2) ; elle est dans une vaste campagne très-fertile et abondante en toutes sortes de grains et fruits.

ARCHEVÊCHÉ DE ROUEN.

Ici l'on prend de 15 en 15 minutes, à commencer depuis le 17 degré 45 minutes de longitude, jusqu'au 49 degré 25 m. de latitude.

Montivilliers, ville située au 17 degré 50 m. de longit. et au 49 degré 35 m. de latitude, à 2 lieues du Hâvre-de-Grâce, 3 de Harfleur, 6 de Fécamp, 16 de Rouen, et 38 de Paris : il y a une riche et célèbre abbaye de bénédictines.

Harfleur, ville située au 17 degré 51 m. de longitude, et au 49 degré 30 m. de latitude : elle est sur le bord de la Seine, à une petite lieue de Montivilliers, 2 du Hâvre, 6 sud-ouest de Fécamp, 16 nord-ouest de Rouen, et 44 nord-ouest de Paris. Les anglois la prirent d'assaut en 1415.

Havre-de-Grace, grande, belle, riche et forte ville maritime, située au 17 degré 5 m. de longitude, et au 49 degré 29 m. de latitude, à l'embouchure de la Seine, dans un lieu marécageux, à 12 lieues de Caen, 18 nord-ouest de

---

(1) Les deux autres généralités sont celles de Rouen et de Caen.
(2) Ecrivain ecclésiastique, né vers 1642.

Rouen, 8 sud-ouest de Fécamp, 2 de Montivilliers et de Harfleur, et 45 au nord-ouest de Paris : il y a un excellent port et une belle citadelle que le cardinal de Richelieu fit bâtir pour arrêter les Anglois. Il s'y fait un grand commerce.

Fécamp, ville et port de mer situés au 18 degré 1 m. de longitude, et au 49 degré 46 m. de latitude ; elle est à 8 lieues du Hâvre-de-Grâce, 6 nord-est de Montivilliers, 12 sud-ouest de Dieppe, et 45 nord-ouest de Paris. Il s'y fait aussi un grand commerce ; il y a une célèbre et riche abbaye de bénédictins qui vaut 45,000 liv.

Vallemont, bourg, château et abbaye de bénédictins qui vaut 10,000 liv., situés au 18 degré 10 m. de longitude, et au 49 degré 47 m. de latitude.

Saint-Romain, bourg situé au 18 degré 2 m. de longitude, et au 49 degré 34 m. de latitude.

Lille (1), petite ville dans le pays de Caux, située vers l'embouchure de la Seine, au 18 degré 8 m. de longitude, et au 49 degré 33 m. de latitude.

Quilleboeuf, petite ville sur l'embouchure de la Seine, à 7 lieues du Hâvre-de-Grâce, 3 au sud-ouest de Caudebec, 9 de Rouen, située au 18 degré 15 m. de longitude, et au 49 degré 30 m. de latitude.

Saint-Valeri, en Caux, petite ville avec un port de mer, située au 18 degré 14 m. de longitude, et au 49 degré 43 m. de latitude, à 6 lieues de Dieppe, 14 de Rouen et 42 de Paris.

Yvetot, grand bourg à 2 lieues de Caudebec, 6 de Rouen : il apporte le titre de principauté dans la maison du Beslai. On prétend qu'il a été autrefois érigé en petit royaume (2) ; il est situé au 18 degré 25 m. de longitude, et au 49 degré 39 m. de latitude.

Saint-Vandrille, bourg et abbaye de bénédictins près Caudebec, qui vaut 25,000 liv., situés au 18 degré 27 m. de longitude, et au 49 degré 33 m. de latitude.

(1) Lillebonne, l'ancienne Juliobona des romains.
(2) Il existe un grand nombre d'écrits sur ce sujet.

CAUDEBEC, ville riche, bien peuplée, capitale du pays de Caux (1), où il y a un grand commerce, située au pied d'une montagne, sur le bord boréal de la Seine, au 18 degré 22 m. de longitude, et au 49 degré 30 m. de latitude, à 7 lieues nord-ouest de Rouen, 11 à l'est du Hâvre, 12 au nord-est de Lisieux et 35 de Paris.

Le milieu de la forêt de BROTONE est situé au 18 degré 25 m. de longitude, et au 49 degré 26 m. de latitude.

BOURNEVILLE est un bourg situé au 18 degré 19 m. de longitude, et au 49 degré 23 m. de latitude.

ROUTOT est un petit bourg situé au 18 degré 27 m. de longitude, et au 49 degré 22 m. de latitude.

ANEBAUT, bourg avec titre de marquisat, situé au 18 degré 22 m. de longitude, et au 49 degré près de 19 m. de latitude.

LE BEC, belle, riche et célèbre abbaye de bénédictins, située sur une langue de terre en forme de bec, près la jonction de deux rivières, au 18 degré 26 m. de longitude, et au 49 degré 14 m. de latitude : cette abbaye vaut 80,000 liv.

BRIONE, petite ville avec titre de comté, située sur la Rille, dans la jonction des diocèses d'Evreux, Lisieux et Rouen, au 18 degré 26 m. de longitude, et au 49 degré 11 m. de latitude, à 8 lieues au nord-ouest d'Evreux, 8 de Lisieux, 3 de Bernay et 9 petites de Rouen.

FONTAINE, petit bourg situé au 18 degré 32 m. de longitude, et au 49 degré 5 m. de latitude.

TÔTES, bourg situé au 18 degré 48 m. de longitude, et au 49 degré 41 m. de latitude.

PAVILLI, petit bourg situé au 18 degré 40 m. de longitude, et au 49 degré 35 m. de latitude.

JUMIÈGE, bourg dans un contour de la Seine, à 5 lieues sud-ouest de Rouen, 3 sud-est de Caudebec, et 31 nord-

---

(1) Le pays de Caux contient 10 villes, 30 bourgs et environ 600 paroisses, quoiqu'il n'ait que 16 lieues de long et de large. Sa figure est triangulaire; les cures y sont d'un revenu considérable ; il abonde en grains, légumes, lin, chanvre et fruits : il y a une coutume particulière qui avantage beaucoup les fils ou filles aînés, ce qui oblige les puînés d'aller chercher fortune ailleurs. (*Note de l'auteur*.)

ouest de Paris, situé au 18 degré 20 m. de longitude, et au 49 degré 25 m. de latitude : il y a une célèbre abbaye de bénédictins qui vaut 30,000 liv.; M. l'évêque de Metz en fut nommé abbé en 1716.

Le Bourgachard, bourg situé au 18 degré 31 m. de longitude, et au 49 degré 21 m. de latitude.

Dieppe, belle ville avec un port et un château. L'église paroissiale de Saint-Jacques est très-belle : il y a une tour d'où l'on découvre les côtes d'Angleterre. Son grand commerce consiste en harengs, merlans et maquereaux. Les flottes angloises et hollandoises furent battues à la hauteur de Dieppe en 1690. Elle est exempte de tailles et de gabelles, et elle est située à l'embouchure de la rivière d'Arques, à 12 lieues au nord de Rouen, 6 sud-ouest de Tréport et de Saint-Valeri-en-Caux et 38 de Paris, au 18 degré 45 m. de longitude, et au 49 degré 55 m. de latitude.

Arques, petite ville située sur la rivière de son nom, au 18 degré 50 m. de longitude, et au 49 degré 54 m. de latitude, à 1 lieue et demie de Dieppe, 2 de Longueville et 2 petites de Torcy. Elle est remarquable par la victoire qu'y remporta Henry IV sur le duc de Mayenne en 1589.

Longueville, petit bourg situé au 18 degré 32 m. de longitude, et au 49 degré 49 m. de latitude, sur la partie occidentale de la petite rivière de Scie.

Torcy, petite ville située sur la rivière d'Arques, avec titre de marquisat, au 18 degré 54 m. de longitude, et au 49 degré 50 m. de latitude.

Saint-Victor, bourg et abbaye de bénédictins qui vaut 7,000 livres, situés sur la rivière d'Arques, au 18 degré 53 m. de longitude, et au 49 degré 41 m. de latitude.

Monvilles, petit bourg avec titre de comté, situé dans la jonction de deux petites rivières, au 18 degré 41 m. de longitude, et au 49 degré 34 m. de latitude.

Bosguerard, paroisse située au sud-est de Monvilles, à une demi-lieue, et presque aux mêmes degrés de longitude et de latitude.

Rouen, une des plus grandes et des plus riches villes

de France, capitale de la Normandie, avec titre d'archevêché qui vaut 100,000 livres et primatie de Normandie. Il y a un parlement qui fut établi en 1515, une cour des aides, chambre des comptes, généralité, présidial, bailliage, intendance, hôtel des monnoies, un beau collège, un grand nombre d'églises dont l'abbaye de Saint-Ouen et la cathédrale sont très-belles. C'est la patrie de plusieurs grands personnages. Elle est située sur la partie boréale de la Seine, au 18 degré 45 m. de longitude, et au 49 degré 27 m. de latitude, à 20 lieues sud-ouest d'Amiens, 60 nord-est de Rennes, 42 nord-ouest d'Orléans, 41 nord-ouest du Mans et 28 nord-ouest de Paris.

Eu, ville considérable avec titre de comté-pairie, située au 19 degré 5 m. de longitude, et au 50 degré près de 3 m. de latitude, à 6 lieues nord-est de Dieppe, 5 sud-ouest d'Abbeville, 8 au nord de Neuchâtel et 38 au nord-ouest de Paris. Elle est sur la partie occidentale de la petite rivière de Bresle, proche la mer et les frontières de la Picardie. Il y a un beau château et une belle place. Son principal commerce consiste en serges et dentelles.

Tréport, bourg et port de mer, situés presque aux mêmes degrés de longitude et de latitude que la ville d'Eu. Il y a une abbaye de bénédictins qui vaut 7,000 livres.

Criel, bourg situé sur la partie orientale de la petite rivière d'Hyère, au 19 degré 3 m. de longitude, et au 49 degré 59 m. de latitude.

Grancour, bourg avec titre de baronnie, situé sur la partie australe de la même rivière, au 19 degré 12 m. de longitude, et au 49 degré 56 m. de latitude.

Londinière, bourg situé sur la partie orientale de la rivière d'Eaune, au 19 degré 6 m. de longitude, et au 49 degré 51 m. de latitude.

Neuchatel, petite ville au pays de Brai, dans une situation agréable et commode, sur la partie orientale de la rivière d'Arques, au 19 degré 5 m. de longitude, et au 49 degré 45 m. de latitude, à 8 lieues sud-est de Dieppe, 9 nord-est de Rouen et 30 nord-ouest de Paris.

Buchi, petit bourg situé au 19 degré 4 m. de longitude, et au 49 degré 35 m. de latitude.

Argueil, petit bourg situé proche la rivière d'Andelle, au 19 degré 10 m. de longitude, et au 49 degré 32 m. de latitude.

Lions, petite ville dans le Vexin normand, située sur la partie orientale de la petite rivière de Lieur, au 19 degré 10 m. de longitude, et au 49 degré 25 m. de latitude, à 2 lieues d'Ecouis, 4 de Gournai et 7 de Rouen. C'est la patrie du célèbre Benserade (1).

Mortemer, abbaye de l'ordre de Cîteaux, qui vaut 10,000 livres. Elle est située au 19 degré 10 m. de longitude, et au 49 degré 23 m. de latitude.

Noyon, petit bourg dans le Vexin, situé sur la rivière d'Andelle, au 19 degré 5 m. de longitude, et au 49 degré 27 m. de latitude.

Ecouis, bourg dans le Vexin, sur la route de Saint-Clair à Rouen, avec titre de baronnie, situé au 19 degré 18 m. de longitude, et au 49 degré 19 m. de latitude.

Les Andelis. Il y a le grand et le petit Andeli. Le Grand-Andeli est sur le ruisseau de Gambon : il y a une fontaine du nom de Sainte-Clothilde, où les pèlerins accourent de toutes parts le jour de la fête (2) pour guérir de leurs maux. Le Petit-Andeli est situé sur la partie orientale de de la Seine, au 19 degré 8 m. de longitude, et au 49 degré 14 m. de latitude, à 8 lieues sud-est de Rouen, 2 d'Ecouis et 20 de Paris. C'est le lieu de la naissance de Nicolas Poussin (3) et d'Adrien Turnèbe (4).

Blangi, petite ville située sur la partie occidentale de la rivière de Bresle, qui sépare la Normandie de la Picardie, au 19 degré 20 m. de longitude, et au 49 degré 57 m. de latitude.

Aumale, ville érigée en duché-pairie, par Henry II, en

(1) Né en 1612.
(2) Le 3 juin.
(3) Nicolas Poussin naquit au hameau de Villers, près du grand Andeli, en 1594.
(4) Né en 1512.

faveur du duc de Guise, située sur la même rivière de Bresle, au 19 degré 20 m. de longitude, et au 49 degré 50 m. de latitude, à 4 lieues nord-est de Rouen, 8 au sud d'Abbeville, 8 d'Amiens et 28 de Paris. On fait un grand commerce de serges dans cette ville. Il y a une abbaye de bénédictins qui vaut 7,000 livres.

Le milieu de la forêt de Brai est situé au 19 degré 15 m. de longitude, et au 49 degré 35 m. de latitude.

GAILLEFONTAINE, bourg situé sur la rivière d'Arques, et la VILLEDIEU, commanderie, sont situés à la même hauteur du pôle.

GOURNAI en Brai, ville située sur l'Epte, au 19 degré 21 m. de longitude, et au 49 degré 28 m. de latitude, à 5 lieues de Gisors, 6 de Rouen, 10 de Beauvais et 21 de Paris. Elle est remarquable par son célèbre marché de bon beurre, et par la naissance de M. Guedier de Saint-Aubin, docteur de Sorbonne (1).

GISORS, ville capitale du Vexin normand, sur la partie occidentale de la rivière d'Epte, qui sépare l'Ile-de-France de la Normandie, située dans un bon terrain très-fertile en excellents blés, au 19 degré 20 m. de longitude, et au 49 degré 16 m. de latitude, à 5 lieues de Gournai, 14 de Rouen et 16 de Paris. Louis XV l'érigea en duché au mois de mars 1742, en faveur de M. le maréchal de Belle-Isle, et en pairie au mois de mai 1748.

ST-CLAIR-SUR-EPTE, bourg du Vexin français, situé sur la partie orientale de la rivière, au 19 degré 20 m. de longitude, et au 49 degré 13 m. de latitude, à 3 lieues de Gisors, 9 de Pontoise, 2 de Magny et 12 de Rouen. Il est fort renommé par les pèlerinages qui s'y font. Ce fut là que fut signé le traité de paix, en 945, entre Richard Ier, duc de Normandie, et Louis IV, dit d'Outre-Mer.

(1) Né en 1695.

SITUATION DES PRINCIPALES VILLES ET BOURGS

DU DIOCÈSE D'ÉVREUX,

Leurs degrés de longitude et latitude, leurs distances d'Evreux et ce qu'il y a de plus remarquable.

Evreux est une ville épiscopale avec titre de comté et pairie, située sur la rivière d'Iton, près du 19 degré de longitude, et au 49 degré 2 m. de latitude, distante de Pacy (1) de 4 lieues occidentales, 4 grandes lieues au sud de Louviers, 5 grandes lieues à l'ouest de Vernon, 8 au nord de Dreux, 10 au nord-ouest de Mantes, 10 au sud de Rouen et 22 nord-ouest de Paris. La cathédrale est assez belle, on fait estime du portail situé au nord. Il y a vicomté, bailliage, présidial et élection qui s'étend sur 185 paroisses, une maîtrise particulière des eaux et forêts, un grenier à sel, un collége royal, huit paroisses et autant de communautés. Le commerce consiste en toiles, grains, etc. Notre monarque Louis XV, allant à Navarre, passa en cette ville le 17 septembre dernier (1749).

C'est la patrie de Simon Vigor et de Martin le Métayer.

PAYS ET DIOCÈSE D'ÉVREUX,

Pris suivant les anciens doyennés.

Pays et doyenné d'Ouche.

Ouche. Il n'y a dans ce pays aucune ville remarquable. Il est borné au nord et à l'ouest par l'évêché de Lisieux, au sud par le doyenné de Lyre et à l'est par les doyennés de Conches et du Neubourg.

Doyenné de Lyre.

Il y a deux **Lyre**, la vieille et la jeune, toutes deux situées sur la rivière de Rille. La vieille est une fameuse ab-

---

(1) Lorsqu'il est midi à Evreux, il est déjà 1 minute après-midi à Pacy, et n'est encore que 11 heures 59 minutes aux Neubourg, Conches, Breteuil et Verneuil, situés au même méridien ; *sic de careris*.

abbaye de bénédictins qui vaut 20,000 livres. La jeune est un bourg situé au sud de la vieille, à un quart de lieue d'elle, à 18 degré 29 m. de longitude, et au 48 degré 55 m. de latitude, à 7 lieues sud-ouest d'Evreux, 3 sud-est de Conches, 3 nord-ouest de Breteuil et 4 nord-nord-est de Laigle.

Doyenné de Laigle.

Laigle est une jolie petite ville située sur la Rille, au 18 degré près de 20 m. de longitude, et au 48 degré 47 m. de latitude, à 5 lieues des abbayes de la Trappe et de Saint-Evroult, 10 de Sécs, 11 d'Evreux et 19 de Rouen. Cette ville est entourée de murailles et de fossés. Elle a six portes, trois faubourgs, trois paroisses, un couvent de pénitents, un hôpital gouverné par trois sœurs de la Charité; il y a vicomté, haute justice, un grenier à sel, trois échevins et deux capitaines de ville et un beau château. On y fabrique beaucoup de quincailleries. Cette ville fut prise de force en 1563, et pillée par le vicomte de Dreux, chef de la religion prétendue réformée.

Rugles est un petit bourg situé sur la même rivière, entre Laigle et Lyre, au 18 degré 26 m. de longitude, et 48 degré 51 m. de latitude. Il est composé de deux paroisses. Il y a une grosse forge à fer, et la plupart de ses habitants travaillent à faire des épingles et autres ustensiles de fer. Il y a marché le vendredi.

Breteuil est une petite ville située sur la rivière d'Iton, à 18 degré 38 m. de longitude, et au 48 degré 50 m. de latitude, à 5 petites lieues nord-est de Laigle, 3 au sud de Conches, 5 petites nord-ouest de Nonancourt et 6 grandes sud-ouest d'Evreux. Il y a marché les lundis et samedis et une foire le jour de Saint-Simon Saint-Jude. Il n'y a qu'une paroisse et un vieux château en ruines.

Doyenné du Neubourg.

Le Neubourg est un bourg et château avec titre de marquisat, situé dans une belle plaine très-fertile en blés, au 18 degré 37 m. de longitude, et au 49 degré 8 m. de latitude, à 4 lieues et demie au sud-ouest de Louviers et à 5

2

petites au nord-ouest d'Evreux. Il n'y a qu'une paroisse fondée de Saint-Pierre et Saint-Paul, un prieuré de bénédictines et un hôpital. Il y a un fameux marché aux bœufs le mardi.

Harcourt, bourg et château autrefois célèbres, avec titre de comté, situés au 18 degré 30 m. de longitude, et au 49 degré 10 m. de latitude. Il n'y a qu'une paroisse fondée de Saint-Ouen, un monastère de religieuses, un prieuré de chanoines réguliers de Sainte-Geneviève sous le nom de Notre-Dame-du-Parc, où sont les tombeaux des anciens comtes d'Harcourt, fondateurs de ce prieuré (1), à 2 petites lieues nord-ouest du Neubourg, 7 petites au nord-ouest d'Evreux et 8 grandes au sud-ouest de Rouen.

Beaumont-le-Roger, petite ville qui porte le nom de comté, située sur le bord oriental de la Rille, au 18 degré 28 m. de longitude, et au 49 degré 4 m. de latitude, à 3 lieues orientales de Bernay, 2 au sud d'Harcourt, 5 à l'ouest d'Evreux et 11 au sud de Rouen.

Doyenné de Louviers.

Elbeuf, gros bourg situé sur le contournant de la partie occidentale de la Seine, au 18 degré 43 m. de longitude, et au 49 degré 18 m. de latitude. Il fut érigé en duché-pairie par Henry III en 1581 en faveur de Charles de Lorraine. Il y a une célèbre manufacture de draps établie en 1667. Il y a deux paroisses situées sur deux différents diocèses ; la paroisse de Saint-Jean est sur le diocèse d'Evreux ; Saint-Etienne, les Ursulines et la chapelle des SS. Félix et Adaucte sont sur le diocèse de Rouen. Distant de 4 lieues dudit Rouen, 2 du Pont-de-l'Arche, 8 de Conches et 25 de Paris.

Pont-de-l'Arche, ainsi nommé à cause de son pont fameux, petite ville située sur la partie australe de la Seine, au 18 degré 48 m. de longitude, et au 49 degré 18 m. de latitude, à 3 lieues au sud de Rouen, 4 au nord-ouest d'Andelis, 2 au nord de Louviers et 25 au nord-ouest de Paris. Ce fut la première ville qui se soumit à Henry IV à

(1) Vers 1255.

son avènement à la couronne. Il y a vicomté, bailliage, élection, grenier à sel, maîtrise des eaux et forêts. Elle fut bâtie par l'empereur Charles le Chauve. Il y a une paroisse sous le titre de Saint-Vigor et un couvent de pénitents. Il y a un gouverneur, un lieutenant de police, un maire de ville, deux échevins, une maison de ville et un château bâti dans l'île (1). L'abbaye de Bonport, de l'ordre de Citeaux, qui vaut 25,000 livres, située au nord-ouest, n'en est éloignée que d'une portée de mousquet.

Louviers est une jolie petite ville, avec titre de comté, située sur la partie occidentale de la rivière d'Eure, au 18 degré 50 m. de longitude, et au 49 degré 10 m. de latitude, dans un pays fertile, à 4 lieues au nord d'Evreux, 2 au sud du Pont-de-l'Arche, 6 sud-sud-est de Rouen et 22 nord-ouest de Paris. Il y a une manufacture considérable de draperie. Les murailles sont défendues de bons fossés. Il y a une chapelle de Saint-Martin, un hôpital tant pour les sains que pour les malades, un couvent d'ursulines, un de religieuses de Saint-François, un de pénitents, et la paroisse fondée de Notre-Dame, desservie par deux curés et un beau clergé.

Doyenné de Conches, au pays d'Ouche.

Conches, petite ville au pays d'Ouche, située sur la croupe d'une montagne, au 18 degré 37 m. de longitude, et au 48 degré 57 m. de latitude, à 3 lieues de Lyre, 4 d'Evreux et de Beaumont-le-Roger, 13 de Rouen et 26 de Paris. Elle est composée de trois paroisses, un hôpital et une abbaye de bénédictins qui vaut 18,000 livres. Il y a bailliage, vicomté, et une élection qui s'étend sur 162 paroisses relevant de la généralité d'Alençon, un grenier à sel, une maîtrise des eaux et forêts, un maire de ville, deux échevins et un lieutenant de police. Le commerce consiste en grains, fer, clous, alènes, marmites et autres ouvrages de fer.

Damville, gros bourg érigé en duché-pairie en 1610, situé sur la partie occidentale de la rivière d'Iton, au 18

(1) A l'extrémité septentrionale du pont.

— 20 —

degré 47 m. de longitude, et au 48 degré 51 m. de latitude, à 3 lieues et demie au sud-est de Conches, 3 petites au nord-est de Breteuil et 4 et demie au sud d'Evreux. Il y a haute justice et un marché le mardi.

Condé (1), château et maison de campagne de Mgr l'évêque d'Evreux, situés sur la rivière d'Iton, au 18 degré 40 m. de longitude, et au 48 degré près de 50 m. de latitude, sur la route de Nonancourt à Lisieux, à 1 lieue orientale de Breteuil, 2 et demie au nord de Verneuil, 3 grandes au sud de Conches et 6 petites au sud-sud-ouest d'Evreux.

Doyenné de Verneuil.

Chesnebrun, petit bourg situé sur la partie boréale de la rivière d'Avre, sur les confins du Perche, au 18 degré 30 m. de longitude, et au 48 degré 40 m. de latitude, à 2 lieues et demie au sud-ouest de Verneuil, 4 lieues et demie de Breteuil et 7 et demie de Conches, 4 grandes au sud-ouest de Nonancourt et 10 grandes au sud-ouest d'Evreux.

Verneuil, ville située sur la partie boréale de la rivière d'Avre, et la tour Grise sur la partie australe et sur les frontières du Perche, au 18 degré 38 m. de longitude, et au 48 degré 47 m. de latitude, à 9 lieues sud-ouest d'Evreux, 20 au sud de Rouen et 26 au sud-ouest de Paris. Elle est fameuse par la bataille de 1424 (2).

Tillières, gros bourg et château érigés en comté par François Ier, situés sur la partie boréale de la rivière d'Avre, entre Verneuil et Nonancourt, au 18 degré 46 m. de longitude, et au 48 degré 45 m. de latitude, à 2 grandes lieues nord-est de Verneuil, 2 sud-ouest de Nonancourt, 3 sud-sud-est de Breteuil et 7 sud d'Evreux. Le château est élevé sur le sommet d'une côte accompagnée de jardins fort agréables (3).

Nonancourt, ville située sur la partie septentrionale de la rivière d'Avre, au 18 degré 54 m. de longitude, et au 48

(1) Le Condate de l'Itinéraire d'Antonin.
(2) Gagnée par le duc de Bedfort. Voir plus loin la notice sur cette ville.
(3) Il est entièrement détruit.

degré 45 m. de latitude, à 4 lieues et demie au nord-ouest de Verneuil, près de 5 lieues au sud-est de Breteuil, 6 lieues et demie au sud-est de Conches, 3 petites au nord-est de Dreux et 7 petites au sud d'Evreux. Il y a bailliage, vicomté et maîtrise des eaux et forêts. On prétend que c'est un ancien seigneur de la maison de Nonant en Normandie qui a fondé cette ville(1).

ILLIERS-L'EVESQUE, petit bourg ainsi nommé pour le distinguer d'Illiers-en-Beauce et parce qu'il fait partie du temporel de l'évêché d'Evreux (2). Il est situé sur le bord boréal d'un petit coulant d'eau qui prend sa source entre Gersey et Pinsson, au 18 degré 58 m. de longitude, et au 48 degré 48 m. de latitude, à 1 lieue et demie vers le nord-est de Nonancourt, 2 grandes lieues et demie au nord-nord-ouest de Dreux, 6 petites à l'est de Breteuil, 6 et demie au sud-est de Conches et 6 d'Evreux. Il n'y a qu'une paroisse et deux curés, l'un nommé par le chapitre de Notre-Dame de Chartres et l'autre par l'abbé de Saint-Pierre-en-Vallée. Il y a un ancien château ruiné (3), une haute justice avec titre de baronnie. On fait estime du vin des Châteaux.

L'ESTRÉE, abbaye de filles de l'ordre de Citeaux, située sur la partie boréale de la rivière d'Avre (4) (5).

LE BREUIL-BENOIST, abbaye de l'ordre de Citeaux, située sur la partie occidentale de la rivière d'Eure, au 19 degré 5 m. de longitude, et au 48 degré 49 m. de latitude, à 3 lieues et demie à l'orient de Nonancourt, 2 et demie au nord de Dreux et 6 grandes au sud-est d'Evreux. Elle fut fondée en 1137 par Foulques de Marcilly, qu'on dit être sorti des anciens marquis et maison d'Alègre ; et Guillaume de Marcilly son fils, qui avoit été pris par les Turcs

(1) Philippe-Auguste lui accorda en 1204 des priviléges de commune.
(2) Ce domaine fut acheté par les évêques d'Evreux au XIIIe siècle.
(3) Voyez la partie historique du Calendrier d'Evreux, page 50. (*Note de l'auteur.*)
(4) Bâti en 1113 par Henri Ier, roi d'Angleterre. On en voit encore des vestiges considérables.
(5) Sur le bord de la voie romaine de *Mediolanum à Durocassis*, au point où elle traverse l'Avre.

et rapporté miraculeusement dans un grand coffre dans l'église de Saint-Eutrope à Xaintes (1), est inhumé dans une espèce de mausolée sur lequel il est représenté, avec un chien et une épée à son côté, dans une chapelle qu'il a fondée près la porte de la sacristie. Il y a dans l'église un os d'un bras de saint Eutrope, auquel les peuples ont grande dévotion. Le 30 avril et le 1er jour de mai, Robert, frère de Louis de France, comte de Dreux, donna de grands biens à cette abbaye, et la fonda, pour ainsi dire, tout de nouveau (2); et elle était si célèbre en 1234 que des Fontaines, abbé de Saint-Wandrille, quitta son abbaye pour être simple religieux au Breuil-Benoist.

La Croix-Saint-Leufroi, bourg avec titre de baronnie, étoit autrefois un petit village nommé *Madril* (3), proche la rivière d'Eure, suivant le nouveau bréviaire d'Evreux, dans l'office de Saint-Leufroi, en parlant de saint Ouen, page 181. *Et Madriacensem dagum ingressus juxtà Auturam fluvium* (4), *eò in loco sedem posuit, in quo Sanctus Audoënus crucem defixerat ;* et ce fut là où saint Leufroi fit bâtir l'abbaye de la Croix : *Illic Leufredus cœnobium.... œdificavit.* Cette abbaye si célèbre de l'ordre de Saint-Benoît qui vaut plus de 12,000 livres, est située au 18 degré 56 m. de longitude, et au 49 degré 7 m. de latitude. Elle est éloignée de Pacy de 3 lieues et demie au nord, de 4 petites au nord-ouest de Vernon et de 2 grandes au nord-est d'Evreux.

Gaillon, maison de campagne des archevêques de Rouen, palais magnifique bâti par le cardinal d'Amboise, sous le règne de Louis XII (5). Ce lieu est remarquable, tant par rapport au château que par rapport à cette belle char-

---

(1) Saintes.
(2) Cette donation se trouve dans le Gallia Christiana.
(3) Le pays entre la Seine et l'Eure portait au moyen-âge le nom de *Pagus Madriacensis;* on le désigne encore aujourd'hui sous celui de pays de Madrie.
(4) La rivière d'Eure.
(5) On n'en voit plus aujourd'hui que quelques restes encastrés dans les nouvelles constructions de la maison de détention.

treuse qui en est tout proche (1), et est situé au 19 degré 2 m. de longitude, et au 49 degré 9 m. de latitude, à demi-lieue de la partie occidentale de la Seine et 9 au sud-est de Rouen.

Doyenné de Vernon.

VERNON, jolie ville bien peuplée et assez considérable, située sur la partie occidentale de la Seine, au 19 degré 8 m. de longitude, et au 49 degré 6 m. de latitude, à 2 grandes lieues à l'est de Pacy et 3 et demie au sud des Andelis, 5 grandes à l'est d'Evreux, 11 sud-est de Rouen et 17 nord-est de Paris. Il y a élection, une collégiale et une paroisse dans la même église, dont le curé est aussi chanoine, et qui fait le service de la paroisse avec des prêtres habitués. Il y a une autre église paroissiale fondée de Sainte-Geneviève, un hôpital gouverné par des chanoines de Saint-Augustin (2), un couvent de cordeliers, un de filles de la congrégation de Notre-Dame, et un de bénédictines dans le faubourg de Bizy. Il y a un beau château, nouvellement bâti, appartenant à M. le maréchal de Belle-Isle (3), un gouverneur, un maire, des officiers de ville et un collège. Il s'y tint un concile national en 759 (4). Le roy Louis XV coucha au château de Bizy le dimanche 21 septembre dernier (1749).

Doyenné de Pacy.

PACY, petite ville très-ancienne, située sur la partie orientale de la rivière d'Eure, au 19 degré 5 m. de longitude, et au 49 degré 1 m. de latitude, à 2 grandes lieues à l'ouest de Vernon, 4 petites au sud-est d'Evreux et 6 petites au sud de Louviers. Son origine est obscure; elle était considérable du temps des comtes d'Evreux de la maison de Normandie; elle a une église paroissiale dont saint Aubin est le patron; il y a un hôpital dans l'enceinte duquel est

---

(1) Elle est entièrement détruite. Le chemin de fer de Rouen en traverse l'enclos.
(2) Fondé par saint Louis.
(3) Aujourd'hui au roi.
(4) Les actes de ce concile n'ont point été conservés, il est même très-douteux qu'il ait eu lieu.

la maison de ville. Il y avoit autrefois une abbaye de bénédictines, mais elle est aujourd'hui réunie à l'abbaye de Verneuil. Cette ville étoit autrefois entourée de très-bonnes murailles et de fossés profonds, avec un château bien bastionné, entouré aussi de fossés (1), situé vers la partie orientale de la ville ; mais on n'en voit plus que quelques vestiges. La tradition porte que dans les dernières guerres des anglois ils surprirent Pacy pendant la nuit, s'étant servis pour cela de grandes échelles de cordes ; qu'ils massacrèrent tout ce qu'ils purent rencontrer, et qu'ils firent un pillage universel, sans même épargner les églises. Il y a bailliage, vicomté, maîtrise des eaux et forêts, et marché le jeudi. Le 12 septembre dernier, 1749, des ingénieurs firent abattre les deux tiers de la halle, sous prétexte que le roy, qui étoit à Evreux, devoit passer par Pacy et toute sa suite, mais il prirent un autre chemin, *per aliam viam reversi sunt.*

(1) Souvent habité par Philippe-Auguste.

ABRÉGÉ HISTORIQUE

DE LA VILLE D'ÉVREUX [1].

CHAPITRE PREMIER.

Evreux est une des plus anciennes villes de France, et une des plus considérables de Normandie.

Elle subsistoit avant l'arrivée des Romains dans les Gaules, et elle étoit la capitale d'un peuple que César appelle *Eburovices* [2], et qu'il dit avoir fourni trois mille hommes pour son contingent, dans la guerre générale des Gaules.

Ammian Marcellin, qui vivoit au troisième siècle, et qui étoit venu à Evreux [3], dit qu'elle étoit une des principales villes de la Gaule Lyonnoise [4], et Guillaume le Breton,

---

[1] Cet opuscule, tiré du *Calendrier historique et astronomique pour l'année 1749, à l'usage du diocèse d'Evreux*, publié par le sieur Durand, professeur au collège d'Evreux, paraît avoir été rédigé par lui, d'après la notice presque identique de l'abbé Lescalier, qui existe dans la bibliothèque du grand séminaire.
On peut voir à la préface ce qu'on sait de ces deux écrivains.

[2] Il nomme seulement ce peuple *Aulerci Eburovices*, sans donner le nom d'aucune des villes du pays qu'ils habitaient, quoiqu'en parlant du soulèvement des Aulerques et des Lexoviens, et du massacre de leur sénat qui s'opposait à la guerre, il ajoute qu'ils fermèrent leurs portes avant de se joindre à Viridovix : *Portas clauserunt*.

[3] Rien n'indique qu'Ammien Marcellin, grec, natif d'Antioche et vivant à la fin du IIIe siècle, soit jamais venu à Evreux, et la manière dont il décrit dans son histoire, l'embouchure de la Seine et de la Marne réunies dans la mer auprès de Coutances, *castra Constantina*, semble prouver le contraire, si toutefois ce nom n'a pas été momentanément donné à la cité des Calètes, *Juliobona*, en l'honneur de quelque prince du nom de Constance.

[4] On ne distinguait à cette époque que deux Lyonnaises, la première ayant pour capitale Lyon, et la seconde Rouen, comptant parmi ses villes principales Tours, Médiolanum ou Evreux, et Troyes, *Secundam enim Lugdunensem Rotomagi et Turini, Mediolanum ostendunt et Tricassini*, lib. 15. Ce n'est donc qu'en comparant Evreux à ces trois villes qu'on a pu juger de son importance;

qui l'avoit vue avant qu'elle eût été ruinée par Philippe-Auguste, assure qu'elle étoit grande, riche, peuplée et bien bâtie (1).

Cette ville n'eut point de nom propre, ni chez les Gaulois, ni chez les Romains (2); celui qu'elle portoit étoit celui du peuple dont elle étoit la capitale, parce qu'alors le peuple et la ville ne formoient qu'une même contrée et une même région. C'est ce qui fait que César, dans ses Commentaires, l'appelle *Eburovices*, et Pline, dans sa Gaule Lyonnoise (3), aussi bien que l'empereur Antonin, dans son Itinéraire (4), ne la dénomment que *civitas Eburovicum*. Ainsi il est, ce semble, probable que le *Mediolanum Aulercorum* de Ptolémée (5), n'a aucun rapport à cette ville, et il y a plus lieu d'en faire l'application à la ville de Mehun ou à quelques autres anciennes villes de l'Orléannois, et des environs de la Loire, où cet auteur place ces *Aulerces* et ce *Mediolanum*, qu'aux *Eburoviciens* et à la ville d'Evreux (6).

La dénomination d'*Eburovices* a été formée du mot gaulois *Ewre*, qui signifie *forest*, d'où viennent *Grossœuvre, grandis Sylva, Courtœuvre, curta Sylva, dessœuvre, Deæ ou Dianæ Sylva*, etc. Parce qu'anciennement tout le

les enceintes romaines de chacune de ces quatre villes sont presque très-restreintes: celle d'Evreux n'était que de 1,075 mètres environ; mais de nombreuses constructions, détruites en dehors de cette limite pou élever l'enceinte murale, vers le IIIe siècle, annoncent sa splendeur aux premiers temps de l'administration romaine.

(1) Guillaume le Breton, historien et poëte de la fin du XIIe siècle, dont nous avons une histoire de cette époque, et la *Philippide*, poëme sur la conquête de la Normandie par Philippe-Auguste.

(2) Elle en avait un chez les Romains, comme on vient de le dire.

(3) Pline ne nomme point la capitale du pays des Aulerques, il désigne seulement la position du pays habité par ce peuple: *Aulerci, qui cognominantur Eburovices, et qui Cenomani*..... lib. 4.

(4) L'Itinéraire ne nomme point Evreux *civitas Eburovicum*, mais *Mediolanum Aulercorum*.

(5) Ptolémée, écrivain grec du siècle d'Auguste, appelle ce peuple *Aulirkioi Ebouraikoi*, et sa ville ou cité *Mediolanion*.

(6) C'est bien d'Evreux qu'a voulu parler Ptolémée, et il ne saurait y avoir de doute à cet égard, quoiqu'il y eût dans les Gaules plusieurs villes portant le nom de *Mediolanum*.

pays des *Eburoviciens* étoit couvert de bois, et que le lieu où étoit leur ville capitale, et leur principale habitation étoit environnée de forêts inaccessibles, qui en faisoient la défense et la sûreté. Les droits même qu'avoit autrefois l'exécuteur des sentences criminelles d'Evreux, dans les bois de la vallée de cette ville, qui ont été changés (depuis que ces bois sont défrichés) en celui de percevoir par chaque champ une gerbe de chaque grain, à la charge d'en faire la garde jusqu'après la récolte, prouveroient qu'il n'y a pas tant de temps qu'Evreux étoit encore dans les bois.

Ce même pays a aussi été appelé *Pagus Madriacensis* dans les Capitulaires de nos Rois (1), et *Evantici* dans l'histoire d'Ordri Vital (2) : et ces deux nouvelles dénominations concourent dans la même signification avec *Eburovices*, parce que toutes les trois ne désignent qu'un pays couvert de bois et de forêts. L'une tirant son origine du terme *Materiacum*, qui signifie bois, dont le mot *Merrein* et *Madriacum*, d'où est venu *Pagus Madriacensis*, ont été formés ; et l'autre dérivant du mot *Event*, qui signifie une grande place ou contrée vide et vague dans les forêts, et un pays défriché.

Cette ancienne ville n'a jamais eu d'autre emplacement, ni été bâtie ailleurs que dans le lieu où elle est aujourd'hui (3). Il est cependant inutile d'y chercher des traces de son antiquité gauloise, puisque César, au livre VII de la Guerre des Gaules, dit que les villes et forteresses des Gaulois, étoient de palis et de pièces de bois plantées de

---

(1) Le pays de Madrie, *Pagus Madriacensis*, borné par les rivières de Seine et d'Eure et la forêt Iveline, faisait autrefois partie de l'Evrecin, *Pagus Ebroicensis* ou *Ebroicinus*, et paraît n'en avoir été détaché que sous la domination des rois francs. On le trouve cité dans les Capitulaires, au IXe siècle.

(2) *Eo tempore, fides Christi Evanticorum, id est Ebroas urbem super Ittonàm fluvium sitam, possidebat et salubriter illuminabat.* Ord. Vit., lib. 4.

(3) Toutes les voies indiquées par l'Itinéraire y tendent, tandis qu'on n'en trouve aucunes traces authentiques dans les environs de l'établissement du Vieil-Evreux, où quelques auteurs ont pensé qu'avait été primitivement fondée la cité romaine.

deux pieds en deux pieds, les entre-deux remplis de pierres, et le tout renforcé et soutenu de grosses poutres, sans aucun fondement en terre, ni liaison de maçonnerie, ce qui fait qu'il n'en reste plus de vestiges (1).

La seule chose antique qui nous reste, sont les murailles de la cité (2) ; mais cet ouvrage est postérieur à l'arrivée des Romains dans les Gaules, et il paroît avoir été fait du temps d'Auguste (3), et lors de la construction du camp de César, dont on voit encore à présent les restes au village du *vieil Evreux*, et de cet ancien aqueduc qui y conduisoit les eaux de la rivière, par des canaux souterrains qui commençoient au-dessous de *Damville* (4), et dont les restes qu'on y voit encore en quelques endroits, font regretter aux curieux la perte de ceux qu'on n'y voit plus en beaucoup d'autres.

En effet, la conformité de l'architecture qui se rencontre entre les murailles de la *Cité*, et celle qu'on voit encore dans ce village, et aux environs de celui de *Cracouville* (5), fait voir que ces anciennes murailles sont l'ouvrage d'un même siècle, et la production d'un même goût.

D'ailleurs, le grand nombre de médailles des empereurs Romains, depuis Auguste jusqu'à Constantin, qu'on découvre tous les jours dans l'une et dans l'autre, font voir que la ville et le camp subsistoient dans un même temps, que les Romains y ont demeuré pendant plusieurs siècles, et que tous les deux ont été ruinés par les nations barbares qui ravagèrent les Gaules dans ces temps-là.

(1) Peut-être doit-on faire remonter à l'époque de la conquête le camp retranché nommé, dès le XIIe siècle, le *Châtellier*, et dont on voit encore les traces entre le Val-Iton et la vallée d'Evreux, derrière le boulevard du Jardin-l'Evêque.

(2) On en voit encore de beaux vestiges dans la maison de M. Belême et dans le jardin de l'Evêché.

(3) Construit sur une épaisse assise de fragments d'architecture et de monuments romains, ce mur fut nécessairement construit après le siècle d'Auguste, pendant lequel on dut construire la ville.

(4) Les traces de l'aqueduc du Vieil-Evreux n'ont point été retrouvées d'une manière certaine au-dessus du moulin de la Porte, à 2 kilomètres environ de Damville.

(5) A l'endroit où l'aqueduc du Vieil-Evreux traversait un petit vallon sur une série de 42 arcades.

SUITE DE L'HISTOIRE D'ÉVREUX[1].

Evreux, tel qu'il existe aujourd'hui, est divisé en cité, ville et faubourgs.

La cité est renfermée dans les anciennes murailles qui sont environnées de toutes parts des eaux de la rivière qui descend du moulin appelé de la Planche, et qui se réunissent à l'étang du moulin du Château.

Elle avoit autrefois deux portes, dont les comtes d'Evreux confioient la garde des clefs au chapitre de l'église cathédrale; l'une s'appeloit la porte Notre-Dame qui subsiste encore aujourd'hui (2), et l'autre qui ne subsiste plus s'appeloit la porte de Rouen (3, et depuis de Robert Bende, parce qu'elle joignoit le pont qui porte le même nom, et qu'une des tours de cette porte étoit aussi bien que le pont, attenant à l'hôtel ou maison de ce Robert Bende. Cette maison étoit située au bout de la rue le Comte proche le lieu où est à présent l'Horloge (4).

La porte dont je parle avoit deux tours comme les autres portes de la ville, et c'étoit dans une des tours de celle de Notre-Dame, qu'au retour de la procession du dimanche des Rameaux, les enfants de chœur de l'église cathédrale chantoient le verset *Gloria laus*, etc., et aux battants d'icelle que le célébrant faisoit la cérémonie d'*Attollite portas* avec le bâton de la croix.

L'église cathédrale, le palais épiscopal, les maisons des chanoines et chapelains, l'aître, et tout ce qui dépend de la manse de l'église; le château des comtes d'Evreux, l'église et paroisse de Saint-Nicolas en son entier, et celle de Saint-Denis en partie sont dans les enclaves de la cité.

(1) Cette suite de l'*Abrégé historique de la ville d'Evreux* est extraite du deuxième Calendrier historique de M. Durand, pour l'année 1750.
(2) En 1750.
(3) Elle était placée à l'angle du château, près du pont de l'Horloge, nommé aussi de Robert Bende.
(4) Aujourd'hui rue de l'Horloge.

SAINT-NICOLAS.

La paroisse de Saint-Nicolas en son entier est renfermée dans la cité et est dans la censive, seigneurie et justice du comté d'Evreux, à l'exception de deux maisons dont l'une relève du fief de Cierrey, et l'autre de la baronnie et haute justice du Saint-Esprit (1).

Il n'y a point de paroisse dans la ville et vicomté d'Evreux dont les tenures soient moins confuses. Il y a cependant deux siéges d'atrier ou basses-justices (2); mais comme les atriers ne changent point la mouvance, celle des maisons où ils se tiennent demeure toujours au comte d'Evreux.

L'abbaye de Saint-Sauveur possède des rentes foncières créées pour fiefs d'héritages sur les maisons situées dans l'étendue du territoire qu'occupoit anciennement cette abbaye. On voit encore aujourd'hui dans cette paroisse une maison proche de l'église, où les dames religieuses de Saint-Sauveur se sont réservé le droit et la faculté de se retirer, et d'y faire l'office en temps de guerre. Il y a une autre maison attenante à celle-ci, où se tenoit la juridiction de l'Echiquier pour les comtes d'Evreux (3), et celle de la chambre des comptes. Cette maison a depuis servi de grenier à sel, et c'est de là que la rue sur laquelle elle a son entrée, a pris le nom de ruelle au Sel.

En 1264, l'abbesse et religieuses de Saint-Sauveur cédèrent au curé de Saint-Nicolas et à ses successeurs la propriété du presbytère où il demeure à présent, avec huit livres de rente à percevoir en deux termes, savoir : quatre livres à la Pentecôte, et un muid de blé méteil à prendre tous les ans sur les greniers de l'abbaye, le 1er octobre.

L'église de Saint-Nicolas est aujourd'hui une des huit paroisses de la ville (4). Le patronage en appartient, ainsi que

(1) Maison de M. Poulain.
(2) On trouvera dans ce volume des dissertations contenant quelques détails curieux à ce sujet.
(3) La maison de M. Colombe.
(4) Elle se trouvait dans le jardin de la maison occupée par le Cercle.

celui de Guichainville, à l'abbesse et couvent de Saint-Sauveur, et les curés de ces deux paroisses étoient tenus de venir faire, le premier la fonction de diacre, et l'autre celle de sous-diacre, à la grand'messe de l'abbaye, le jour de la Sainte-Trinité : il n'y a pas plus de 30 ans que cet ancien usage a cessé.

Cette paroisse étoit autrefois desservie à un autel de l'église abbatiale, lorsque le monastère subsistoit à Saint-Nicolas; mais après qu'elle eût été transférée au lieu où elle est aujourd'hui, la chapelle paroissiale de Saint-Nicolas fut érigée en l'église et paroisse particulière avec attribution des droits parochiaux sur tout le territoire que l'église et lieux réguliers de l'abbaye occupoient auparavant, aussi bien que sur celui des environs qui en relevoit avant qu'elle fut détruite, et qui ne faisoit point partie de la clôture de ce monastère.

DU CHATEAU.

Le château d'Evreux est pareillement situé dans la cité, et il est la glèbe et le chef-lieu d'une seigneurie des plus considérables du royaume (1).

On ne peut disconvenir que ce château n'ait été très-considérable, et qu'il ne soit fort ancien. On en voit partout des vestiges aux environs de celui d'aujourd'hui ; et il n'y a pas bien des années que les fossés qui l'environnent ont été comblés et remplis pour y bâtir des maisons et y faire des jardins (2).

Il subsistoit depuis longtemps au milieu de l'onzième siècle, puisqu'il est expressément fait mention que le monastère de Saint-Sauveur fut bâti en ce temps-là, *Ante castellum civitatis Ebroicans.*

Henry Ier, roy d'Angleterre et duc de Normandie en fit faire le donjon ou la principale tour qu'il ruina vers le

(1) Il occupait tout l'emplacement de la place actuelle du Château, à partir des murailles et du fossé jusqu'à la rue Lecomte et une rue nouvellement ouverte.

(2) Ils furent fieffés à divers particuliers par le duc de Bouillon, après l'échange de la principauté de Sédan contre le comté d'Evreux.

commencement du douzième siècle (1). Philippe-Auguste en fit autant en 1195, lorsqu'il saccagea la ville d'Evreux, et qu'il y mit tout à feu et à sang. Je crois qu'il ne sera pas hors de propos de rapporter ici les causes qui portèrent ces princes à ces extrémités. Commençons par Henry.

Amaury de Montfort, neveu de Guillaume, comte d'Evreux (2), qui étoit mort sans postérité, devoit légitimement hériter du comté d'Evreux, mais Henry Ier, roy d'Angleterre et duc de Normandie, qui n'aimoit pas la maison de Montfort, lui refusa toutes les possessions qui avoient appartenu au comte d'Evreux, et les garda pour lui. Amaury fut tellement piqué de cette injustice, qu'il engagea dans une ligue contre Henry, le roy de France, les comtes d'Anjou et de Flandre, avec plusieurs seigneurs de Normandie, et tâcha de se rendre maître de la ville d'Evreux qu'il assiégea; mais voyant bien qu'il ne pourroit emporter cette place par les armes (ayant déjà perdu beaucoup de monde depuis qu'il l'assiégeoit), il eut recours à la ruse, et sollicita tellement Pointel qui commandait dans Evreux, que ce seigneur, attiré par l'amitié et les promesses, se laissa gagner et livra la ville à Amaury. Le comte d'Evreux ne s'en fut pas plutôt emparé, que ses troupes pillèrent les maisons, les églises et le palais épiscopal. Audouen qui pour lors étoit évêque d'Evreux, s'enfuit avec ses ecclésiastiques, et tous ceux qui s'étoient attachés à lui. La sollicitude et la désolation furent si grandes à Evreux, qu'on fut un an sans y célébrer l'office divin.

Le roy d'Angleterre, après avoir pris Breteuil, ayant appris cette nouvelle, vint promptement mettre le siége devant Evreux; mais avant que de rien entreprendre, il fit offrir au comte d'Evreux de le laisser paisible possesseur de son comté, s'il vouloit lui rendre le château pour y mettre garnison. Amaury n'ayant point écouté les propo-

(1) La grosse tour ou donjon, à l'angle des murs, en face du moulin du Château. Ses fondations existent encore à cet endroit, sous l'allée des Soupirs.

(2) Voir dans ce volume la chronologie historique des comtes d'Evreux.

sitions, donna ordre aux troupes qui étoient dans Evreux de tenir ferme. Quelques efforts que fit le roy, il ne put entrer dans la ville, ce qui le détermina à y mettre le feu. Tous les historiens, aussi bien que la chronique de Normandie, conviennent qu'Audouen, évêque d'Evreux, ne voulut point consentir que le roy brûlât l'église cathédrale et l'évêché, qu'il n'eût promis solennellement d'en augmenter les biens et revenus, de les rebâtir plus magnifiquement qu'ils n'étoient, ce que ce prince exécuta très-religieusement.

Ce fut Raoul de Guader, fils du comte de Nortvik(1), qui jeta le feu sur l'église cathédrale et le palais épiscopal, et en un instant le vent le porta sur l'abbaye de Saint-Sauveur qui étoit proche, et sur une grande église (2) qui étoit au septentrion de la ville; ces églises et le quartier furent entièrement réduits en cendres.

Amaury qui étoit pour lors aux environs du château d'Ivry qu'il vouloit surprendre, n'eut pas plutôt appris cette triste nouvelle, qu'il se hâta de venir à Evreux pour secourir le château, et obligea Henry à lever le siège. Ce prince le recommença plusieurs fois, mais toujours inutilement. Enfin le comte Amaury, par l'entremise de Thibault, comte palatin, neveu du roy d'Angleterre, le réconcilia avec son oncle. Il rendit le château d'Evreux à Henry, qui de son côté, lui remit le comté d'Evreux et toutes les terres que possédoit le comte Guillaume, son oncle maternel.

Quant à Philippe-Auguste, voici ce qui le porta à saccager Evreux.

Richard Ier, roy d'Angleterre et duc de Normandie, ayant passé dans cette province avec une flotte de cent vaisseaux, marcha aussitôt du côté de Verneuil au Perche qui étoit assiégé par Philippe-Auguste, roy de France. Jean de Mortain (3), frère de Richard, voulut, pour se raccom-

---

(1) Norwich, capitale de la province de Norfolk.
(2) C'étoit l'église Saint-Pierre, qui en ce temps-là étoit construite sur le fief du St-Esprit, entre la rivière et le marché aux Moulettes. *Note de l'auteur.*
(3) Jean-sans-Terre, roi d'Angleterre et duc de Normandie.

moder avec lui, mériter ses bonnes grâces par la plus noire de toutes les perfidies; car étant venu à Evreux, que Richard par accommodement avoit cédé à Philippe-Auguste, il commença par gagner les bourgeois, et invita à manger les principaux officiers de la garnison qui étoient dans le château; et sur la fin du repas, lorsqu'ils eurent bien bu et qu'ils y pensoient le moins, il les fit tous massacrer avec les autres François qui se trouvèrent dans la ville. Trois cents furent passés au fil de l'épée, dont on attacha les têtes à des poteaux sur les murailles. Il n'y eut que ceux qui étoient demeurés à la garde du château qui échappèrent (1).

La guerre s'étant rallumée entre les rois de France et d'Angleterre par la trahison de Jean de Mortain, Philippe-Auguste partit de Verneuil qu'il assiégeoit, pour se rendre à Evreux, et se venger de cette ville qui s'étoit révoltée contre lui. Il la surprit le jour de la Pentecôte, fit tuer tous les Anglois qu'il y trouva, ainsi que tous les bourgeois, sans égard d'âge ni de sexe, *non parcens œtati neque sexui*, et réduisit la ville en cendre, en y faisant mettre le feu à tous les coins.

Pour revenir au château d'Evreux, on ne peut douter qu'il ne fût d'une grande étendue, puisqu'il est porté dans la chartre de la fondation des Jacobins d'Evreux (2), que Philippe le Hardy, leur fondateur, fit bâtir le monastère de ces religieux dans la basse-cour du château; et qu'aux extrémités de cette cour, vers l'ancien chemin de Paris, il y avoit une forteresse appelée le Châtel-Sarrasin, dont on voyoit il n'y a pas longtemps les ruines dans les champs (3), et dont on découvrit les fondements dans la cour d'une maison appelée le Grimperel (4), au haut de la rue Trianon.

(1) Peut-être est-ce à cette époque qu'eut lieu cette magnanime défense du château qui fit donner aux habitants qui le défendaient le nom de *francs bourgeois* et leur mérita les priviléges notables dont les rois de France honorèrent leurs descendants.
(2) Cette charte se trouve aux archives départementales.
(3) Cette prétendue forteresse était le théâtre romain de la ville romaine d'Evreux, ainsi que l'ont démontré des fouilles récentes.
(4) La maison de M. Doucerain, dans le jardin duquel ils existent encore.

Le château qui subsiste aujourd'hui (1), est un édifice qui n'a ni régularité ni magnificence ; et il paroît que celui qui a conduit cet ouvrage n'avoit pas plus de goût pour l'architecture que pour les antiquités ; car on rapporte qu'ayant besoin de pierres pour la construction du bâtiment qui fut commencé en 1652, on lui donna avis qu'il en trouveroit beaucoup sous les fondements des murailles qui sont derrière le jardin de l'évêché et celui du doyenné (2). Il y fit creuser sur-le-champ et vers les deux tours qui sont de ce côté-là (3), il y découvrit une grande quantité de pierres travaillées qui étaient provenues des débris d'un ancien temple des Païens, entre autres des piscines, des colonnes, des inscriptions, des statues d'Hercule et de Diane, de Vénus, de plusieurs autres divinités, et beaucoup d'autres monuments antiques.

Cet architecte, au lieu de profiter de cette découverte et de conserver ces restes précieux de l'antiquité, les fit mettre en morceaux et employer aux ornements des fenêtres du second étage.

Il y avoit une ancienne chapelle dans le château qui étoit desservie par trois chapelains, lesquels étoient pourvus de plein droit par les comtes d'Evreux. Ces trois portions furent, avec les deux chapelles du château de Conches, canoniquement transférées à l'autel de la chapelle du château de Navarre, sur la fin du dernier siècle, et elles ne composent, toutes les cinq ensemble, qu'un seul corps de bénéfice, qui est à la pleine et entière collation des comtes d'Evreux, et qui est desservie par trois chapelains, dont le premier absorbe presque tout le revenu.

(1) Il ne s'agit point ici du château que remplace l'Hôtel-de-Ville actuel, mais de celui qui fut détruit peu d'années avant la révolution.
(2) On peut encore y voir les arrachements faits à cette occasion et des pierres, provenant d'édifices romains, portant de moulures.
(3) La tour de l'Epringale, au coin du jardin actuel de l'évêché.

HISTOIRE DE LA GROSSE HORLOGE (1).

Il y a eu à Evreux deux horloges publiques, qui furent bâties en différents temps.

La première fut commencée en 1408 (2), en conséquence d'une délibération prise dès 1403 dans une assemblée générale des bourgeois (3).

La permission et les lettres patentes (4) obtenues, on détourna la rivière qui descend de la porte de Notre-Dame au moulin du Château, et on fit creuser jusqu'aux fondements de la tour Bende, sur laquelle on avoit dessein de bâtir la nouvelle horloge, pour voir si cette tour étoit assez forte pour en soutenir le poids. On en boucha les ouvertures et les barbacanes pour la rendre plus solide, et l'on y pratiqua deux voûtes, l'une au-dessus de l'autre, pour servir à l'usage de l'horloge.

Cette précaution prise, on fit venir de la forêt de Gravigny tout le bois nécessaire; et ce furent des charpentiers du pays qui le mirent en œuvre, et qui firent un pont de bois sur la rivière, avec plusieurs échafauds l'un sur l'autre pour y mettre la grue qui devoit servir à élever les pierres, le bois et le timbre, avec tous les autres matériaux de la tour.

Comme il n'y avoit point alors à Evreux d'horloger qui osât entreprendre cet ouvrage, on le fit faire à Mantes, d'où il fut apporté la même année à Evreux. L'entrepreneur eut 7 livres 10 sous pour son travail.

Les charpentiers eurent 260 livres pour le leur, et il est

(1) Extrait du Calendrier historique pour 1750. On peut consulter sur ce monument l'excellente notice de M. Chassant, publiée dans le Recueil de la Société libre de l'Eure pour 1844. Il en existe des vues nombreuses, mais peu exactes dans différents ouvrages.

(2) on trouve dans les comptes de l'Hôtel-de-Ville des quittances relatives à une construction remontant à l'année 1394.

(3) Ce titre est perdu, ainsi que tous les autres cités par Durand; mais on trouve encore dans les archives de la ville un grand nombre d'autres quittances relatives à la construction de ce monument.

(4) On ne connaît point les lettres patentes obtenues à cette occasion.

marqué que l'évêque (1) et le chapitre d'Evreux donnèrent chacun la somme de 22 livres 10 sous pour être employée à cet ouvrage (2).

Il coûta 15 milliers d'ardoise de 90 livres à couvrir le dehors du pavillon, et 1,300 livres pesant de plomb pour en couvrir le dedans. La plate-forme fut faite de grosses pierres, mais les claire-voies ou galeries n'étoient que de bois. La girouette, qui avoit 3 pieds de long, fut peinte en or et en azur, aux armes de France, et il en coûta 4 livres 10 sous en dorure et en façon.

Le cadran ne coûta que 100 sous ; et pour fournir aux dépenses nécessaires pour mettre l'horloge en sa perfection, le roy accorda aux bourgeois en 1410 la permission de prendre sur les aides la somme de 300 livres. Enfin le timbre, qui est le même que celui d'aujourd'hui, du poids de 4 à 5,000 liv.(3), fut béni dans l'église cathédrale, et le prêtre qui dit la messe eut 2 sous 6 deniers d'honoraires et autant d'offrande (4).

Il en coûta 8 sous 6 deniers pour le transporter de la

(1) C'étoit Guillaume de Cantiers, qui pour lors occupoit le siége d'Evreux. Ce prélat, conjointement avec Guillaume, évêque de Lisieux, ayant été nommés commissaires par l'assemblée générale du clergé de France, pour décider le différend survenu entre Louis d'Harcourt et Jean d'Armagnac, archevêque d'Auch, au sujet de l'archevêché de Rouen, auquel ils avaient été nommés tous deux, le premier par le chapitre, et le second par Pierre de Lune, dit Benoît XIII, prononça en faveur de Louis d'Harcourt. (Hist Harcur., tom. 3, p. 435.) *Note de l'auteur.*

(2) Ce titre est également perdu.

(3) Cet octroi ne se trouve plus dans la liasse d'octrois sur les aides accordés à la ville d'Evreux.

(4) La date de sa fonte est précisée par l'inscription suivante, en caractères gothiques, qu'on lit sur son pourtour.

   L'an mil CCCC et six
   Fus faite et parfaicte en karesme
   Par bon ouvrier dit le Beau des Is
   Qui ne failly pas a son esvre,
   De par Monseigneur le Dalphin
   Louyse ay nom, de metal fin.

cathédrale jusqu'au devant de l'allée du château, et on fit un festin à ceux qui avoient aidé à le monter jusqu'au haut de la tour.

Elle commença à sonner les heures en 1412, et l'horloger eut pour sa peine et pour l'entretenir de son métier la somme de 6 livres par an.

Cette première horloge n'ayant pas répondu à l'attente des bourgeois, on prit en 1472 le parti d'en faire construire une autre.

On acheta pour cet effet quatre arpents de bois de haute futaie dans la forêt d'Evreux, et on obtint la permission de contraindre les habitants des environs de la ville qui avoient des harnois de les voiturer, avec deux autres arpents que Charles VIII donna depuis. En 1481, Louis XI envoya à Evreux le prévôt de l'hôtel et ses archers pour faire abattre l'ancienne horloge; et on lit dans les mémoires de ce temps-là que la ville lui fit présent du livre des *Contes de Bocace* qui avoit coûté 100 sous, et qu'elle fournit aux archers la nourriture et l'entretien tant qu'ils restèrent à Evreux (1).

La démolition fut faite en quatre jours, et on y employa soixante-dix hommes, sous les yeux et la direction d'un contrôleur qui fut envoyé de la part du roy, et les frais de cette démolition montèrent à la somme de 200 livres.

> Suy mise cy pour demourer
> Et pour sonner a chacun heure.
> De mon mouvement ne demeure
> Pour enseigner sans negligence
> Le peuple faire diligence
> De Dieu servir et labourer.
>
> Regnant Pierre de Hargeville
> Chevalier, bailli de la ville
> D'Evreux, fus faite a la devise
> Des seignours de la mère eglise
> Et de maint bourgois et bourgoise
> Et environ quatre mille poise.

(1) Tous ces titres sont perdus.

En 1481, on commença à faire amasser le bois et les pierres dans le cimetière des Cordeliers, qui étoit alors entre l'église et la rue, et on remarque qu'il entra plus de 300 gros chênes dans la charpente de cet édifice et dans les échafauds.

La pierre des fondements fut prise à Vernon, Louviers, la Bonneville et le Mesnil-Péan ; mais celle qui entra dans le corps de l'ouvrage vint des carrières de Bapaume, Huquelin, la Vente, Manoury ; de Hondouville, Menilles, le Mesnil-Jourdain, Barc, Barquet, Renneville, Amfreville-sur-Iton, etc. Celle de Vernon, de Louviers et de Menilles étoit voiturée par eau jusqu'au port de Fricault, proche la Croix-Saint-Leufroy, et l'autre étoit amenée par charroi jusqu'à Evreux.

Ce fut dans ce temps-là qu'on forma le dessein de transférer la Poissonnerie et la Boulangerie du milieu de la place du Carrefour au lieu où elles sont aujourd'hui ; et, comme on avoit besoin d'un grand emplacement pour bâtir ces édifices, la communauté des habitants acheta trois maisons voisines qu'elle fit abattre ; en sorte qu'avec le terrain de l'ancienne horloge, celui d'une partie des murailles de la cité qu'on fit renverser et celui des trois maisons, on trouva de quoi fournir à l'emplacement de ces trois édifices publics ; et, comme la rivière devoit passer au pied de l'horloge et de la Poissonnerie, ce qui auroit pu les endommager à la fin, on fit bâtir sur des pilotis le long de ce terrain une muraille de grosses pierres de taille prises au Mesnil-Jourdain, et on mit ce côté-là en état de se défendre contre la rapidité des eaux.

Les choses en cet état, on fit un pont de bois avec de grosses poutres sur le canal de la rivière, et on y plaça successivement plusieurs échafauds l'un sur l'autre pour y mettre une grue, afin d'élever le timbre et les matériaux qui devoient entrer dans le corps de l'ouvrage.

Pierre Moteau, d'Evreux, en fut l'architecte et le directeur (1). Les armes de France, de Normandie et d'Evreux

(1) Il était maître maçon, et son nom était Pierre Mautteau.

qui sont au frontispice du côté de la rue, les galeries avec les ornements d'architecture qui sont de sa main, sont les monuments éternels de son habileté et des preuves convaincantes de l'erreur du vulgaire, qui se persuade que cet édifice a été bâti par les Anglois.

Les degrés de l'escalier furent achevés en 1494; chacun revient à 6 sols 6 deniers, rendu à Evreux, et la pierre en a été prise au Mesnil-Jourdain.

La charpente ne le fut qu'en 1496, et les charpentiers eurent pour leur travail la somme de 157 livres 10 sous.

En 1497 on dressa des échafauds sur le haut de la tour pour servir aux plombiers à couvrir le clocher de l'horloge (1); les charpentiers, au nombre de six, furent six jours à les élever, et il en coûta à la ville 100 sous pour leur travail. Les trois plombiers qui le couvrirent employèrent sept mois à y travailler, et la ville leur donna 170 livres pour leurs peines.

Il entra 20 milliers de plomb à la couverture de l'horloge, 1,200 livres pesant à la jonction des pierres de la galerie, et 1,600 livres à ce qu'on appelle la terrasse, qui est au-dessus du timbre, avec 400 livres pesant d'étain qui servirent à en faire la soudure, et on employa 600 fagots à 8 sous le cent et 27 moules de bois, à 2 sous le moule pour le fondre.

La couverture de pierre qui est au-dessus de l'escalier fut faite en 1495, et l'ouvrier eut 18 livres pour la façon.

Le plancher de bois au-dessus duquel est le timbre coûta 12 sous de travail, et celui sur lequel sont les roues et les mouvements de l'horloge n'en coûta que 18.

La bannière ou vanvole au haut du clocher, qui a 3 pieds et demi de long, revenoit à 50 sous, tant à faire qu'à fournir; et le peintre, pour l'avoir dorée avec la couronne, la pomme de l'épi et les fleurs de lis, ainsi que les girouettes du clocher, au nombre de 16, eut 18 livres pour son travail et 8 livres pour sa dorure.

Les cadrans qu'on voit aujourd'hui, aussi bien que les

---

(1) Ce plomb était étamé par bandes ou chevrons.

timbres qui sonnent les demi-heures, furent placés en 1620, et les châssis et grilles qui les couvrent pèsent en fer et en plomb 1,400 livres.

Le corps de la nouvelle horloge ayant enfin été mis dans sa perfection, on y fit porter les roues et les mouvements de l'ancienne, qui étaient depuis près de vingt ans dans le grenier d'un nommé Tricherie, dont la maison était située la plus proche du clocher de Saint-Pierre, et la grosse cloche de cette paroisse servit de timbre à l'horloge pendant tout ce temps-là.

Elle fut faite partie aux dépens des revenus communs de la ville, et partie aux dépens des bourgeois, auxquels en 1483 Louis XI permit d'imposer une taille sur eux, pour fournir aux frais de cette nouvelle construction.

L'horloge est située dans la mouvance et censive du comté d'Evreux.

DE LA BOULANGERIE.

Le marché au pain se tenoit anciennement tous les samedis, sur une grande place proche le cimetière de Saint-Léger, entre le moulin de la Foulerie et le moulin à l'Abbesse. On appeloit cette place le Marché-au-Pain ou le Marché-au-Samedi.

Mais en 1588 le roy, par ses lettres patentes vérifiées et enregistrées en la chambre des comptes de Paris, après informations faites, et toutes les formalités requises, donna la permission aux bourgeois de transférer la Boulangerie, du lieu où elle étoit, en celui où elle est aujourd'hui, et de prendre dans la forêt tout le bois nécessaire à la construction de l'édifice, à condition néanmoins que la ville payeroit tous les ans à la recette du domaine la somme de 35 livres pour la Boulangerie.

Comme les boulangers forains étaloient dans l'ancien marché en des endroits séparés de ceux de la ville, lorsqu'on transféra ce marché près de l'horloge, on plaça les boulangers d'Evreux dans la maison qu'on a depuis appelée la Boulangerie, et on fit bâtir de l'autre côté de la rue de petites loges où l'on plaça les boulangers du dehors.

La même année (1), la ville acheta de ses deniers la maison de Jacques le Moine, et celle de Mathieu Duval, conseiller en cour laye, pour y bâtir la Boulangerie : et il est porté au contrat du premier, qu'il se réserve l'usage d'une allée de cinq pieds de large pour entrer en sa maison de derrière, de laquelle allée il céda la propriété à la ville qui la fit paver en 1511. La Boulangerie, la chambre de dessus et la galerie qui va de l'horloge à cette chambre, furent achevées en 1511, parce que ce fut en cette année que les boulangers d'Evreux commencèrent à payer à la ville la rente de 35 liv., à laquelle ils sont obligés à cause de la Boulangerie, et que la ville rapporte à la recette du domaine du comté d'Evreux.

Le roy fournit tout le bois qui fut employé à la construction de la Boulangerie et de la chambre qui est au-dessus ; et il est marqué dans le compte de cette année, qu'il fut pris dans la forêt d'Ivry.

Dès que la Boulangerie fut achevée, on y mit l'artillerie de la ville ; et Adrien de Hangest, qui en ce temps-là étoit bailli et gouverneur d'Evreux, fit faire, aux dépens de la ville, une galerie qui alloit du château à l'horloge, et à la chambre qui est au-dessus de la Boulangerie.

En 1591, au temps des troubles de la Ligue, le gouverneur d'Evreux fit démolir la Boulangerie et la chambre qui est au-dessus, et fit remplir de terre jusqu'au vingtième degré l'escalier de l'horloge, et il couchoit dans la petite chambre qui sert aujourd'hui de magasin.

La Boulangerie et la chambre qui est au-dessus furent rebâties en 1615, et achevées en 1625 ; l'une et l'autre qui ne font qu'un même corps de bâtiment, sont toutes deux de la censive du comte d'Evreux, et font 35 liv. de rente seigneuriale au domaine. Cette rente avec celle de 40 liv. à prendre sur la boucherie, ont été, dans les besoins de l'é-

---

(1) La procession générale du très-saint-Sacrement passa cette année dans la ville ; on représenta au milieu du Carrefour, sur un théâtre dressé exprès, les mystères de la passion de Notre Seigneur. *Note de l'auteur.*

tat, très-souvent engagées à la ville par nos roys, lorsqu'ils jouissoient du comté d'Evreux.

Louis XII même commença à le faire dès 1514, quatre ans après que ces rentes eurent été créées ; mais ces princes avoient une grande attention à les retirer, et encore une plus grande à rendre le prix de l'engagement à la ville.

HÔTEL-DE-VILLE.

Il n'y avoit point autrefois à Evreux de salle ou chambre commune, qu'on a depuis appelée Hôtel-de-Ville. Les assemblées de la communauté des habitants se tenoient tantôt dans un lieu et tantôt dans un autre.

Les premières, dont on a connaissance, se sont faites aux grandes halles sur la fin du XIVe siècle, et au commencement du XVe. Quelquefois on s'est assemblé au château par ordre et en la présence du gouverneur, surtout quand il s'agissoit de guerre ou de fortifications; mais le plus souvent les assemblées se sont faites dans une salle de l'Hôtel-Dieu, appelée la Salle-aux-Bourgeois, qui fut faite en 1403, aux dépens de la ville, qui fournit à cet effet la somme de 100 liv. qui revenoit à plus de 3,000 liv. de notre monnoie.

La chambre ou l'Hôtel-de-Ville d'aujourd'hui fut construite avec la Boulangerie en 1511, achevé de couvrir et mis dans sa perfection en 1512, et les assemblées commencèrent à s'y tenir en 1505 (1).

(1) La ville donna en 1515 10 livres à un cordelier, prédicateur du carême, tant pour lui avoir du drap pour lui faire une robe, qu'afin que les bourgeois d'Evreux fussent participants et associés aux prières desdits religieux.

Le chapitre général des Jacobins, composé de plus de deux cents religieux, se tint à Evreux. La ville leur donna 50 livres pour leur aider à vivre.

Elle fit venir aussi à ses dépens le sieur Charnuel, curé de Chambor, pour faire des vers à la louange du duc d'Alençon, gouverneur de Normandie, qui devait faire son entrée à Evreux. Les vers furent déclamés sur un théâtre en présence de ce seigneur, à qui on fit présent de deux demi-queues de vin de Beaune, de 24 livres ; deux autres demi-queues de vin clairet du même pays, de 22 livres et deux muids de vin d'Auxerre, de 17 livres.

Il y eut aussi cette année une émotion populaire entre les bourgeois

On les continua dans cette chambre jusqu'en 1591 qu'elle fut démolie et ruinée par ordre du gouverneur : et ce fut dans le temps de la ruine de cette chambre, qu'en 1611 les échevins de la ville achetèrent pour 4,606 liv. et 40 s. de rente à l'Hôtel-Dieu, la maison du sieur Cargret, pour en faire un Hôtel-de-Ville.

La ville l'a depuis vendue à l'Hôtel-Dieu, et elle sert aujourd'hui de chambre aux malades.

Enfin la Boulangerie et la chambre de ville ayant été rebâties aux dépens de la ville en 1615, et achevées en 1625, les assemblées de la communauté des habitants recommencèrent à y être tenues, et y ont continué jusqu'à ce jour.

Les grands chenets du poids de 130 liv. aux armes de la ville, non comprises les quatre pommes de cuivre, furent faits en 1516 par Jean le Cornu, serrurier et horloger de de la ville, aux gages de 10 liv. pour la façon.

La cité contient dix rues, tant grandes que petites, et elles sont toutes dans la seigneurie, justice et censive du comté d'Evreux ; ces rues sont :

Lecomte.	De la Porte-Notre-Dame.
De la Petite-Cité.	De l'Aître-de-Notre-Dame.
Du Trou-au-Bailly.	Du Degré-Giguel.
De l'Echiquier.	Ruelle du Château.
De Saint-Nicolas.	Du Vaupillon (1).

Cette dernière rue fut bouchée en 1316 par un ordre exprès de Louis de France, comte d'Evreux, sur la requête que lui présenta le chapitre. Le motif de l'anéantissement de cette rue, vint de ce qu'il y eut un chanoine qui y fut tué en allant à matines, sur la fin du XIIIe siècle.

et les gens de guerre qui étoient en garnison à la Bonneville, qui malgré les bourgeois vouloient loger dans la ville. On en ferma les portes et on mit plusieurs personnes pour faire le guet. Le gouverneur fit pendre un de ces soldats, ce qui les contraignit de déloger et d'aller à Chartres.

La ville donna en 1515 un écu d'or à un courrier du cabinet, qui avoit apporté par ordre du roy, la bulle des pardons pour le dimanche d'*Oculi*. *Note de l'auteur.*

(1) Voyez le Calendrier de 1749. *Note de l'auteur.*

HISTOIRE DE L'ÉGLISE CATHÉDRALE [1].

L'église cathédrale, comme on la voit aujourd'hui, est un composé de différents morceaux d'architecture gothique, qui ont été construits en plusieurs siècles et à diverses reprises, qui en font la différence et la variété. En général, toutes les parties de cette église sont si bien assorties, qu'il en est peu dans le royaume dont la structure frappe davantage, et dont les dehors soient plus magnifiques.

La nef fut bâtie sous Philippe-Auguste (2), des deniers provenant des indulgences qu'Innocent III avoit accordées à la sollicitation de Robert de Roie, évêque d'Evreux, pour ceux qui contribueroient à la réédification de cette église, qui avoit été la plus belle de la province, et que ce prince avoit ruinée de fond en comble avec la ville (3).

Le chœur et ses collatéraux, ceux de la nef et le corps des chapelles qui sont autour de l'église, ont été faits aux dépens du roy Jean, et Charles V, des évêques et comtes d'Evreux, par le chapitre et plusieurs particuliers, qui la firent réédifier après qu'elle eût été ruinée, en 1351, par les Anglois et les Navarrois, du temps de Charles le Mauvais, roy de Navarre et comte d'Evreux (4).

(1) Extrait du Calendrier historique de 1749.
(2) Les deux travées de la nef les plus voisines de la croisée sont la partie la plus ancienne existant encore et doivent appartenir à la construction terminée au temps de Guillaume le Conquérant, sous l'évêque Gislebert II, et dont la dédicace fut faite en 1076. Les travées inférieures durent être reconstruites après l'incendie de 1119 et terminées vers 1139, si toutefois elles ne datent point du deuxième incendie de Philippe-Auguste, en 1194.
(3) Parmi les bulles d'indulgences accordées à diverses époques aux personnes pieuses qui aidaient de leur bourse à la reconstruction de cette église, les cartulaires du chapitre ne mentionnent point celle obtenue à la sollicitation de Robert de Roie. La partie supérieure de la nef fut relevée aux frais des comtes d'Evreux Charles le Mauvais et son fils, la cathédrale ayant été de nouveau incendiée par le premier de ces princes. Deux vitraux, où l'on a représenté ces deux princes à genoux devant la Vierge, placés dans cette partie de l'édifice, en consacraient le souvenir. Depuis peu d'années l'un d'eux a été transporté dans les hautes fenêtres du chœur, d'où il serait à désirer qu'il fût retiré pour reprendre la place qu'il occupait anciennement.
(4) Les bulles accordées à l'occasion de cette reconstruction se trouvent dans les cartulaires du chapitre existant aux archives du départe-

Louis XI fit faire ce qu'on appelle la lanterne et le clocher de plomb qui est dessus (1), la croisée du côté du midi (2), la chapelle de la Vierge (3), la sacristie, le revestiaire ou chapier, l'emplacement de la bibliothèque, les galeries du chœur et les arcs-boutants qui sont autour, le cloître, et les incrustations qu'on voit en dedans des collatéraux de la nef contre les piliers et contre les pilastres qui sont à l'opposite du côté des chapelles.

Ambroise et Gabriel Leveneur, évêques d'Evreux, firent faire le grand portail, avec celui du côté du septentrion, qui est un chef-d'œuvre de l'art (4), le pupitre, l'orgue, la croisée du même côté et la grosse tour, jusqu'à l'entablement de la cloche appelée Gabrielle, du poids de 14 à 15,000 livres pesant, donnée par Gabriel Leveneur. Le reste de la tour fut construit et achevé en 1636, des deniers provenant d'un legs fait à la fabrique de ladite cathédrale, par le sieur Martin, chapelain de ladite église, notaire apostolique, greffier de l'officialité et du chapitre, et curé d'Arnières (5).

L'autre tour qui est du côté du midi, fut construite aux dépens du chapitre et de la fabrique, vers le milieu du quinzième siècle, et les deux grosses cloches qui sont dedans, furent données par Pierre et Marie de Navarre, de la maison des comtes d'Evreux.

ment. Avant cette époque l'abside de l'église finissait au milieu du chœur actuel et devait avoir une longueur égale à deux travers de la nef. Maistre Nicolle le Feron était alors maître des œuvres ou architecte du comte d'Evreux.

(1) Cette flèche porte le nom de *Clocher d'argent*, soit parce que l'étamage lui en donnait la blancheur, soit parce que la cloche qu'on y avait mise servait à convoquer les chanoines aux offices et distributions capitulaires.

(2) Un vitrail du transept méridional représente ce prince aux pieds de la Vierge.

(3) On voit également dans les vitraux de cette chapelle Louis XI prosterné aux pieds de la mère de Dieu derrière l'artiste qui travaillait à peindre ces vitraux. Jehan le Roy paraît avoir été l'architecte de la cathédrale à cette époque.

(4) Les armes de la famille Leveneur sont peintes sur les vitraux de presque toutes les fenêtres de cette partie de l'église.

(5) Henri IV, en 1608, fit don à la ville de 2,000 livres pour servir à la construction de cette tour, qui porte le nom de Gros-Pierre.

Cette église, aussi bien que la ville, a été ruinée tant de fois, qu'on ne sauroit se former une idée de ce qu'elle a été. Tout ce qu'on en sait de positif, c'est qu'après qu'elle eût été détruite par Henry Ier, roy d'Angleterre et duc de Normandie, en 1125, ce prince la fit rebâtir d'une si grande magnificence, que Guillaume de Jumiéges, qui l'avoit vue, ne craint point d'affirmer dans son histoire, qu'elle étoit la plus belle de toutes les églises de Normandie, *nec erat in tota Normania pulchrior*, quoique les églises cathédrales de Rouen et de Bayeux, et celles de plusieurs grandes abbayes de la province, subsistassent déjà dans l'état où on les voit aujourd'hui (1).

C'est ce prince dont on voit la statue contre la grosse tour, qui tient à sa main une espèce de rouleau à demi développé, pour marquer les donations qu'il avoit fait à l'évêché et au chapitre, des églises et dimes de Verneuil et de Nonancourt, ainsi que de la terre et baronnie de Brandfort, en Angleterre (2).

Cette église est composée de quatre-vingt-dix titres de bénéfices, qui sont :

L'évêque.

Sept dignitaires, dont deux, savoir :

Le doyen et le chantre, sont chanoines,

Trente-un chanoines prébendés,

Quatre hauts-vicaires,

Un sous-chantre,

Quarante-sept chapelains,

Et huit enfants de chœur, sans y comprendre les habitués, dont le nombre n'est pas réglé.

(1) En partie seulement et pour ce qui porte le caractère roman.
(2) Cette statue n'existe plus, ainsi que toutes celles qui ornaient la cathédrale. Brisées pendant la révolution, on se servit de leurs débris pour asseoir les piles du Pont-Rouge, au bout de la rue du Parvis-Notre-Dame.

DES PAROISSES D'ÉVREUX [1].

Il y avoit anciennement une paroisse [2] dans la nef de l'église cathédrale, qui y a subsisté jusqu'en 1266. Elle s'appeloit la paroisse de Notre-Dame, ou de la Grande-Église, elle étoit unie à la prébende de Reuilly, et le chanoine prébendé de Reuilly en étoit le curé primitif et le patron.

On la transféra au lieu où est à présent l'église paroissiale de St-Denis, dont elle a pris le nom qu'elle porte à présent.

La chartre de cette translation porte que ce fut le chapitre qui en fit toutes les procédures en la présence et du consentement de Raoul de Chevriers, évêque d'Evreux; et qu'il transmit à ce prélat, et à ses successeurs, le droit de patronage de l'église transférée, qu'il avoit acquis dès l'an 1263, du prébendé de Reuilly.

Cette paroisse avoit sous sa dépendance cinq chapelles paroissiales, ou cinq églises succursales, qui n'étoient point érigées en titre de bénéfices, et qui avoient cependant chacune un territoire séparé, dans les enclaves duquel le vicaire qu'on y commettoit avoit droit d'exercer les fonctions curiales; ces cinq églises succursales étoient:

St-Pierre,   Notre-Dame-de-la-Ronde,
St-Thomas,   St-Michel-des-Vignes.
St-Léger.

Et comme elles étoient annexées à des dignités et prébendes de l'église cathédrale, le droit de présentation et de patronage en appartenoit, à titre d'union et de concession particulière, aux titulaires de ces dignités et prébendes; et les vicaires qui desservoient ces chapelles succursales étoient réputés membres de l'église cathédrale, avoient droit d'assister à l'office canonial, et d'y officier avec les chapelains.

[1] Extrait du Calendrier historique de 1750.
[2] On croit que cette paroisse était desservie à l'autel de la chapelle de St-Sébastien. *Note de l'auteur.*

Cette pratique a duré jusqu'au concile de Latran, de l'an 1215, auquel temps toutes ces églises succursales furent érigées en églises paroissiales, et les vicaires d'icelles, qui, jusqu'alors, avoient été amovibles, furent transformés en curés fixes et en vicaires perpétuels.

Le droit et possession actuelle où est le chapitre de faire porter la châsse, ou fierte de l'église cathédrale, par les curés de St-Pierre et de St-Léger, à la procession de la grande messe du jour de l'Ascension, et la croix par le chapelain de St-Michel-des-Vignes, à l'évangile de la grande messe de toutes les fêtes solennelles, sont des restes de cette ancienne coutume et association.

Pour ce qui est des autres églises et chapelles succursales de la ville, comme elles n'étoient pas de la classe des cinq précédentes, et qu'elles n'avoient pas comme elles un rapport d'origine et de dépendance particulière avec l'église cathédrale, elles n'ont point été réputées membres du corps de cette église ; et les vicaires de ces chapelles succursales n'ont point été en droit d'assister au chœur de la cathédrale, ni de faire aucunes fonctions à l'office canonial.

En effet, l'église de St-Aquilin a toujours été annexée à la mense épiscopale ; celle de St-Denis n'étoit point encore érigée en paroisse ; l'église de St-Nicolas relevoit de l'abbaye de St-Sauveur, et celle de St-Gilles, de l'abbaye de St-Taurin.

PAROISSES D'ÉVREUX.	CURÉS.
St-Pierre	Le Canu.
St-Thomas	Rossignol.
N.-D.-de-la-Ronde	Lemectayer.
St-Léger	Delangle.
St-Gilles	Turlure.
St Denis	Levavasseur.
St-Aquilin	Nervet.
St-Nicolas	Charpentier.

DES RUES D'ÉVREUX [1].

Les véritables noms des rues d'Evreux étant ensevelis depuis longtemps dans l'oubli, j'ai cru faire d'autant plus de plaisir à la ville, que le plus souvent on est embarrassé pour les héritages qui sont assis et bornés conformément aux anciens noms des rues d'Evreux.

Noms et situations des rues de la cité, ville et faubourgs d'Evreux (2).

Rue Saint-Taurin (3). C'est la rue qui s'étend depuis la porte du Bois-Jollet, jusqu'au coin de la rue de l'Emplumé.

R. l'Emplumé. C'est celle qui se prend depuis la rue aux Fêvres jusqu'à celle des Cordeliers; elle s'appelle aujourd'hui la ruelle du Milan.

R. aux Fêvres. *Vicus fabrorum.* C'est celle qui va de l'hôtellerie du Milan jusqu'à la porte appelée la Porte-aux-Fêvres; aujourd'hui boulevard de Saint-Thomas.

R. aux Maignans. C'est la rue qui s'étend du carrefour de Saint-Thomas jusqu'au pont du Petit-Moulin-de-l'Evêché.

R. d'Entre-les-Ponts. C'est celle qui est entre le Grand

---

(1) Extrait du Calendrier historique de 1749.

(2) Par une délibération du 3 mars 1786, le corps de ville arrêta que les maisons de la ville d'Evreux seraient numérotées et les rues désignées par leur nom sur une plaque peinte, placée à droite de chacune d'elles; que les numéros seraient payés à raison de 2 sous chacun, et les plaques de fer-blanc à raison de 17 sous; enfin que les noms des rues désignées dans l'Almanach d'Evreux, année 1749, seraient autant que possible conservés, et que le travail devrait être terminé à Pâques suivant. Le 22 mars de la même année une autre délibération décida que, sans tenir compte des rues ni des quartiers, les maisons seraient marquées depuis le n° 1er, qui serait posé à l'Hôtel-de-Ville, jusqu'à celui qui se trouverait le dernier, de façon que ce dernier numéro se trouve vis-à-vis du premier.

On a indiqué ici les noms de ces rues pendant la révolution, et ceux qu'elles portent en 1844, lorsque ce nom diffère de l'ancien. La première partie de ces renseignements est extraite du tableau officiel dressé le 5 messidor an 13.

(3) De l'Union, aujourd'hui Joséphine.

et le Petit-Moulin-de-l'Evêché, ou la place du Petit-Moulin.

R. de Saint-Sauveur (1). Elle s'étend depuis le pont du Grand-Moulin jusqu'au détour qui mène à la grande côte de Saint-Michel.

R. du Pont-Saint. C'est celle qui est entre le Pont-Saint et la Brasserie, ou l'hôtellerie du Lorain.

R. des Prés. *Vicus pratorum.* C'est la rue qui va de la Brasserie jusqu'au détour qui mène à la Malemouche et aux Tombettes.

R. la Rochette. C'est celle qui s'étend depuis la ruelle de la Malemouche jusqu'à la ferme de Cambolle.

R. du Pont-du-Blin. C'est celle qui va de la ferme de la Moinerie, ou du Valême, jusqu'au pont du Blin.

R. du Cimetière-de-Saint-Thomas. C'est celle qui s'étend depuis le collége jusqu'aux fossés de la ville.

R. des Fossés-de-Saint-Thomas. C'est celle qui se prend depuis le bout des murs du cimetière de Saint-Thomas jusqu'au pont appelé le pont Bavet, ou le pont Bataille.

R. Jean-Gilles. C'est la ruelle qui sépare les paroisses de Saint-Thomas et Saint-Pierre, et qui s'étend depuis le pont appelé Jean-Gilles, situé sur la rivière des Tanneurs, jusqu'à la rue du Homme.

R. du Champ-Durant. C'est la ruelle qui est à l'opposite de la précédente, par laquelle on alloit autrefois à un lieu public appelé le Champ-Durant, où la compagnie des arbalétiers de la ville s'exerçoit à tirer de l'arbalète pendant les dimanches du mois de mai.

R. du Homme. *Vicus de Hummo*, nunc *rue aux Bouchers.* C'est la rue qui commence au pont Saint et qui va finir en droiture au lieu appelé l'Homme-Sauvage ou le Lieu de Santé.

R. Fossés-de-Saint-Pierre. C'est la rue qui va du pont Bavet jusqu'à un ancien marché aux cochons appelé le Pahaha.

(1) De la Convention.

R. Pahaha. C'est la rue qui commence au pont de St-Pierre, et qui finit au fossé Juré de la rue du Homme.

R. aux Juifs. C'est celle qu'on appelle aujourd'hui la rue de la Bove, et qui s'étend depuis le fossé Juré jusqu'à la rivière du Champ-Durant.

R. aux Lavandières. Cette rue se prend depuis le pont Saint-Pierre jusqu'à celui du Troubeschet.

R. Troubeschet. C'est la rue qui est entre le Troubeschet et la rivière, et la rue du Homme.

R. Taillerie. *Tegularia*. C'est celle qui est entre la rue Neuve, ou rue Pavée, et le bout de la rue du Homme, au milieu de laquelle passe le ruisseau Juré, qui sépare le domaine et la juridiction du comte d'Evreux, d'avec celui de l'évêque.

R. du Fossé ou du Nouveau-Monde. C'est celle qu'on appelle aujourd'hui la rue du Troubeschet, qui se prend depuis la rivière jusqu'à la rue du Dauphin.

R. du Dauphin (1). C'est la rue qui passe par devant les Ursulines, et qui s'étend depuis la rivière qui descend du Moulin-du-Château jusqu'à la précédente rue.

Grande-Rue ou rue du Homme. C'est la rue qui s'étend depuis la rue du Dauphin jusqu'au pont Canet.

Ruelle du Homme. C'étoit une petite rue qui alloit du pont Canet au Moulin-à-l'Abbesse, on n'en voit aujourd'hui que les traces.

R. Neuve ou Pavée. C'est celle qui commence au pont Canet, et qui finit au bout du faubourg Saint-Léger, vers le pont Perrein.

R. Non-Pavée. C'est celle qui s'étend depuis le coin du monastère des Ursulines, et passe le long des murs du cimetière de Saint-Léger, du côté du septentrion, traverse la place de l'Ancien-Marché-au-Pain, et va finir dans un petit bras de rivière qui tombe dans celle du Moulin-de-la-Grande-Roue.

R. Villaine. Est celle qui commence à la rue du Charriot, et finit au-dessous du Moulin-de-la-Grande-Roue.

(1) De l'Egalité.

Ruelle Hédouin. Est celle qui traverse de la rue Villaine à l'église de Saint-Léger, et qui est coupée par un petit pont appelé le pont Hédouin.

Ruelle du Moulin-à-l'Abbesse. Est celle qui va de la rue Villaine à la place de l'Ancien-Marché-au-Pain, et passe par devant le Moulin-à-l'Abbesse.

R. du Cimetière-de-Saint-Léger. Est celle qui est située entre les deux ruelles ci-dessus, le long des murs du cimetière de Saint-Léger, du côté du midi.

Sente Maillot. Est celle qui mène de la rue Villaine aux fossés Lecomte et au chemin de Nétreville.

R. du Bourg ou la Grande-Rue. Est celle qui s'étend depuis la porte de la ville appelée la porte aux Fêvres jusqu'au poste appelé le Poste-Ferré, qui fait le coin de la rue de l'Horloge; on l'appelle aujourd'hui la Grande-Rue.

R. Chicheface. Cette rue traversoit anciennement de la rue du Bourg dans la rue Chartraine.

R. Chartraine (1). *Vicus Carnotensis*. S'étend depuis la rue du Bourg jusqu'à la porte de la ville appelée la porte de la Geôle.

R. des Tourelles. C'est la ruelle qui va de la Grande-Rue ou rue du Bourg, à la rue Saint-Pierre, et qui passe par le milieu de la cour de l'Hôtel-Dieu.

R. de la Vieille-Gabelle ou du Sel (2). Est celle qui mène de la rue Saint-Pierre au lavoir de l'hôpital, par le côté du cimetière, qui est vers l'occident.

R. de St-Pierre (3). C'est celle qui s'étend depuis la rue des Tournelles jusqu'à la rue des Lombards.

R. des Lombards. Est celle qui va du Grand-Carrefour, ou place publique, à la porte de la ville appelée de Saint-Pierre, et qui passe par derrière le chœur de l'église paroissiale.

R. de la Guihaude. C'est celle qui va de la rue aux Lombards jusqu'à la rue Traversive.

---

(1) De la Liberté.
(2) Cul-de-sac de la Loi.
(3) De la Loi.

R. Traversive. C'est une petite rue qui conduit du haut de la rue de la Guibaude jusqu'au Grand-Carrefour, et au lieu où étoit autrefois le pilori, avec les boucheries et halles à blé.

R. de Conches. C'est la ruelle qui est entre les deux Boucheries.

Grand-Carrefour. C'était le lieu où l'on vendoit autrefois le poisson, la viande et le blé, et il s'étendoit depuis le poste Ferré jusqu'à la Porte-Peinte; la rue du côté du midi s'appeloit la rue du Carrefour-aux-Moulettes, et celle du côté du septentrion, la rue aux Bouchers.

R. de l'Horloge (1). Elle s'étend depuis le Grand-Carrefour jusqu'au Gros-Horloge.

R. Lecomte (2). Est celle qui va de l'Horloge jusqu'au cimetière de l'église cathédrale.

R. de la Petite-Cité. Elle va depuis la rue Lecomte jusqu'à la porte de la rue appelée rue Notre-Dame; on l'appelle aujourd'hui la rue de l'Ave-Maria.

R. du Trou-Bailly (3). C'est celle qui est entre la rue de la Petite-Cité, et la rue Chartraine.

R. de l'Echiquier. C'est celle qu'on appelle aujourd'hui la ruelle au Sel, elle est située entre la rue Lecomte et la rue de la Petite-Cité.

R. de Saint-Nicolas (4). C'est celle qui conduit de la rue Lecomte à celle de la Petite-Cité, par devant l'église de St-Nicolas, et le long du cimetière.

R. de la Porte-Notre-Dame (5). C'est celle qui va de la porte de l'église cathédrale et de l'évêché, près de la porte de la ville appelée de Notre-Dame.

R. du Chapitre ou de l'aitre de Notre-Dame (6). C'est celle qui est entre la porte de la ville, appelée de Notre-Dame et le pavillon, ou grande porte du doyenné.

(1) De la République.
(2) Aujourd'hui de la Grosse-Horloge.
(3) Aujourd'hui Traversière.
(4) De la Conciliation.
(5) Du Temple.
(6) De la Constitution.

R. du Vaupilon. C'étoit une rue qui s'étendoit autrefois depuis le doyenné jusqu'à la ruelle du Degré-Giguel ou ruelle du Ravelin, mais il n'en reste plus aujourd'hui qu'une petite portion, qui s'appelle le Bout-du-Monde, parce qu'elle est en forme de cul-de-sac, et elle est entre la maison de la Chantrerie, et celle appelée la maison du Bec.

R. du Degré-Giguel. C'est celle qu'on appelle aujourd'hui la ruelle du Ravelin, elle s'étend depuis la rue Lecomte jusqu'aux murailles de la Cité, qui sont proche la cour du Château.

Ruelle du Château. C'est un passage particulier appartenant aux comtes d'Evreux, qui traverse la cour du Château, et qui mène de la rue Lecomte à l'église des Jacobins, à la rue du Charriot et à celle de Trianon.

R. du Charriot ou de la Roze. C'est celle qui s'étend depuis le pont ou la rivière du Moulin-du-Château, et qui passe jusqu'à la rue du Trianon.

R. Trianon. Cette rue commence un peu au-dessus de la grande porte d'entrée des Jacobins, et va finir à un détour qui conduit à la côte appelée de la Justice, et à l'ancien chemin de Paris.

Nota. 1º Toutes les rues qui sont situées aux environs de l'église de la Ronde, et entre la rue Trianon et la rue Ferey, sont connues sous le nom de la Basse-Ronde, et n'ont point de nom particulier; il en faut néanmoins excepter les quatre suivantes; savoir :

La rue du Puits-Carré, qui commence à la rue Trianon et finit à celle qui conduit au cimetière de la Ronde.

R. du Cimetière (1). Qui s'étend le long des murs du cimetière du côté du septentrion.

R. aux Prêtres. Qui va du presbytère de la Ronde jusqu'à la rue de l'Espringale.

Et la rue de l'Espringale, qui va d'un bout à l'autre des fossés de la ville, par derrière le palais épiscopal.

(1) Des Maris.

R. des Cordeliers (1). C'est la rue qui est entre le coin appelé de la Crosse et le séminaire.

R. du Pont-Notre-Dame. C'est celle qui est entre le carrefour appelé de la Crosse et la porte de la ville, appelée de Notre-Dame.

R. de la Planche (2). Elle s'étend du carrefour de la Crosse jusqu'au pont appelé de la Planche, du côté du midi.

R. de St-Denis (3). Elle commence à la porte de la ville, appelée de la Geôle, et finit au carrefour de la Crosse.

Ruelle du Grand-Pré. La ruelle du Grand-Pré s'étend depuis la rue aux Fêvres jusqu'à la rue des Cordeliers, et passe derrière le chœur de l'église de Saint-Denis.

Sente Royale. C'est celle qui s'étend de la rue aux Fêvres jusqu'au cimetière de Saint-Thomas.

R. de l'Abreuvoir. Cette rue s'étend depuis le pont de la Planche jusqu'à la rivière et la ruelle qui borne le mur des Cordeliers qui mène par derrière leur couvent et à Panette.

R. Ferey (4). Elle commence au pont de la Planche et finit aux murs des Capucins, en allant vers le hameau de la Madeleine.

Nota. 2° Toutes les rues situées entre les murs des Cordeliers et le jardin des Capucins et aux environs, n'ont point de nom particulier, mais sont connues sous la dénomination de Panette (5), et sont toutes, à la réserve d'une, dans les enclaves de la paroisse de Saint-Aquilin.

(1) Du Département, puis de l'évêché, aujourd'hui de la Préfecture.
(2) De l'Ecole centrale, aujourd'hui de la Harpe.
(3) Aujourd'hui Chartraine.
(4) Aujourd'hui du Cheval-Blanc.
(5) La principale rue de ce quartier porta le nom de J.-J. Rousseau pendant la Révolution, et celle de Paris celui de Condillac.

NOMS ET SURNOMS

DE Mgr L'ILLUST. ET RÉVÉRENDISSIME ÉVÊQUE D'ÉVREUX,

ET MM. LES VÉNÉRABLES, DOYEN, DIGNITAIRES ET CHANOINES

DE L'ÉGLISE CATHÉDRALE. (1).

Pierre-Jules-César de Rochechouart, évêque d'Evreux, le 21 mars 1734 (2).

De Savary, doyen (3), prébendé d'Avrilly et d'Irville.

(1) Extrait du Calendrier historique de 1749.

(2) Nous publions dans une note à la suite de cet article le catalogue dressé par l'abbé Chemin, l'un des historiens de notre pays, des évêques d'Evreux antérieurs à M. de Rochechouart, et qu'on a complété jusqu'à ce jour.

Cette liste diffère de celle publiée par les auteurs du *Gallia Christiana*, puisque M. Lenormant y est indiqué comme le 78e évêque d'Evreux, tandis qu'il se trouve le 99e dans celle de l'abbé Chemin ; cela tient à des omissions, à des interpolations rejetées par la critique historique, questions que le lecteur pourra résoudre par la comparaison, et que l'espace ne permet pas d'examiner ici. (Voir page 60.)

(3) Le doyen est la première dignité de l'église cathédrale, il préside au chœur et au chapitre et a charge d'âmes. Il est électif par le chapitre et confirmatif par l'évêque. Son institution est très-ancienne, et son nom vient de la prééminence et autorité qu'il exerça d'abord sur les dix premiers prêtres qui composoient l'église d'Evreux dans ces commencements, dont il était le chef et le directeur. Ces prêtres étoient les huit prébendés d'Angerville, avec le chantre et le trésorier ou sacriste.

Le revenu du doyenné est fort petit, et il ne consiste qu'en quelques rentes foncières et seigneuriales qu'il perçoit dans l'étendue du fief du Saint-Esprit, dont il est le seigneur foncier et haut-justicier. Il jouissoit autrefois des oblations et revenus des églises de St-Pierre et St-Leger, dont il était le curé primitif; mais aujourd'hui il se contente du droit de patronage de ces deux paroisses.

La chanoinie et prébende d'Irreville et d'Avrilly furent unies à la dignité décanale en 1370 par Benoît XIII.

Le doyen fait sa semaine au chœur à son tour et ordre et est obligé à la résidence comme un autre chanoine ; mais il n'est point mis à la table du chœur pour aucune autre fonction.

Il y a trois fêtes qu'on appelle *décanales*, où il fait l'office presque avec la même solennité que l'évêque : ces fêtes sont la Toussaint, les Rois et l'Ascension. Le bas chœur se lève lorsqu'il passe au milieu du chœur. Il a en outre beaucoup d'autres prééminences, comme d'aller seul à l'offrande, même avant les chapiers, qui ne peuvent y aller que lorsqu'il est de retour à sa place ; d'être encensé par le diacre à la

Devaulx, grand-chantre, prébendé sur le sceau de l'évêché.

Petit de Captot, archidiacre d'Evreux, préb. du Plessis.

Duval de Gravigny, archidiacre d'Ouche, préb. de l'ancienne fondation.

Dumont, archidiacre du Neubourg, préb. de l'ancienne fondation.

De la Croix, trésorier.

Besuchet, pénitencier et théologal, préb. du Sac et de Rully.

L'Abbé du Bec (1), premier chanoine.

messe et les chapiers à Vêpres. Il avoit anciennement séance à l'échiquier de la province, et précèdoit tous les abbés du bailliage, excepté ceux de St-Evroult et de St-Taurin. *Note de l'auteur.*
On lit dans le Journal de Verdun, août 1746, page 146, la note suivante relative à un singulier privilége du chapitre d'Evreux :
« Le roy a accordé au chapitre d'Evreux des lettres patentes datées du camp d'Alost, le 6 d'août 1745, par lesquelles S. M., vu l'arrêt de son conseil par lui obtenu, approuve la délibération de ce chapitre, du 20 mars 1751. En conséquence S. M. donne le droit aux dignitaires de cette église de porter des soutanes rouges, et confirme les chanoines dans celui qu'ils ont, de temps immémorial, d'en porter de violettes les jours de fêtes solennelles et dans les cérémonies publiques, aux conditions et avec les restrictions portées par leur capitulaire. Les lettres ont été enregistrées au parlement de Rouen le 30 mars 1746, sans avoir égard à l'opposition formée par un conseiller clerc du même parlement, chanoine et archidiacre d'Evreux, sous prétexte qu'elles étaient obreptices, en ce, disoit-il, que l'on avoit ohmis d'exposer au roy qu'il y avoit dans le chapitre d'Evreux un conseiller en possession depuis vingt ans de porter seul le rouge. *Note de l'auteur.* »
(1) La prébende de Marbeuf fut unie et annexée à l'abbaye du Bec en 1203, et c'est à cause de cette prébende que l'abbé du Bec est réputé le premier chanoine de l'église d'Evreux ; il est encore aujourd'hui appelé le premier aux chapitres généraux, et en cette qualité il possède une maison canoniale nommée la maison du Bec, et a droit de faire sa semaine, d'avoir voix en chapitre et part aux distributions, comme un autre chanoine.
Cette prébende a cela de particulier qu'elle ne vaque jamais, non plus que la chanoinie, et le droit de commune y attaché, et que l'abbé n'est point obligé de résider à Evreux. Le gros de cette prébende consiste en dîmes et droit de patronage aux églises de Marbeuf, St-Aubin-d'Ecrosville, la Roussière, Emanville, Barc, Hellenvilliers.
Ce n'est cependant pas qu'on ait distrait et désuni de l'église d'Evreux ces dîmes et ces églises, mais c'est parce qu'on les avoit prises

Ruault, préb. de Fauville.
Le Cauchoix, préb. d'Hécourt et de St-Chéron.
Alleaume, préb. d'Emanville.
La Biche, préb. de l'ancienne fondation.
Chéron, préb. de Bernienville, Pithienville et Cerrey.
Tournier du Pouget, préb. sur le sceau de l'évêché.
Le Doulx de la Musse, préb. de l'ancienne fondation.
De la Vaur, préb. de l'ancienne fondation.
Girardeau, premier préb. de Brosville.
Savary des Bruslons, préb. de Ste-Colombe.
De Bence de Hallot, préb. sur la vicomté d'Evreux.
Croisy, préb. sur le sceau de l'évêché.
Gérard, préb. de Crétot (1).
De Boislevêque, préb. de l'ancienne fondation.
Peyredieu, préb. de l'ancienne fondation.
Aprix de Bonnières, préb. de Périers.
Jacquin, second préb. de Brosville.
Lucas, préb. de Thevray.
Crosnier, préb. de Créton.

et démembrées de cette abbaye pour en composer la prébende de l'abbé ; comme on fit en ce temps-là à Coutance pour former la prébende de l'abbé de St-Taurin, qu'on avoit fait chanoine de l'église cathédrale de ce lieu. On prit et on désunit de St-Taurin l'église et seigneurie de Périers en Cottentin qui lui appartenoit pour en faire la prébende de l'abbé.

En reconaissance de cette association, Guillaume, abbé du Bec, et le couvent, donnèrent en 1207, à Luc, qui étoit pour lors évêque d'Evreux, l'église de Dammartin avec toutes ses dépendances, et au chapitre d'Evreux celle d'Ajou et tout ce qui appartenoit à cette église, avec encore plusieurs traits de dimes en la paroisse d'Ormes. Le revenu de cette prébende, qui est réunie à l'abbaye du Bec, vaut environ 10,000 livres. *Note de l'auteur.*

(1) En exécution de l'ordonnance d'Orléans de 1560, la prébende de Crétot fut unie et annexée à la principauté du collége ; et par arrêt du parlement de Rouen, du 8 août 1670, sur les conclusions de M. de Guerchois, lors avocat général, le sieur Duvaucel, principal du collége, fut maintenu aux droits et habits de chanoine, distributions ordinaires, même des manuelles aux obits quand il y assistoit, voix délibérative en chapitre, etc.

Quand le principal a payé les professeurs du collége, il ne lui reste presque rien de sa prébende. *Note de l'auteur.*

De Rochechouart, préb. du Nuisement, Authenay et Chantelou.

Cassen, préb. sur la vicomté de Passy.

Jehannot de Bartillat, préb. de l'ancienne fondation.

De Guenet, préb. d'Houetteville.

De Gauville, préb. de Quittebeuf (1).

VICAIRES.

MM. Chéron, du Mesnil-Jourdain.
Le Couturier, de Mandres.
Flambard, de Branville.
Prétavoine, de la Taillerie.

SOUS-CHANTRE.

M. Drouard (2).

(1) L'autre prébende de Quittebeuf fut amortie par bulle du pape Alexandre VI pour l'entretien d'un maître de musique et de huit enfants de chœur.

(2) On a publié toute cette liste de noms propres qui paraîtrait inutile et n'intéresser que des héritiers, parce qu'elle est réellement le commentaire le plus complet et le plus précis de la composition du chapitre à cette époque.

Liste des Evéques d'Evreux, par l'abbé Chemin.

1. S. Taurin, en 250, mort en 280.
   Anarchie de 116 ans.
2. S. Maximin ou Mauxe et S. Vénérand, diacre, son frère, en 369. Martyrisés à Acquigny en 369.
   Anarchie de 71 ans.
3. S. Gaud, en 440, se démet en 480, meurt en 491.
4. Mauruse, en 480, mort en 512.
5. Lucinius, en 513, mort en 540.
6. Licinius ou Lucinius second, en 542, mort en 550.
7. Valère, en 550, mort en 557.
8. Ferrocinctus, en 557, mort en 560.
9. Viator, en 560, mort en 580.
10. S. Laud, en 580, mort en 618.
11. Déodat, en 618, mort en 640.
12. Ragnericus, en 640, mort en 650.
13. Concessus, en 657, mort en 658.
14. S. Ceade ou Ceadus, en 659, mort en 663 ; inhumé dans l'église Saint-Pierre d'Evreux.
15. S. Aquilin, en 663, mort en 698.
16. Didier, en 698, mort en 740.

17. Estienne, en 740, mort en 752.
18. Maurin, en 752, mort en 775.
19. S. Giroalde, en 775, mort en 787.
20. Gerbode, en 787, déposé et mort en odeur de sainteté à Pierre-Pons, en Basse-Normandie, en 794.
21. Oinus ou Oin, en 795, mort en 833.
22. Joseph, moine de S. Wandrille, en 796, mort en 843.
23. Hilduin premier, en 844, mort en 846.
24. Gombert, en 846, mort en 864.
25. Vanillon, en 864, mort en 865.
26. Hilduin, second de nom, en 866, mort en 870.
27. Sebart, en 870, mort en 900.
28. Cerdegarius, en 900, mort en 920.
29. Hugues premier, en 921, mort en 941.
30. Guiscard, en 941, mort en 975.
31. Gerolde ou Geralde, en 975, mort en 1010.
32. Gislebert premier, élu en 1010, mort en 1024.
33. Hugues second, élu en 1024, mort en 1050.
34. Guillaume, élu en 1050, mort en 1066.
35. Michel, élu en 1066, mort en 1067.
36. Baudouin ou Balduin, élu en 1067, mort en 1073.
37. Gislebert second, élu en 1073, mort en 1112.
38. Audouin de Bayeux, élu en 1112, mort en 1139.
39. Rotrou de Beaumont, élu en 1139, transféré à Rouen l'an 1165.
40. Vautier ou Valterius, élu en 1165, mort en 1170.
41. Gilles du Perche, élu en 1170, mort en 1180.
42. Jean premier, élu en 1181, mort en 1191.
43. Guarin de Cierray, élu en 1191, mort en 1200.
44. Robert premier ou Robert de Rotte, élu en 1200, mort en 1203.
45. Luc, élu en 1203, mort en 1219.
46. Raoult premier, de Cierray, élu en 1219, mort en 1223.
47. Richard de Bellevue ou de St-Léger, élu en 1223, mort en 1227.
48. Vautier, second de nom, élu en 1227, mort en 1229.
49. Richard d'Ivry, élu en 1229, mort en 1236.
50. Raoul second, de Cierray, élu en 1236, mort en 1243.
51. Jean de la Cour, élu en 1244, mort en 1245.
52. Geoffroy premier, élu en 1245, mort en 1247.
53. Jean d'Aubergenville, cardinal, chancelier de France, élu en 1247, mort en 1256.
54. Raoul trois d'Aubusson, élu en 1256, mort en 1259.
55. Raoul de Grosparmi, élu en 1259, cardinal passé à Albano en 1261.
56. Raoul de Chevrières, élu en 1261, mort en 1269.
57. Philippe de Chaours, élu en 1269, mort en 1281.
58. Eustache, élu en 1281, se retire dans la même année.
59. Nicolas d'Autheuil, élu en 1281, mort en 1298.
60. Geofroy de Bart ou de Barrais, élu en 1298, mort en 1299.
61. Mathieu des Essarts, élu en 1299, mort en 1310.
62. Raoul quatre de Morbeuf, élu en 1310, mort en 1314.
63. Geofroy Duplessis, élu en 1314, mort en 1327.

64. André de l'Isle-Adam, élu en 1327, mort dans la même année.
65. Jean de Vienne, élu en 1328, se retire dans la même année.
66. Jean Dupré, élu en 1329, se retire en 1333.
67. Robert de Roye, élu en 1333, meurt dans la même année.
68. Guillaume des Essarts, élu en 1334, meurt dans la même année.
69. Vincent des Essarts, élu en 1334, mort en 1335.
70. Geofroy Faye ou Faré, élu en 1335, mort en 1340.
71. Robert de Brucourt, élu en 1340, mort en 1368.
72. Philippe de Brucourt, élu en 1368, mort en 1374.
73. Guillaume d'Estouteville, élu en 1375, mort en 1376.
74. Bernard de Cariti, élu en 1376, mort en 1385.
75. Philippe de Moulins, élu en 1385, mort en 1389.
76. Pierre de Moulins, élu en 1389, meurt dans la même année.
77. Guillaume de Valen ou d'Avalon, élu en 1389, mort en 1400.
78. Guillaume de Cantiers, élu en 1400, mort en 1418.
79. Paul de Capranica, élu en 1421, passé à Bénévent en 1427.
80. Martial Fournier ou de Formerie, élu en 1427, mort en 1439.
81. Rodolphe Roussel, élu en 1440, passé à Rouen en 1443.
82. Paschase de Vaux, élu en 1443, passé à Lisieux la même année.
83. Guillaume de Floques, élu en 1443, se démet en 1456.
84. Pierre d'Estrillac, de Comborn, élu en 1456, passé à S. Pons, en l'année 1462.
   Guillaume de Floques, élu de nouveau et meurt en 1464.
85. Jean Ballue, cardinal, élu en 1461, se retire en 1471.
86. Pierre Turpin, élu en 1471, mort en 1473.
87. Jean Haberge, élu en 1473, mort en 1478.
88. Raoul du Fou ou du Fau, ancien évêque d'Angoulème, élu en 1479, mort en 1510.
89. Ambroise Leveneur, élu en 1510, fait démission en 1531.
90. Gabriel Leveneur, nommé en 1531, mort en 1574.
91. Claude de Saintes, nommé en 1575, empoisonné en 1593.
92. Jacques-David Duperron, nommé en 1593, cardinal passé à Sens, en 1606.
   Le légat ayant refusé de voir Henry IV, après son entrée à Paris, fut conduit à Montargis en sûreté par Jacques-David Duperron, nommé évêque d'Evreux. Le légat goûta son esprit et en parla au pape qui désira le voir. Le cardinal Duperron fit chanoine et prébendé de Fauville M. Sponde, continuateur des annales de Baronius. Il fut depuis évêque de Pamiers et de Langres ; il avait été calviniste.
   Duperron mourut à Paris le mercredi 2 septembre 1618. Son cœur fut mis aux Grands-Jésuites de Paris, auxquels il avait procuré de grands services, pour les faire rentrer dans les états de Venise en 1607.
93. Guillaume de Pericard, nommé en 1608, mort en 1613.
94. François de Pericard, évêque de Tharce *in partibus*, nommé en 1614, mort en 1646.
95. Jacques Lenoël-Duperron, ancien évêque d'Angoulème, nommé en 1647, mort en 1649.

96. Gilles Boutaux, ancien évêque d'Aire, nommé en 1649, mort en 1661.
97. Henri Cauchon de Maurepas du Tour, nommé en 1661, mort en 1680.
98. Jacques Potier de Novion, ancien évêque de Sisteron, nommé en 1780, mort en 1709.
99. Jean Lenormand, nommé en 1710, mort en 1735.
100. Pierre-Jules-César de Rochechouart, nommé en 1735.
101. Artur Dillon, nommé en 1754.
102. De Choiseul, nommé en 1758.
103. Lezay Marnesia, nommé en 1764.
104. De Narbonne, nommé en 1775, mort en 1790.
105. Robert-Thomas Lindet, évêque constitutionnel, en 1791.
106. Lami, évêque constitutionnel.
107. Bourlier, nommé en 1802, mort en 1821.
108. Salmon du Châtellier, nommé en 1822, mort en 1841.
109. Nicolas-Théodore Olivier, nommé en 1841.

FONDATIONS DES DIGNITÉS, CHANOINIES, PRÉBENDES, VICAIRIES
ET CHAPELLES DE L'ÉGLISE CATHÉDRALE (1).

Raoul Ier, duc de Normandie, au rapport de Dudon de S. Quentin, auteur contemporain, donna, le troisième jour de son baptême, la baronnie de Brosville, à l'évêque d'Evreux.

Au doyen, le fief et baronnie du St-Esprit, avec les revenus des églises ou chapelles paroissiales de St-Pierre et de St-Léger d'Evreux.

Au chantre, les dîmes de toute espèce dans l'étendue du dîmage et territoire de l'église ou chapelle paroissiale de St-Gilles d'Evreux.

Au trésorier, le nombre de cent quarante-quatre boisseaux de blé à percevoir tous les ans, sur la portion de l'évêque.

Aux huit chanoines de l'ancienne fondation, la baronnie d'Angerville, avec les dîmes des paroisses d'Angerville, de Melleville et de la vallée d'Evreux.

Raoul fonda en outre les deux canonicats et prébendes de Brosville, en leur affectant à chacun un canton du dîmage de la paroisse de Brosville.

Les autres canonicats et prébendes, sont redevables de leur établissement à la libéralité des comtes d'Evreux, et de quelques seigneurs du diocèse.

Simon de Montfort, comte d'Evreux, qui vivoit au milieu du XIIe siècle, fonda lui seul six canonicats avec leurs prébendes, et il augmenta les revenus de la mense canoniale de plus de six mille livres de rente.

Luc, évêque d'Evreux, fonda aussi trois prébendes en faveur de ses aumôniers et chapelains, et affecta les émoluments du sceau de l'évêché à ses prébendés.

Les deux chanoines prébendés sur les vicomtés d'Evreux et de Pacy, sont de fondation royale.

Les vicaires ont été fondés en 1301 et 1351, par Ma-

(1) Extrait du Calendrier historique de 1749.

thieu des Essarts et Robert de Brucourt, évêques d'Evreux, du consentement du chapitre.

Pour ce qui est des chapelles, elles l'ont été successivement et en différents temps. Les deux plus anciennes et les plus considérables sont celles appelées d'Aubevoie, qui furent fondées par Amauri de Montfort, comte d'Evreux, sur la fin du XIIe siècle.

CLERGÉ RÉGULIER DE LA VILLE D'ÉVREUX (1).

L'ABBAYE DE SAINT-TAURIN, ORDRE DE SAINT-BENOÎT, CONGRÉGATION DE SAINT-MAUR.

M. d'Harcourt, abbé (2).

Cette abbaye est si ancienne qu'on ignore le temps de sa fondation. Ce qu'on sait de certain, c'est que Richard Ier, troisième duc de Normandie, appelé le Père des Moines, et les ducs de Normandie ses successeurs, donnèrent de grands biens à cette abbaye. L'église est bâtie sur le tombeau de S. Taurin (3).

L'ABBAYE DE SAIN-SAUVEUR, ORDRE DE SAINT-BENOÎT.

Madame de la Rochefoucault, abbesse (4).

Cette abbaye fut fondée en 1060, par Richard, comte d'Evreux, aux lieu et place où est aujourd'hui l'église paroissiale de St-Nicolas ; mais le monastère ayant été ruiné en 1125, lors de la guerre d'entre le duc de Normandie et le comte d'Evreux, l'abbaye fut transférée au lieu où elle est à présent, sur la fin du XIIe siècle, par Garin de Cierrey, évêque d'Evreux. Simon de Montfort, comte d'Evreux, eut part à cette translation et à la construction du nouveau monastère : on le voit représenté à cheval et en habillement de guerre, au haut de la voûte du chœur de l'église, avec cette inscription : *Simon Comes Ebroicensis* (5). Il y a peu d'autels dans le royaume plus superbes que le grand autel de cette abbaye.

(1) Extrait du Calendrier historique de 1749.
(2) Les auteurs du *Gallia Christiana* donnent les noms de cinquante-huit abbés qui précédèrent M. d'Harcourt.
(3) C'est une des églises les plus remarquables de la province par son antiquité ; l'extrémité de son transept méridional conserve de fort beaux fragments d'architecture byzantine et de mosaïques imbriquées dans ses baies à plein cintre. On y conserve aussi la magnifique châsse de saint Taurin, chef-d'œuvre du XIIIe siècle.
(4) Quarante-une abbesses précédèrent Mme de la Rochefoucault dans l'administration de ce monastère.
(5) La pierre sur laquelle on lit cette inscription, encastrée dans un mur de l'abbatiale depuis la destruction de l'église, a été transportée récemment au musée d'antiquités d'Evreux.

COUVENTS ET COMMUNAUTÉS.

Les Jacobins ont été fondés par S. Louis et Philippe le Hardy, son fils. L'église fut d'abord dédiée sous l'invocation de St-Pierre et St-Paul : mais quelques années après la canonisation de S. Louis, Mathieu des Essarts, évêque d'Evreux, la dédia de nouveau en l'honneur de S. Louis, en 1299. Ainsi cette église est, sans contredit, la première du royaume qui ait été consacrée à Dieu, sous l'invocation de S. Louis; l'église est belle, grande, longue et large (1). Ce couvent qui, dans ces commencements, étoit très-nombreux en religieux, n'en a plus aujourd'hui qu'un très-petit nombre.

LES CORDELIERS.

Les Cordeliers ont été fondés environ vers l'an 1264, par Raoult de Gros-Parmi, évêque d'Evreux, qui par la suite fut fait cardinal. L'église de ce monastère est un vaisseau très-exhaussé, long et large (2). Les PP. cordeliers ont depuis peu fait une si grande dépense pour la décoration de cette église, qu'elle passe présentement pour une des plus belles de leur ordre.

LES CAPUCINS.

Le couvent des Capucins fut érigé en 1612, sous l'épiscopat de Guillaume de Péricard, tant par les soins et la libéralité de M. le Jau, que par les aumônes de plusieurs bourgeois. En 1695, les Capucins trouvèrent le moyen de faire rebâtir un autre couvent, si grand et si magnifique, qu'il y en a peu dans tout leur ordre qui en approche (3).

URSULINES.

En 1623, Guillaume de Péricard, évêque d'Evreux, proposa dans une assemblée de ville, l'érection d'une communauté de filles de Ste-Ursule, qui seroient tenues tant par leur institut que par un acte de l'hôtel-de-ville, de

(1) Cette église est complètement détruite, et les nouvelles constructions de l'hospice s'élèvent sur son emplacement.
(2) Elle est aujourd'hui entièrement détruite.
(3) Aujourd'hui le collége.

montrer à lire et à écrire et d'apprendre les principes de la religion aux jeunes filles de la ville. M. le Jau, dont on a déjà parlé, doyen de l'église d'Evreux, coopéra beaucoup à cet établissement. Il n'y a point dans la ville, ni dans le diocèse, aucun couvent si beau que celui des Ursulines. Ces religieuses, aidées de monseigneur de Rochechouart, évêque d'Evreux, ont fait achever leur église depuis trois ans (1).

LE SÉMINAIRE.

Henry Cauchon de Maupas, évêque d'Evreux, érigea vers l'an 1665, un Séminaire dans Evreux. M. le Doulx de Melleville, doyen de l'église d'Evreux, fit bâtir la maison et l'église, et c'est à juste titre qu'on le regarde comme fondateur du Séminaire, qui est gouverné par des missionnaires Eudistes. La maison n'est pas belle, mais l'église est dans un goût moderne qui plaît aux connaisseurs (2).

Par contrat passé le 31 août 1688, par-devant les notaires d'Evreux, M. Joachim Martel, écuyer, seigneur de St-Calais, lieutenant-général à Conches et à Breteuil, donna à MM. du Séminaire, la somme de 1500 l., à condition qu'ils feroient faire le Séminaire *gratis* aux pauvres ecclésiastiques des paroisses suivantes, savoir :

Barquet, Berville, les Authieux, Collandre, la Puthenaye, Bourgy, la Vacherie, Groslay, Bosroger, St-Léger-le-Gautier, Barc, la Heunière, Emanville.

DU COLLÉGE (3).

Le Collége se tenoit anciennement dans l'église cathédrale, sur un terrain du cloître, où l'on a depuis construit la maison du chapelain de St-Maur, et celle de la chapelle de la Trinité. Mais le nombre des écoliers augmentant de jour en jour, et les écoles de la cathédrale ne suffisant pas

(1) Les bâtiments claustraux des Ursulines viennent d'être récemment cédés à la ville d'Evreux, qui se propose d'y transporter plusieurs établissements publics.
(2) Elle sert aujourd'hui aux séances de la cour d'assises.
(3) Cet établissement est devenu propriété particulière.

pour contenir tant d'écoliers, la communauté des bourgeois fit transférer le collége à ses frais, du consentement du chapitre, sur le territoire du fief du St-Esprit, avec l'agrément du doyen, où il a subsisté jusqu'en 1298, que Pierre de Senlis, doyen de l'église d'Evreux, acheta une maison et jardin, sis dans la ruelle de l'Emplumé, autrement du Milan, qu'on appelle encore aujourd'hui la Maison des grandes Ecoles, et il y a resté jusqu'en 1530, que la ville et communauté des bourgeois le fit transférer à ses dépens, du consentement du doyen, au lieu où il est aujourd'hui, et où étoit ci-devant une hôtellerie appartenant au seigneur de Fauville, qui la vendit à la communauté des bourgeois, la somme de 750 liv., et dont cependant il ne voulut être payé que de celle de 500 liv., ayant remis le surplus à la ville. Le doyen de l'église cathédrale a toujours continué d'avoir l'administration du collége d'Evreux, ainsi que de celui de Verneuil, et ce n'est que depuis la tenue des Etats d'Orléans que cette coutume a changé.

Le collége est composé d'un principal et de six professeurs.

M. Gérard, principal et chanoine de l'église d'Evreux.

Professeurs.

Classes.	
Réthorique	MM. Vergnault.
Seconde	Duval.
Troisième	Melleville.
Quatrième	Gascouin.
Cinquième	Durand (1).
Sixième	Durand.

C'est à M. le Normant, d'heureuse mémoire, à qui on a obligation de l'établissement de la théologie et philosophie. Monseigneur de Rochechouart, qui marche sur les traces de son illustre prédécesseur, a établi un second pro-

(1) Auteur et Editeur des notices du Calendrier qu'on publie ici de nouveau.

fesseur en théologie, qui professe *l'après-midi*, au séminaire.

Professeurs en théologie.

Pour le matin, M. Le Mectayer.
Pour l'après-midi, M. Moncuit, Eudiste.

Philosophie.

Professeur, M. Prétavoine.

DE L'HÔPITAL, OU HÔTEL-DIEU.

L'Hôpital d'Evreux est très-ancien ; il a été gouverné par un prieur conventuel et une communauté de religieux, qui a subsisté jusqu'en 1375. Après que la conventualité eut cessé, on obligea le prieur qui étoit resté seul, à remplacer les religieux par des prêtres qu'il choisiroit, gageroit, et qui seroient destituables à sa volonté. En 1560, M. Giffard, conseiller au parlement de Rouen et prieur de l'hôtel-dieu, unit et incorpora au bureau les biens de son prieuré. Ce sont aujourd'hui les Filles de la Charité qui ont le soin des malades, et qui furent introduites dans cette maison en 1672. L'Hôpital étoit gouverné avant par des femmes qu'on appeloit Gardiennes de l'hôtel-dieu, et qui étoient commises par les administrateurs. Mlle Louise de Bouillon, morte en odeur de sainteté, Henry de Maupas, Jacques le Doulx de Melleville, doyen de l'église d'Evreux, et quelques autres personnes, ont beaucoup fait de bien à l'Hôpital.

DU BUREAU DES PAUVRES.

En exécution de l'édit de 1545, il se tient à Evreux une assemblée générale, afin de délibérer sur l'établissement d'un Bureau des Pauvres de la ville et faubourgs d'Evreux et sur les moyens de pourvoir à leurs besoins ; il fut arrêté dans cette assemblée qu'à l'avenir les pauvres seroient placés et mis dans un lieu particulier, pour y être nourris et alimentés des deniers du commun, et que le dénombrement en seroit fait par les trésoriers des paroisses. Le huitième octobre 1557, le prieuré de St-Nicolas-de-la-Maladrerie ayant vaqué par la mort de M. Adrien d'Epiney, dit Deshayes, il fut résolu dans une assemblée générale des habitants, qui étoient les patrons dudit prieuré, que tout le revenu de ce bénéfice, avec le droit de patronage des cures d'Huest et de St-Germain-des-Anges qui en dépendent, seroit uni et incorporé au Bureau, et que les susdites cures demeuroient affectées aux régents du collége d'Evreux ; le syndic du Bureau obtint de Charles IX des lettres patentes, en date du 18 mai 1571, par lesquelles le roy accorde aux intendants et administrateurs du Bureau le pouvoir et la faculté de juger en matière civile, et par provision, des causes concernant ledit Bureau, jusqu'à la somme de 15 liv., et en interdit la connaissance à tous autres juges, à la charge que l'appel de ces jugements ressortira au bailliage et siège présidial d'Evreux.

L'Hôpital du St-Esprit, où sont renfermés les pauvres, est situé vis-à-vis des Cordeliers. Ce sont les Filles de la Charité qui ont le soin de cet Hôpital.

Intendants et administrateurs du bureau.

Mgr l'Evêque d'Evreux, président.
M. Bosguérard de Garembourg, lieutenant-général.
M. Alleaume, député du chapitre.
M. La Biche, député du chapitre.
M. Alexandre Lormier, conseiller au bailliage.
M. Le Doulx de Bacquepuis, avocat et procureur du roy.
M. de l'Homme, avocat et receveur.

Administrateurs bourgeois.

M. Le Févre du Pavillon.
M. Coquentin.

Greffier.

Me Olivier.

DE LA CHARITÉ.

En 1423, Paul de Capranica, évêque d'Evreux, institua la confrérie de la Charité. Dans les commencements, cette confrérie n'étoit composée que de notables bourgeois, qui se faisoient un honneur d'y passer.

Depuis quelques années il s'est établi une nouvelle communauté de filles, qui prennent le nom de Filles de la Doctrine Chrétienne. Elles ont fait bâtir leur maison à l'extrémité du faubourg St-Léger.

DU CLERGÉ DU DIOCÈSE [1].

Le diocèse d'Evreux est composé de trois archidiaconés et de treize doyennés.

L'ARCHIDIACONÉ D'ÉVREUX.

M. Petit de Captot, archidiacre.

Cet archidiaconé renferme quatre doyennés, savoir :

Doyennés.	*Doyens.*
La Croix............	MM. Ango, curé de la Croix.
Ivry.................	Hocbocq, curé de Jumelle.
Vernon	Le Charpentier, curé d'Houlbec.
Pacy................	Violette, curé de Perey.

ARCHIDIACONÉ D'OUCHE.

M. Duval de Gravigny, archidiacre et conseiller de la grand'-chambre, au parlement de Normandie.

Cet archidiaconé renferme sept doyennés, savoir :

Doyennés.	*Doyens.*
Breteuil................	MM. N...
L'Aigle	Bayard, curé de St-Jean-de-l'Aigle.
Lyre.................	Le Bas, curé de la Nouvelle-Lyre.
Nonancourt............	Vesque, curé de Nonancourt.
Conches...............	Le Parcheminier, curé du Boshion.
Ouche	Béroult, curé d'Ajou.
Verneuil...............	Dervaulx, curé de Dame-Marie.

[1] Extrait du Calendrier historique de 1749.

ARCHIDIACONÉ DU NEUBOURG.

M. Dumont, archidiacre.

Cet archidiaconé renferme deux doyennés, savoir :

Doyennés.	*Doyens.*
Louviers................	MM. N...
Neubourg ....,,,...	Le Flamand, curé de Ste-Opportune-du-Bosc.

Ces 13 doyennés contiennent 11 abbayes, 2 collégiales, 2 commanderies, 6 prieurés conventuels, une chartreuse, environ 41 prieurés simples, 135 chapelles et 575 paroisses, sans compter les couvents des différents ordres, ni les léproseries.

ABBAYES DU DIOCÈSE [1].

ORDRE DE ST-BENOIT.

LA CROIX-SAINT-LEUFROY.

M. Mathan, abbé.
Cette abbaye est une des plus anciennes de la province. Elle fut fondée vers l'an 696, par Saint Leufroy. Ses principaux bienfaiteurs sont les comtes de Meulan et d'Evreux.

SAINT-PIERRE-SAINT-PAUL DE CONCHES OU DE CHATILLON.

M. l'Evêque d'Evreux, abbé.
Roger de Thoeny fonda cette abbaye en 1050.

NOTRE-DAME DE LYRE.

Le prince Constantin de Rohan, abbé.
Guillaume, fils d'Osbern, seigneur de Breteuil, fonda cette abbaye en 1050.

NOTRE-DAME D'IVRY.

M. Anisson, abbé.
Cette abbaye fut fondée en 1085, par Roger d'Ivry [2].

ORDRE DE CITEAUX.

NOTRE-DAME DU BREUIL-BENOIT.

M. de Gaillon, abbé.
Foulques de Marcilly fonda cette abbaye en 1137, dans la paroisse de Marcilly-sur-Eure.

NOTRE-DAME DE L'ESTRÉE.

Cette abbaye fut fondée par Roger de Domjon, seigneur de Muzy, et Amaury, seigneur du Mesnil, vers le milieu du XIIe siècle. Elle a toujours été régie depuis sa fondation, jusqu'en 1672, par des abbés réguliers. En 1673, le roy nomma à cette abbaye M. Delaval, qui a été le premier évêque de Québec, et unit la manse abbatiale à celle de l'évêché et chapitre de Québec. Les prieures et religieuses

---

[1] Extrait du Calendrier historique de 1749.
[2] Voyez plus loin l'histoire de cette abbaye.

de la Colombe, de l'ordre de Citeaux, au diocèse de Langres, ont été transférées depuis dans cette abbaye.

NOTRE-DAME DE LA NOUE.

M. Desnots de Villermont, abbé.

On croit que ce fut Mathilde, fille d'Henri Ier, roy d'Angleterre et duc de Normandie, qui fonda cette abbaye en 1144.

NOTRE-DAME-DE-BONPORT.

M. de Chabannes, abbé.

Cette abbaye fut fondée en 1190, par Richard Ier, roy d'Angleterre et duc de Normandie.

ORDRE DE SAINT-AUGUSTIN.

SAINT-LOUIS DE L'HÔPITAL DE VERNON.

Mme de Sailly, abbesse.

Ce monastère a été fondé par St-Louis, pour le soulagement des pauvres de Vernon, et fut consacré à Dieu sous l'invocation de son fondateur, après sa canonisation.

ORDRE DE SAINT-BENOIT.

SAINT-JEAN DU NEUBOURG.

Mme de Marsence, abbesse.

Cette abbaye fut fondée en 1638, par Renée de Tournemine, veuve d'Alexandre de Vieux-Pont, marquis du Neubourg.

SAINT-NICOLAS DE VERNEUIL.

Mme de l'Aigle, abbesse.

Dame Charlotte de Hautemer, comtesse de Grancey, veuve de Pierre de Rouxel de Medavy, gouverneur de la ville et château de Verneuil, fonda cette abbaye en 1627. Monseigneur de Rochechouart, évêque d'Evreux, a réuni à cette abbaye celle de Pacy, et les prieurés du Pont-de-l'Arche et de l'Aigle.

CHAMBRE DU CLERGÉ [1].

Mgr l'Évêque, président.
M. La Biche, syndic des chapitres.
M. Lavaur, syndic des abbés, prieurs et communautés.
M. de l'Angle, syndic des curés.
M. Dumont, syndic promoteur.
M. de Croisy, secrétaire.
M. Barbette, receveur des décimes.
Me le Métayer, greffier des insinuations ecclésiastiques.

Officialité.

M. Girardeau, chanoine et grand vicaire official.
M. de Lavaur, vice-gérant.
M. Devault, grand-chantre, promoteur.

Greffier.

Me Rouland.

Procureurs.

Mes Le Mectayer.
Le Febvre.
Rouland.
Marest.

Huissier.

Marche fils.

[1] Extrait du Calendrier historique de 1749.

BAILLIAGE, PRÉSIDIAL ET AUTRES JURIDICTIONS D'ÉVREUX (1).

Le Bailliage d'Evreux est très-ancien et très-étendu. Il traverse le milieu de Lisieux, et son district va jusqu'aux portes de Caen au faubourg Vaucelles.

Il n'y a point à présent de Bailly à Evreux, le dernier a été René de Longueil, seigneur de Maisons et président au parlement de Paris. Il remplit cette charge depuis l'an 1645, jusqu'en 1651 (2).

(1) Extrait du Calendrier historique de 1749.

(2) Voici, d'après les chartes contemporaines, une liste de quelques-uns des Baillis d'Evreux qu'on ne donne point comme complète, mais seulement pour faciliter des recherches ultérieures. Les noms extraits des ouvrages de le Brasseur ont été particulièrement indiqués, parce que presque aucun d'eux ne se retrouve dans les titres et que d'ailleurs ils sont souvent défigurés.

1206 — 1215. Guillaume Bourgeguet.
1235 — ..... Renaut de Triecot.
1245 — ..... Luc de Villiers.
1294 — ..... Dracho Peregrinus.
1317 — 1318. Jehan le Bouchier.
1320 — 1322. Guillaume Goulaffre.
1331 — 1332. Gregore de la Mote.
1338 — 1341. Robert Mallart.
1342 — 1343. Guillaume Broisset.
1344 — ..... Pierre de Maule.
1346 — 1349. Oudart de Montigni.
1356 — ..... Guillaume de Bruval.
1362 — ..... Honnouré Aquillon.
1363 — ..... Guerart Malsergent.
1371 — 1389. Jehan Bauffes.
   Le Brasseur cite François de Chambray comme bailli en 1376.
1385 — 1386. Jaques Dableiges.
1394 — 1413. Pierres de Hargeville.
   Le Brasseur cite encore Guillaume de Crâne en 1404, et nomme Pierre de Hellenvilliers pour Pierre de Hargeville en 1400.
1416 — ..... Guillaume de Crennes.
1417 — ..... Le baron de Duim.
1420 — 1421. Guillebert de Halsal.
1423 — 1424. Jehan Harpeley.
1425 — 1428. Richart Walter.
1431 — 1433. Richart Harington.
1436 — ..... Nicolas Bardeville.

Le Bailly d'Evreux est d'épée, et sa charge est héréditaire. Il est le chef de la noblesse de son district, et il les doit mener à l'arrière-ban quand il est convoqué.

M. Bosguerard, lieutenant-général.

Le Présidial fut établi à Evreux le 12 septembre 1552.

MM. Lucas, premier président.
    N.   second président.
    Bosguerard, lieutenant-général du bailliage et de police.
    De Pithienville, lieutenant-général criminel.
    Crétien, lieutenant particulier.

Conseillers.

MM. Lormier, doyen.
    Le Febvre.
    Le Doulx de la Musse.

1441 — ..... Jehan de Flocques, d'après le Brasseur.
1442 — 1460. Robert de Flocques, connu sous le nom de Flocquet.
1461 — 1462. Jaques de Flocques.
1466 — 1471. Guillaume de Las.
1473 — ..... Jehan Lesprevier.
1474 — 1487. Jehan de Hangest.
1490 — ..... Jehan de Sandouville, nommé Sautouville par le Brasseur.
1497 — ..... Louis D'aux, d'après Farin et le Brasseur.
1498 — 1499. Jaques de Chambray.
1504 — 1520. Adrian de Hangest.
1535 — 1545. Claude d'Annebault.
1547 — 1552. Jehan d'Annebault.
1554 — 1576. Loys d'Orbec.
1577 — ..... Pierre de Melun, d'après le Brasseur.
1585 — 1600. Jehan Levavasseur.
              M. de Larchaut était gouverneur de la ville en 1590; on trouve aussi Alexandre de Carrouge avec cette qualité dans la même année.
1606 — ..... Pierre de Rouxel.
1610 — ..... Gilles de Vipart.
1614 — 1615. De Guillomont.
1620 — ..... Gabriel de Clinchamp, d'après le Brasseur.
1621 — 1638. De Bellegarde.
1639 — ..... Gabriel du Quesnoy, marquis d'Alaigre.
1645 — ..... René de Longueil, seigneur de Maisons.
1660 — ..... Georges de Mascaron.

MM. de Beausse.
Ruault.
Ruault.

Il y a aussi deux conseillers de robe-courte, dont les charges sont à lever.

Gens du Roy.

M. Le Doulx de Bacquepuis, avocat et procureur du roy.

Greffiers.

Mes Deshayes, greffier en chef du présidial, et par commission du bailliage.
Marest, greffier par commission.

Avocats.

Mes Ruault, doyen.
Duval.
Du Vivier.
De l'Homme.
Fontenay.
Bourgeois.
Le Febvre.
Le Mectayer de Valiton.
Margentin.
Le Grand.
Dieusée.
De l'Homme, le jeune.
Busot.
Guillebert de la Nesville.
Delinière.

Procureurs.

Mes Chefdeville.
Le Vert.
Rossignol.
Olivier.
Busot.
Marest.
Soret.
Cheval.

Huissiers.

Le Mirrhe.
Crosnier.

Sergents.

Marche père.
Malassis.
Marche fils.

Jours d'audience du bailliage. Le Mardi et le samedi.

On ne plaide au présidial que tous les jeudis de chaque semaine.

Les vacances du bailliage présidial commencent régulièrement le premier août de chaque année.

La rentrée du bailliage est le premier mardi d'octobre, que se tiennent les assises mercuriales, et le premier mardi d'après la Quasimodo.

La rentrée du présidial est toujours le jeudi en suivant.

Les assises ordinaires se tiennent de six semaines en six semaines, pendant toute l'année, à compter du jour des grandes assises, appelées Mercuriales.

VICOMTÉ (1).

M. Delangle, vicomte.

Gens du Roy.

M. Le Doulx de Bacquepuis.

Greffier.

Me Le Prevost, par commission.

Huissiers.

Giblain.
Pomaréde.

Jours d'audience. Le lundi et vendredi.

---

(1) On donne également ici, d'après des documents contemporains, une liste des vicomtes d'Evreux, quoiqu'elle soit encore plus incomplète que celle des baillis :

1205 ? — .... Theobald Lamere.
1276 — ..... Renaut de Lusarches.
1294 — ..... Pierre de Cousson.
1309 — ..... Jean Amable.

LA HAUTE JUSTICE DU ST-ESPRIT, APPARTENANT AU DOYEN DE L'ÉGLISE CATHÉDRALE D'ÉVREUX.

M. Ruault, bailly.
M. du Vivier, procureur fiscal.

Greffier.

Me Le Vert.

1287 — ..... Baudoyn de Moiri.
1289 — ..... Rolant de Forquetes.
1302 — 1307. Climent Halebout.
1316 — 1319. Guillaume Goulaffre.
1322 — 1331. Gregore de la Mote.
 Il devint bailli l'année suivante.
1332 — ..... Guarin Biaunies.
1350 — 1352. Jehan le Sereurier.
1357 — ..... Jehan Brisebanz.
1360 — 1369. Robert Guillet.
1376 — 1380. Robert Delestre.
1386 — 1390. Renier le Coutelier.
1391 — 1402. Jehan Morel.
 On trouve concurremment avec lui en 1399, Philippot Goulx.
1404 — 1405. Jehan Tardif.
1408 — 1412. Jaques le Renvoisie.
1413 — 1416. Jaques Poignant.
1419 — 1421. Colart Anquetin.
1422 — 1426. Cosmes de Bavery.
1427 — 1432. Jehan Gourdel.
1442 — ..... Robert le Gras.
1444 — 1464. Jehan Guedon.
1468 — 1481. Jehan Chartier, dit Limoges.
1483 — 1496. Sanson Patry.
1498 — 1504. Anthoine de Cugnac.
1506 — ..... Jehan Blosset.
1509 — 1510. Guillaume Parent.
1514 — ..... Raoul de la Faye.
1518 — ..... Hugues le Masle.
1525 — 1537. Mathieu Aubert.
1548 — 1557. Nicollas le Cordier.
1562 — ..... Pierre Jubert.
1570 — ..... Loys le Mercier.
1582 — ..... Jehan Labiche.
1592 — 1606. Philippes Damonville.
1607 — ..... Mathurin Aubert.
1692 — ..... Charles Damonville.
1742 — ..... Jacques de Langle.

Jour d'audience. Le mardi à 2 heures après-midi.
Nota. Le bailly du Saint-Esprit est le premier appelé aux assises.

LA HAUTE JUSTICE DU TEMPLE, APPARTENANT A L'ÉVÊQUE D'ÉVREUX.

M. du Vivier, bailly.
M. Fontenay, procureur fiscal.

Greffier.

Me Olivier, par commission.
Jour d'audience. Mardi.

LA HAUTE JUSTICE DES HUIT CHANOINES DE L'ANCIENNE FONDATION.

M. du Vivier, bailly.
M. Bourgeois, procureur fiscal.

Greffier.

Me Rossignol, par commission.
Jour d'audience. Le jeudi.

ÉLECTION.

L'élection d'Evreux renferme 177 paroisses, sans y comprendre les 8 paroisses d'Evreux (1).

MM. N. président.
    Crétien, lieutenant.
    N.
    La Biche.
    Le Roïyer.
    De l'Homme.
    Ruault.

---

(1) Parmi les documents et les listes chronologiques qui composent une partie de ce volume, on a pensé qu'il pourrait être intéressant pour le lecteur de trouver le dénombrement de l'élection d'Evreux, comprenant en dix sergenteries en outre de la ville, et le tableau de population par paroisses avant 1764, à l'époque environ où fut publié le Calendrier qu'on reproduit ici aujourd'hui, d'après le dictionnaire de d'Exprilly.

Procureur du Roi.

Me Hezon.

L'élection d'Evreux se divise en dix sergenteries, non compris la ville d'Evreux.

Sergenteries.	Paroisses.	Feux privilégiés.	Feux taillables.
Avrilly	55	76	1,858
Bonneville (la)	28	53	1,412
Brosville	8	14	324
Ezy	1	4	168
Illiers	12	27	964
Ivry	16	32	923
Nonnancourt	7	29	944
Passy	19	42	1,141
St-André	14	26	804
Villiers-en-Dessœuvre	15	30	590
Evreux (la ville)	9	172	1,143
Total	165	505	11,371

DÉNOMBREMENT DE L'ÉLECTION D'ÉVREUX.

Sergenteries.	Paroisses.	Feux privilégiés.	Feux taillables.
Aigleville	Villiers-en-Dessœuvre	3	30
Angerville	Brosville	2	40
Arnières	Avrilly	1	49
Aviron	Brosville	2	40
Aulnay	Bonneville (la)	2	49
Avrilly	Avrilly	2	47
Autheuil	Id.	3	77
Authieux (les)	St-André	2	40
Authouillet	Avrilly	1	56
Bacquepuis	Bonneville (la)	2	40
Bailleul	St-André	2	37
Bastigny	Ivry	2	22
Berengeville-la-Camp.	Bonneville (la)	3	57
Berengeville-la-Rivière	Id.	2	25
Berniencourt	Ivry	1	6
Bernienville	Brosville	1	41
Berou	Avrilly	2	12
Bois-Gencelin	Bonneville (la)	5	22
Bois-le-Roy	Ivry	1	142
Boisset-Hennequin	Passy	0	8
Boncourt	Id.	2	36
Bonneville (la)	Bonneville (la)	1	43
Bos-Roger (le)	Passy	1	10
Boussey	Ivry	3	50
Branville	Bonneville (la)	1	40
Brecourt	Passy	2	9

Greffier en chef.

Me Duval.
M. Barbette, receveur des tailles.

Breuil-Pont............	Villiers-en-Dessœuvre...	2	...	72
Brosville..............	Brosville...............	1	...	72
Bueil	Villiers-en-Dessœuvre...	2	...	40
Caer...................	Avrilly.................	1	...	20
Caillouet..............	Passy...................	1	...	50
Cailly.................	Avrilly.................	2	...	35
Caugé	Bonneville (la).........	3	...	70
Cavoville..............	Id......................	2	...	38
Chaignes...............	Villiers-en-Dessœuvre...	2	...	31
Chaignolles............	Id......................	2	...	14
Chambrey	Passy...................	2	...	89
Champdolent...........	Bonneville (la).........	2	...	23
Champenard............	Avrilly.................	1	...	32
Champigny	Illiers.................	3	...	45
Chanu	Villiers-en-Dessœuvre...	2	...	30
Cierrey	Avrilly.................	3	...	65
Claville...............	Bonneville (la).........	3	...	118
Cormier	Ivry....................	1	...	72
Coudré (le)............	Avrilly.................	2	...	12
Coudres	Nonnancourt	1	...	190
Courdemanche...........	Illiers.................	1	...	110
Couture (la)...........	St-André................	1	...	54
Cracouville	Avrilly.................	3	...	11
Cravent	Villiers-en-Dessœuvre...	2	...	59
Croisille (la).........	Bonneville (la).........	1	...	48
Croisy.................	Passy...................	2	...	83
Croix-St-Leufroy......	Avrilly.................	5	...	160
Croth..................	Ezy.....................	2	...	65
Dampierre-sur-Avre....	Nonnancourt	2	...	58
Douains................	Passy...................	2	...	72
Droisy	Nonnancourt.............	1	...	80
Ecardenville...........	Avrilly.................	1	...	68
Emalleville............	Brosville...............	2	...	56
Epieds.................	Ivry....................	1	...	95
N.-D. de la Ronde.....	Evreux	5	...	180
St-Aquilin.............	Id......................	3	...	89
St-Denis...............	Id......................	53	...	98
St-Germain	Id......................	5	...	66
St-Gilles..............	Id......................	12	...	88
St-Léger	Id......................	9	...	170
St-Nicolas	Id......................	42	...	32
St-Pierre..............	Id......................	25	...	640
St-Thomas..............	Id......................	18	...	180
Evreux (le vieil)......	Avrilly.................	2	...	28
Ezy	Ezy.....................	2	...	105
Foins	Passy...................	2	...	60
Fauville	Avrilly.................	2	...	26
Ferrières-haut-Clocher.	Bonneville (la).........	3	...	72
Fontaine-Heudebourg..	Avrilly.................	2	...	49
Forest-du-Parc (la)...	St-André................	1	...	82

Procureurs.

Mes Dehors.
Le Pêcheur.
Le Prevost.

Foucrainville	Ivry	1	...	40
Fresnay	St-André	2	...	42
Futelaye (la)	Id.	1	...	25
Gadencourt	Passy	1	...	58
Garennes	St-André	4	...	130
Gauciel	Avrilly	2	...	58
Gaudreville	Ivry	2	...	90
Gauville	Brosville	2	...	45
Gratheuil	Villiers-en-Dessœuvre	2	...	18
Gravigny	Avrilly	1	...	43
Grisolles	Bonneville (la)	2	...	70
Guichenville	Avrilly	3	...	38
Habit (l')	St-André	2	...	50
Hardencourt	Avrilly	3	...	81
Haye-le-Comte (la)	Bonneville (la)	2	...	2
Hecourt	Villiers-en-Dessœuvre	2	...	54
Heudreville	Avrilly	2	...	149
Heurgeville	Villiers-en-Dessœuvre	1	...	12
Hondouville	Bonneville (la)	2	...	106
Houetteville	Id.	2	...	60
Houlbec et Cocherel	Passy	3	...	92
Huest	Avrilly	2	...	58
Hugnière, près Vernon	Passy	2	...	30
Illiers	Illiers	4	...	219
Jouy	Avrilly	4	...	87
Jumelles	St-André	1	...	33
Ivry	Ivry	6	...	140
Lignerolles	Illiers	2	...	48
Lorey	Villiers-en-Dessœuvre	1	...	18
Loye	Illiers	1	...	68
Madelaine-sur-Heudreville (la)	Id.	2	...	60
Madelaine-de-Nonnancourt (la)	Nonnancourt	3	...	160
Marcilly-la-Campagne	Id.	7	...	260
Marcilly-sur-Eure	Illiers	3	...	180
Martinville	Ivry	2	...	14
Melleville	Brosville	2	...	12
Menil-Figuet (le)	Bonneville (la)	1	...	30
Menil-Péan (le)	Id.	2	...	18
Menilles	Passy	4	...	235
Merey	Id.	2	...	44
Mizeré	Avrilly	4	...	67
Morsent	Bonneville (la)	2	...	25
Mouet	Ivry	2	...	70
Muzy	Illiers	1	...	62
Neuville, près Claville	Bonneville (la)	1	...	59
Neuville, près St-André	Ivry	2	...	37
Neuvillette	Id.	1	...	22

Huissier Audiencier.

Champion.
  Commissaires des tailles.
 Malassis.
 Couturier.
 Champion.
 L'Ange.

Neuilly	Ivry	2	44
Nonnancourt	Nonnancourt	14	147
Normanville	Avrilly	2	45
Orgeville	Ivry	2	44
Osmoy	Illiers	3	9
Oyssel	Bonneville (la)	1	17
Parville	Avrilly	2	37
Passel	Villiers-en-Dessœuvre	2	42
Passy	Passy	9	140
Pithienville	Brosville	2	18
Plessis-Grohan (le)	Avrilly	2	112
Prey	Id.	2	37
Quittebeuf	Bonneville (la)	2	119
Rouvray	Passy	1	22
Sacquenville	Bonneville (la)	2	90
Sassey	Avrilly	2	28
Serez	Ivry	3	35
Sogne (la)	Nonnancourt	1	29
St-André	St-André	3	142
St-Aubin	Avrilly	3	18
St-Cheron	Villiers-en-Dessœuvre	2	21
St-Georges-des-Champs	St-André	2	32
St-Georges-sur-Eure	Illiers	2	100
St-Germain-des-Angles	Avrilly	2	25
St-Germain-de-Fresnay	St-André	2	47
St-Illiers-les-Bois	Villiers-en-Dessœuvre	2	50
St-Julien-de-la-Liegue	Avrilly	3	67
St-Laurent-des-Bois	Illiers	2	45
St-Luc	Avrilly	2	28
St-Martin-la-Campagne	Bonneville (la)	1	22
St-Vincent	Passy	1	20
Ste-Croix-des-Baux	Avrilly	1	80
Thosmer	St-André	1	58
Tournedos	Bonneville (la)	2	62
Tourneville	Id.	2	50
Trinité (la)	Avrilly	1	15
Vacherie (la)	Id.	2	89
Valdavid (le)	St-André	2	50
Vaux	Passy	3	40
Villesgats	Villiers-en-Dessœuvre	2	53
Villiers-en-Dessœuvre	Id.	5	64
Vironvey	Passy	2	43

Jours d'audience. Le mardi et samedi.

MAÎTRISE PARTICULIÈRE DES EAUX-RT-FORÊTS.

M. Picot de Renneville, maître particulier.
M. de Linière, lieutenant.
M. Cassen, procureur fiscal.

Greffier en chef.

Me de la Prade.
Jour d'audience. Samedi.

CAPITAINERIE DES CHASSES.

M. de S.-Louis, capitaine.
M. de l'Homme, avocat-lieutenant.

Procureur fiscal.

M. de Fontenay.

Ces deux juridictions se tiennent dans l'ancienne audience du bailliage.

HÔTEL-DE-VILLE.

M. Bosguerard, maire.

Échevins.

M. le Comte, conseiller au bailliage et siége présidial.
M. de Fontenay, avocat audit bailliage et siége présidial.
M. Le Febvre.
M. Varnier.

Greffier.

Me Deshayes.

GRENIER A SEL.

M. Le Blanc, président.
M. de la Salle, grenètier.
M. Progin, contrôleur.
M. de la Haye, receveur.

Procureur du Roi.

M. de Fontenay.

Greffier.

Me Chefdeville.
Jours d'audience. Les mardi et samedi.

DÉPART DES CARROSSES D'ÉVREUX POUR PARIS, ROUEN ET DREUX [1].

Le carrosse d'Evreux à Paris part tous les lundis, à 4 heures du matin, et arrive à Paris, au Compas, rue Montorgueuil, le mardi au soir.

Pour Rouen, le lundi et jeudi à minuit, et arrive les mêmes jours, à côté de l'Opéra.

Pour Dreux, le samedi à six heures du matin.

Le marché se tient à Evreux le mardi, jeudi ; samedi le grand marché.

Il y a deux foires, la première le mardi de la Pentecôte, et la seconde le jour de St-Nicolas, 6 de décembre.

JOURS DES MARCHÉS ET FOIRES DES VILLES ET BOURGS DU DIOCÈSE D'ÉVREUX.

L'Aigle. Marché *mardi* et vendredi.
    Foires. St-Benoît 11 juillet, le premier vendredi de septembre et St-Martin 11 novembre.
Beaumont-le-Roger. Marché mardi et *samedi*.
    Foire. St-Michel.
Breteuil. Marché *mercredi* et samedi.
    Foires. St-Marc et St-Simon-St-Jude.
Chennebrun. Marché jeudi.
Conches, Marché jeudi.
    Foire. St-Pierre-St-Paul.
Condé. Foire St-Michel.
Damville. Marché mardi.
    Foire. Ste-Catherine.
Elbeuf. Marché mardi, jeudi et *samedi*.
    Foire. St-Gilles.
Laferrières. Marché samedi.
    Foires. St-Sébastien et le jour des Morts.
Harcourt. Marché lundi.
    Foire. St-Luc.
Ivry. Marché samedi.
    Foires. St-Jean, St-Laurent et St-Michel.
Lyre. Marché lundi.

(1) Extrait du Calendrier historique de 1749.

Foire. St-André.

Louviers. Marché lundi, jeudi et *samedi*.

Foires. St-Martin d'été, St-Martin d'hiver, St-Mathias, St-Michel.

Nonancourt. Marché mercredi et vendredi.

Foires. La Madeleine, St-Luc, St-Martin 11 novembre.

Neubourg. Marché mercredi, tous les huit jours et vendredi tous les quinze jours. Il s'y tient tous les lundis un célèbre marché de bœufs et autre gros bétail.

Foires. St-Jacques, St-Philippe, St-Jean, Ste-Madeleine et Ste-Croix de septembre.

Pacy. Marché jeudi.

Foire. Le jour des Morts.

Pont-de-l'Arche. Marché *lundi* et jeudi.

Foire. Sainte-Catherine.

Rugles. Marché vendredi.

Foire. Ste-Catherine.

Tillières. Marché jeudi.

Vernon. Marché mardi et *samedi*.

Foires. St-Jacques 25 juillet, et Notre-Dame de septembre.

Verneuil. Marché lundi et vendredi.

Foire. St-Denis.

Il se tient aussi le jour de St-Mathieu une foire à Avrilly, village proche d'Evréux.

Nota. Le jour du grand marché est distingué par des lettres italiques.

ÉTAT CIVIL DU COMTÉ D'ÉVREUX [1].

Le Comté d'Evreux est une seigneurie des plus considérables du royaume ; et si l'on en juge par la noblesse de ceux qui l'ont possédé et qui le possèdent encore aujourd'hui, il ne s'en trouvera point qui ne lui cède, si l'on en excepte le comté et les comtes de Paris.

Les premiers qui l'ont possédé, dont le nom soit parvenu jusqu'à nous, ont été Nébélong et Tietdeberg, son fils, qui fut père de Robert, comte d'Evreux et de Madrie, et qui eut pour fils Robert-le-Fort, comte d'Anjou, d'où sortit Eudes, roi ou régent de France, et Robert, comte de Paris, que tous les historiens assurent avoir été originaires de Neustrie, parce qu'eux et leurs aïeux étoient comtes d'Evreux et de Madrie, et que d'ailleurs ils étoient nés dans ce pays : et ils ajoutent que ce Robert, comte de Paris, fut père de Hugues-le-Grand, dont la fille, appelée Emme, épousa Richard troisième, duc de Normandie, et le fils, nommé Hugues-Capet, fut le premier des rois de la troisième race.

Le Comté d'Evreux et de Madrie étant, par ce mariage, passé en la main des ducs de Normandie, Richard le donna à Raoul, son frère utérin, après la mort duquel, ayant été réuni au duché, Richard, troisième du nom, surnommé le Vieux, duc de Normandie, le donna à Robert, archevêque de Rouen, son fils, dont les descendants l'ont possédé jusqu'en 1204, qu'Amaury de Glocestre, dernier des comtes d'Evreux, de la maison de Montfort, le vendit à Philippe-Auguste [2], qui le réunit au domaine de la couronne, d'où en ayant été distrait et désuni en 1298, pour en former l'apanage de Louis de France, frère de Philippe-le-Bel, il passa aux descendants de ce prince, qui furent aussi rois de Navarre et qui l'ont possédé jusqu'en 1408, qu'il fut derechef réuni à la couronne, d'où il fut encore désuni pour être donné en apanage à Fran-

---

[1] Extrait du Calendrier historique de 1749.
[2] Cette vente est imprimée dans les Analectes historiques de la ville d'Evreux.

çois de Valois, duc d'Alençon, frère d'Henri troisième, roy de France et de Pologne : ce duc d'Alençon étant mort sans postérité en 1584, ce comté fut encore une fois réuni au domaine de la couronne, et en fut enfin distrait et désuni en 1651, pour être donné à l'auguste maison de Bouillon, qui le possède aujourd'hui à titre d'échange contre les souverainetés de Sedan et de Raucourt.

COMTES D'ÉVREUX DE LA MAISON DE BOUILLON [1].

J'ai donné, dans le Calendrier de 1749, page 55, un abrégé des différentes maisons à qui le comté d'Evreux a appartenu depuis ses commencements, jusqu'en 1651, qu'il fut donné à la maison de Bouillon. On aura sans doute remarqué que Hugues Capet et ses ancêtres, étant originaires et seigneurs d'Evreux, il est bien glorieux pour cette ville d'être la première patrie de nos rois, et d'avoir eu pour comtes un nombre considérable de princes de leur sang.

FRÉDÉRIC-MAURICE,
Ier Comte d'Evreux.

Le premier comte d'Evreux de la maison de Bouillon, a été Frédéric-Maurice de la Tour-d'Auvergne, duc de Bouillon, prince souverain de Sedan et Raucourt, vicomte de Turenne, etc., frère du grand Turenne, dont le nom seul fait mieux l'éloge que les plus beaux panégyriques.

Frédéric commença ses premiers exploits de guerre sous ses oncles maternels, Maurice et Henry de Nassau, princes d'Orange.

En 1635, Louis XIII, qui avait déclaré la guerre au roy d'Espagne, ayant envoyé une puissante armée dans le Brabant, donna à Frédéric-Maurice le commandement de toute la cavalerie, et depuis la lieutenance-générale de l'armée d'Italie, au mois de janvier 1642. Ce fut en cette année que le duc de Bouillon, étant entré dans un traité que Gaston, duc d'Orléans, avoit fait avec l'Espagne, fut arrêté et obligé de céder au roy ses principautés souverains.

Heureuse faute pour nous, sans laquelle nous n'aurions pas le bonheur d'appartenir à cette auguste maison, ni au généreux prince qui, à l'exemple du meilleur de tous les empereurs [2], croirait avoir perdu la journée, s'il la passoit sans faire du bien !

---

[1] Extrait du Calendrier historique de 1750.
[2] L'empereur Tite, surnommé l'*Amour et les Délices du genre humain*, se ressouvenant un soir en soupant qu'il n'avait fait ce jour-là aucun bien à personne, s'écria : «*O amici, hodiè diem perdidi!* » O, mes amis, j'ai perdu ma journée ! (*Note de l'auteur.*)

En échange des principautés souveraines, Louis XIII donna au duc de Bouillon le comté d'Evreux, et plusieurs autres grands domaines, dont le contrat ne fut passé qu'en 1651, le roy étant mort sans avoir exécuté ce traité.

Frédéric-Maurice ne jouit pas longtemps des fruits de cet échange, car il mourut un an après, à Pontoise, le 9 d'août 1652. Il avait épousé Eléonore-Catherine-Fébronie de Bergh, de laquelle il eut :

I. Godefroy-Maurice, duc de Bouillon, qui suit,

II. Frédéric-Maurice de la Tour-d'Auvergne, mort le 9 août 1652.

III. Emmanuel-Théodose, cardinal de Bouillon, grand aumônier de France, doyen du sacré collége, abbé général de Cluny, abbé des abbayes de St-Ouen, de Rouen, et de St-Vast d'Arras, chanoine et grand prévôt de Liége, mort le 2 mars 1715.

IV. Constantin-Ignace, nommé le duc de Château-Thierry, mort le 3 octobre 1670.

V. Henry-Ignace, nommé le comte d'Evreux, mort le 20 février 1675.

VI. Elisabeth, mariée le 20 mai à Charles de Lorraine, duc d'Elbeuf, morte le 23 octobre 1680.

VII. Louise, nommée Mademoiselle de Bouillon, morte en odeur de sainteté, le 16 mai 1683.

VIII. Emilie-Eléonore, religieuse aux Grandes-Carmélites de Paris, du faubourg St-Jacques, morte en 1676.

IX. Hippolyte, religieuse du même monastère, morte peu d'années après sa sœur.

X. Mauricette-Fébronie, mariée le 24 avril 1668 au duc Maximilien de Bavière, fils de Maximilien I, électeur de Bavière, et de Marie-Anne d'Autriche, fille de l'empereur Ferdinand II, morte le 20 juin 1706.

GODEFROY - MAURICE,
IIe Comte d'Evreux.

Godefroy Maurice, mort le 26 juillet 1721, avoit épousé le 20 avril 1661, Marie-Anne de Mancini, nièce du cardinal de Mazarin, de laquelle il a eu,

I. Louis de La Tour, prince de Turenne, qui s'étoit signalé dans les troupes Vénitiennes contre les Turcs, mort d'une blessure reçue à la bataille de Steinkerque, le 5 août 1692. Il avoit épousé, le 26 février, Anne-Geneviève de Levi-Ventadour, dont il n'a point laissé d'enfants.

II. Emmanuel-Théodore de La Tour-d'Auvergne, dit le duc d'Albret, qui suit.

III. Frédéric-Jules, dit le chevalier de Bouillon, grand'croix de Malte, mort le 28 juin 1733. Il avoit été marié le 17 janvier 1720, à Catherine-Olive de Trente, fille de Patrice de Trente, irlandais, chevalier, baron et grand trésorier d'Angleterre, qui suivit en France le roy Jacques II, en 1689, de laquelle il a eu plusieurs enfants qui sont morts.

IV. Henry-Louis de La Tour, comte d'Evreux, colonel-général de la cavalerie, lieutenant-général des armées du roy, etc., né le 2 août 1674. Il a eu aussi plusieurs filles, dont Louise-Julie, née le 22 juin 1698, a été mariée à François-Armand de Rohan, prince de Montbazon. C'est Godefroy-Maurice qui a bâti le château de Navarre, près Evreux, dont je parlerai dans la suite.

EMMANUEL - THÉODOSE,
IIIe Comte d'Evreux.

Emmanuel-Théodose, mort le 17 mai 1730. Il avoit épousé en premières noces Mlle de La Trimouille, de laquelle il a eu,

I. Frédéric-Maurice-Casimir de La Tour, prince de Turenne, mort le 1er octobre 1723. Il avoit épousé, le 20 septembre précédent, Marie-Charlotte Sobieski, fille de Jacques, prince de Pologne, et petite-fille de Jean Sobieski, roy de Pologne, sœur de Clémentine Sobieski, épouse de Jacques Stuart, fils de Jacques II, roi d'Angleterre.

II. Charles-Godefroy de La Tour, qui suit, né le 11 juillet 1706, qui épousa, avec dispense, le 1er avril 1724, la princesse Sobieski, veuve de son frère ainé.

III. Marie-Hortense-Victoire de La Tour, née le 27 septembre 1704, et mariée le 29 janvier 1725, à Charles-Armand de La Trimouille, son cousin-germain.

En secondes noces Emmanuel-Théodose épousa Louise-Françoise-Angélique Le Tellier, fille de Louis-François-Marie, marquis de Barbesieux, chancelier des ordres du roy, ministre et secrétaire d'état, de laquelle il a eu un fils qui est mort.

En troisièmes noces, Marie-Jeanne-Christine de Simiane de Gorde, de laquelle il a eu une fille qui est morte.

En quatrièmes noces, Louise-Henriette-Françoise de Lorraine, fille d'Anne-Marie-Joseph de Lorraine, prince de Guise, comte d'Harcourt, de laquelle il a eu Mlle de Château-Thierry, née le 20 décembre 1728, mariée au prince de Beauveau.

CHARLES - GODEFROY,
IVe Comte d'Evreux.

Charles-Godefroy, duc de Bouillon, vicomte de Turenne, duc d'Albret et de Château-Thierry, comte d'Auvergne, d'Evreux et du Bas-Armagnac, baron de La Tour, de Mongacon, Cazillac et de Marinque, seigneur de Créqui, Sens, Fresseins, Vambercourt, etc., pair et grand chambellan de France, gouverneur et lieutenant-général pour le roy du haut et bas-pays et province d'Auvergne, a eu de Marie-Charlotte Sobieski,

I. Godefroy Charles-Henri de La Tour, prince de Turenne, né le 11 janvier 1728.

II. Mlle de Bouillon, née le 12 août 1725, mariée au prince de Rohan.

Le prince de Bouillon, fils du prince de Turenne et de N. Lorraine, le 15 janvier 1746.

CHRONOLOGIE HISTORIQUE

DES COMTES D'ÉVREUX [1].

Le château d'Evreux, dont la capitale, située sur la rivière d'Iton, est nommée, dans les anciens géographes, *Mediolanum Eburovicum*, ou *Aulercorum*, et, dans les auteurs du moyen âge, *Ebroeca*, *Ebroicum*, fut érigé par Richard Ier, duc de Normandie.

ROBERT,
comte d'Evreux, de la maison de Normandie.

989. Robert, fils de Richard Ier, duc de Normandie, et de Gonnor, sa concubine, fut nommé premier comte d'Evreux, par son père, l'an 989. La même année, Richard lui procura l'archevêché de Rouen. « Ce prélat, dit
» Orderic-Vital, comblé de richesses, se livra aux affaires
» séculières, et ne s'abstint point, comme il convenoit à
» son caractère, des plaisirs de la chair; car il eut, en
» qualité de comte, une femme nommée Harlève, qui lui
» donna trois fils, Richard, Raoul et Guillaume, entre
» lesquels il partagea son comté d'Evreux et ses autres
» biens patrimoniaux, suivant l'usage du siècle. Mais dans
» sa vieillesse, revenu de ses égarements, il fut saisi d'une
» grande frayeur à la vue de la multitude des péchés gra-
» ves dont il étoit chargé. Pour les expier, il fit d'abon-
» dantes aumônes, et entreprit l'édifice de sa cathédrale,
» qu'il avança beaucoup, et dont il laissa l'achèvement à
» ses successeurs. » L'an 1028, étant devenu suspect, sur de faux rapports, au duc Robert, son neveu, il fut attaqué par ce prince, qui vint l'assiéger dans Evreux. Le prélat, ayant été obligé de rendre la place, se retira auprès du roy Robert, et lança de là un interdit sur la Normandie. Le duc ayant reconnu la fourberie de ceux qui l'avaient brouillé avec son oncle, le rappela, le rétablit sur son siège et se servit de ses conseils dans la suite pour le gouvernement de son duché. Le comte-archevêque Robert mourut, l'an 1037, avant Pâques : c'est ainsi qu'on peut

[1] Art de vérifier les dates, t. XII, p. 466—481. Paris, 1818, in-8°.

concilier la chronique de Rouen, qui met sa mort en 1036, avec son épitaphe, qui la place en 1037 (*Gall. Chr.*, *t*, xi). Des trois fils qu'il eut, comme on l'a dit, de sa concubine, l'aîné fut héritier de son comté; Raoul, le second, dit *Tête-d'Etoupe*, ou *Tête-d'Ane*, fut connétable de Normandie; et Guillaume, le troisième, passa en Pouille auprès de Robert Guiscard, qui lui fit de grands biens.

RICHARD.

1037. Richard, fils aîné de l'archevêque-comte Robert et d'Harlève, et successeur de son père au comté d'Evreux, fonda, vers l'an 1060, l'abbaye de St-Sauveur, pour des filles, à Evreux. Il accompagna, l'an 1066, le duc Guillaume-le-Bâtard, à la conquête de l'Angleterre, et combattit sous ses drapeaux à la bataille d'Hastings. Il mourut le 13 décembre 1067, et fut enterré à l'abbaye de Fontenelle, dite de Saint-Wandrille. Adèle, sa première femme, veuve de Roger, seigneur de Toëni et de Conches, lui donna Guillaume, qui suit; et Agnès, troisième femme de Simon Ier, seigneur de Montfort l'Amauri. — Godechilde, sa seconde femme, le fit père de Godechilde, abbesse du monastère de Saint-Sauveur, qu'il avait fondé, comme on l'a dit, à Evreux. Guillaume de Jumiège, dit du comte Richard, qu'il était également bon chrétien et bon homme de guerre.

GUILLAUME.

1067. Guillaume, fils de Richard, lui succéda au comté d'Evreux. Il avait combattu à côté de son père à la bataille d'Hastings. Il eut part, l'an 1070, à la distribution des terres d'Angleterre, que le roy Guillaume fit aux Normands qui l'avaient accompagné dans son expédition. Il revint en Normandie l'an 1073 (et non pas 1075, comme le marque un moderne), et fut un des médiateurs de la paix qui se fit entre le roy Guillaume et Foulques-le-Rechin, à Blanchelande, touchant la propriété du comté du Maine. Peu de temps après, le monarque Anglais, comme pour se dédommager du bien qu'il lui avait fait en

Angleterre, lui retira le château d'Evreux, et y mit une garnison avec un commandant à ses ordres. L'an 1084, au mois de janvier, il fut pris au siège du château de Sainte-Suzanne, défendu contre ce monarque, par Hubert, vicomte du Maine (Orderic-Vit., page 649). Il paraît que sa captivité fut de courte durée. L'an 1087, après la mort de Guillaume-le-Conquérant, il se remit en possession du château d'Evreux, dont il chassa la garnison, ainsi que de la petite ville de Dangu, au Vexin normand. Il paraît que Robert, duc de Normandie, souffrit tranquillement que Guillaume se fît ainsi justice à ses dépens par la voie des armes, et qu'il ne lui en sût point mauvais gré. Nous voyons en effet, que ce comte fut un des chefs de l'armée qu'il mena cette même année dans le Maine, pour réduire cette province sous ses lois (Order.-Vit., p. 674). Guillaume, n'ayant point d'enfants, élevait chez lui une nièce nommée Bertrade, fille de son frère Simon de Montfort. Foulques-le-Rechin, comte d'Anjou, épris de la beauté de cette fille, résolut, l'an 1089, de répudier la femme qu'il avait alors, pour l'épouser. Dans ce même temps, les Manceaux ayant de nouveau tenté de secouer le joug des Normands, le duc Robert, malade pour lors, pria le comte d'Anjou de s'entremettre pour contenir les Manceaux dans le devoir. Foulques le promit, au cas que Robert lui fît avoir la jeune Bertrade. Le duc en ayant fait la demande au comte d'Evreux, celui-ci répondit : « Je n'en » ferai rien, à moins que vous ne me rendiez Noyon-sur-» Andelle, Gassai, Cravant, Ecouchi, et les autres terres » de Raoul, mon oncle paternel, qu'on surnommait, par » raillerie, *Tête-d'Ane*, à cause de sa chevelure, et à mon » neveu, Guillaume de Breteuil, le Pont-St-Pierre ; car » Robert de Gassai, mon cousin, fils de Raoul, m'a fait » son héritier universel. » Le duc accepta la condition, et fit rendre au comte d'Evreux les terres qu'il répétait, à l'exception d'Ecouchi, que possédait Girard de Gournai, qui était de la même famille ; au moyen de quoi Guillaume livra sa nièce au comte d'Anjou. (Order.-Vit., p. 681.) Le comte Guillaume eut, l'an 1090, avec Raoul de Toëni,

seigneur de Conches, son frère utérin, une guerre longue
et cruelle, qui fut occasionnée par des paroles offensantes
que leurs femmes s'étaient dites. Elle dura trois ans avec
tout l'acharnement que des frères ennemis et des femmes
vindicatives peuvent mettre dans leurs hostilités. Ce fut le
comte d'Evreux qui l'entama. Raoul eut longtemps le des-
sous ; mais ayant enfin obtenu des secours du roy d'Angleterre, après avoir inutilement demandé justice au duc
de Normandie, il se vit en état de faire face à l'ennemi.
L'an 1093, au mois de novembre, le comte d'Evreux fut
obligé de lever le siége qu'il avait mis devant Conches ; et,
quelques temps après, étant revenu faire le dégât autour
de cette place, il fut mis en fuite par des troupes de
Raoul, avec une perte considérable des siens. Alors la
paix se fit entre les deux frères, par la médiation des
amis communs. Le P. Anselme se trompe, lorsqu'il dit
que le comte d'Evreux fut fait prisonnier au siége de Conches. Il ne le fut point du tout dans cette guerre, comme
on peut s'en convaincre par le récit qu'en fait Orderic-
Vital, p. 688. Le généalogiste a confondu avec le comte
d'Evreux, Guillaume de Breteuil, son allié, qui fut réellement fait prisonnier dans la dernière expédition. Le
comte d'Evreux servit utilement le duc Robert contre le
roy Guillaume, son frère, qui voulait lui enlever la ville
de Rouen. S'étant réconcilié avec le monarque anglais, il
fut un des chefs de l'armée que ce prince, devenu régent
de Normandie pendant le voyage de son frère à la Terre-
Sainte, envoya, l'an 1097, pour retirer le Vexin des mains
du roy de France. L'année suivante, le roy Guillaume,
après avoir fait la paix avec le comte d'Anjou, confia la
garde de la ville du Mans à celui d'Evreux, et au seigneur
de l'Aigle. Il paraît néanmoins que, quelque temps avant
la mort de ce prince, Robert, comte de Meulent, fit perdre ses bonnes graces au comte d'Evreux, ainsi qu'à
Raoul de Conches, par les mauvais offices qu'il leur rendit
auprès de lui. Ils n'en demeurèrent pas toutefois moins
fidèles à son service. Mais, l'an 1100, après sa fin tragique,
ils se jetèrent sur la terre de Beaumont, appartenant au

comte de Meulent, et y commirent tous les dégâts que l'esprit de vengeance leur suggéra.

Le roy d'Angleterre, Henry, étant venu, l'an 1104, en Normandie pour faire droit sur les plaintes que la plupart des seigneurs et des prélats du pays lui avaient portées contre le duc son frère, celui-ci, pour l'apaiser, lui céda le comte et le comté d'Evreux. Guillaume, apprenant qu'on disposait de lui à son insu, comme d'un bœuf ou d'un cheval, vint trouver les deux princes, pour leur en marquer son étonnement. Ravi néanmoins de sortir de la mouvance du duc Robert, il fit joyeusement hommage au monarque anglais, déclarant qu'il ne reconnaîtrait plus désormais d'autre suzerain que lui. (Ord.-Vit., p. 782-814.) L'an 1106, il se distingua dans l'armée royale à la bataille de Tinchebrai, où l'infortuné duc Robert perdit ses états avec la liberté. D'autres services que le comte d'Evreux rendit au roy d'Angleterre, lui acquirent, dans l'esprit de ce prince, un haut degré de faveur. Mais l'imprudence de sa femme, aux conseils de laquelle il déférait trop aveuglément, le fit déchoir de cet état de prospérité. Superbe et envieuse, dit Orderic-Vital, elle excita son mari contre les courtisans les plus accrédités, et lui en fit autant d'ennemis. Elle fit plus, elle le poussa jusqu'à détruire le donjon que Henry avait fait élever dans Evreux. Cet attentat ne resta point impuni. Il fut banni, l'an 1112, avec confiscation de ses biens, et se retira auprès du comte d'Anjou, fils de Bertrade de Montfort, sa nièce. Rappelé et rétabli dans ses biens, l'an 1113, après quatorze mois d'exil, il essuya, quelques années depuis, un second bannissement. Il rentra encore en grâce, et mourut dans ses terres, le 18 avril 1118, sans laisser d'enfants d'Helvèse, son épouse, fille de Guillaume Ier, comte de Nevers, morte l'an 1114. Orderic-Vital fait ainsi le portrait de cette comtesse et celui d'Isabelle, sa belle-sœur, femme de Raoul de Conches : « Ces deux femmes, dit-il, avoient
» cela de commun, outre la beauté dont elles étoient pres-
» que également pourvues, qu'elles étoient l'une et l'autre
» fort babillardes et vindicatives, qu'elles maitrisoient leurs

» maris, fouloient leurs vasseaux et les tenoient toujours
» dans la crainte. Mais il y avoit cette différence entre
» elles, qu'Helvèse, adroite et diserte, étoit en même
» temps avare et cruelle; au lieu qu'Isabelle, hardie, en-
» jouée, dépensière, se faisoit des partisans par ses ma-
» nières agréables et sa générosité. Elle servit beaucoup
» son époux dans ses expéditions militaires, et paroissoit
» à la tête de ses troupes, comme une autre Camille. »
La comtesse Helvèse, de concert avec son époux, avait
commencé un monastère, à Noyon-sur-Andelle, où elle
fut enterrée. Le comte Guillaume choisit sa sépulture à
Saint-Wandrille, auprès de son père. Après sa mort,
Henry 1er, roy d'Angleterre, se saisit du comté d'Evreux,
au préjudice d'Amauri de Montfort, héritier de Guillaume.

AMAURI IV DE MONTFORT,
Premier du nom, comte d'Evreux, de la maison de Montfort.

1118. Amauri IV de Montfort, fils de Simon et d'Agnès, sœur du comte Guillaume, ne souffrit pas que le roy Henry lui enlevât impunément le comté d'Evreux, qui lui revenait, à titre d'héritage, par la mort de son oncle. Ayant mis dans ses intérêts presque toute la France, dit Orderic-Vital, il assiégea la ville d'Evreux, et la prit au mois d'octobre 1118. Guillaume Pointeau lui livra ensuite la citadelle, dont il avait le commandement; après quoi il se mit à piller les terres de l'église d'Evreux, pour se venger de l'évêque Audoin, qui avait dissuadé Henry de lui rendre ce comté. Le prélat, obligé de prendre la fuite, jeta un interdit sur la ville d'Evreux, et mena une vie errante l'espace d'un an, durant lequel il laissa croître sa barbe. Henry, voyant se multiplier le nombre des partisans d'Amauri, lui fait offrir de lui rendre le comté, à l'exception du château d'Evreux. Celui-ci ayant fièrement rejeté cette offre, le monarque revint, au mois d'août de l'année suivante, devant Evreux, dont il se rendit maître, après y avoir fait jeter, avec la permission de l'évêque, des feux d'artifice qui en consumèrent la plus grande partie, et surtout la cathédrale, que Henry fit depuis rebâtir; mais le château, défendu par les neveux d'Amauri, Philippe et Fleuri, tous deux fils du roy Philippe et de Bertrade, et par Richard, fils du prévôt Foulques, fit une vigoureuse résistance. Comme le roy désespérait de le forcer, le comte de Blois, son neveu, le tira d'embarras en lui amenant Amauri, qui lui remit le château de bonne grâce, au moyen de quoi la paix se fit. (Orderic-Vital.) Quelque temps après, le monarque rendit la place au comte. Mais, l'an 1123, s'étant aperçu qu'il formait une ligue avec le roy de France et plusieurs seigneurs Normands, pour rétablir Guillaume Cliton dans le duché de Normandie, il surprit, durant l'hiver, la ville et le château d'Evreux, dont il donna le commandement à Ranulfe de Bayeux, capitaine très-expérimenté. L'an 1124, Amauri s'étant mis à la tête de trois cents chevaliers pour aller délivrer le château de Vateville, assiégé par les troupes de Henry, tomba, le 26 mars, dans une embuscade avec sa troupe, dont une partie fut tuée et l'autre mise en fuite. Amauri fut du nombre des derniers; mais il fut pris, à quelque distance du champ de bataille, par Guillaume de Grand-Cour, fils du comte d'Eu, qui lui rendit généreusement la liberté, au péril de sa propre fortune, et se retira avec lui sur les terres de France, pour éviter le ressentiment du roy d'Angleterre. Amauri, l'an 1126, fut de l'expédition du roy Louis-le-Gros, contre le comte d'Auvergne.

L'an 1128, nouvelle réconciliation d'Amauri avec le roy d'Angleterre, qui lui rendit toutes ses terres et ses premiers honneurs. Amauri, l'an 1129, se brouilla avec le roy de France, au sujet d'Etienne de Garlande, sénéchal de France, oncle de sa femme, que le monarque avait disgracié, il osa même se mettre en campagne pour lui faire la guerre. Le P. Anselme dit qu'il ne prit si chaudement le parti de son oncle que pour se maintenir dans la charge de sénéchal, que celui-ci lui avait résignée contre la volonté du roy, qui avait exigé d'Etienne une démission pure et simple. Mais tout cela est avancé sans preuve. Quoi qu'il en soit, Amauri voyant que le roy d'Angleterre et Thibaut, comte de Champagne, avec lesquels il s'était ligué contre la France, ne lui donnaient que de faibles secours, abandonna la partie, et se retira dans son comté d'Evreux, où il passa le reste de ses jours dans la retraite. Amauri les termina, suivant le Brasseur, l'an 1137. Outre les exploits que nous venons de rapporter de lui, Suger, dans le livre de la Dédicace de son église, p. 353, nous apprend que, de concert avec le roy de France, il fit longtemps la guerre à Milon, châtelain de Chevreuse, terre mouvante, dit-il, de notre église. Il avait épousé : 1º Richilde, fille de Baudoin II, comte de Hainaut, dont il fut séparé, sous prétexte de parenté, après en avoir eu Lucienne, mariée à Hugues de Montlhéri, sire de Créci, et sénéchal de France, fils de Gui-le-Rouge, comte de Rochefort ; 2º Agnès, fille d'Anceau de Garlande, sénéchal de France, dont il eut Amauri et Simon, qui suivent, avec d'autres enfants.

Amauri II.

1137. Amauri II, fils aîné d'Amauri Ier, lui succéda au comté d'Evreux comme à celui de Montfort. Sa mollesse laissa le pays en proie aux déprédations des seigneurs voisins, et surtout de Roger de Conches. Ce brigand fut pris par le comte de Meulent, et jeté dans une étroite prison. Il en sortit par la médiation d'Etienne, roy d'Angleterre ; mais ce ne fut que pour recommencer son premier genre de vie. Amauri mourut l'an 1143, suivant le Brasseur, sans avoir été marié. D'autres mettent sa mort en 1140, avec plus de vraisemblance, d'après la chronique de Robert du Mont.

Simon, dit le Chauve.

1140. Simon, fils d'Amauri Ier, succéda aux comtés d'Evreux et de Montfort, après la mort d'Amauri II, son frère. Il fut le troisième, de son nom, comte de Montfort. Une ancienne enquête, conservée au trésor des Chartes (Regist. 135, let. 180), nous apprend le trait suivant, sans en marquer la date. « Comme en temps du bon comte » Simon, qui eut le comté d'Evreux par partage des roys

» de France, il fut venu une si grande quantité de gens
» d'armes, ennemis du royaume, en la ville d'Evreux,
» qu'elle fut prise, et tant que ledit comte se retrahit en
» la tour du châtel d'Evreux ; et lors vindrent les bour-
» geois demourans à la porte du châtel, et la gardèrent
» tellement, que par eux ledit châtel fut sauvé. Plusieurs
» bourgeois y moururent de faim ; et quand ils étoient
» morts, on les mettoit aux garites, tout armés, pour
» faire signe que le châtel étoit bien garni. » Simon, l'an
1159, remit entre les mains de Henry II, roy d'Angleterre, tous les châteaux qu'il avait en Beauce, pour y
mettre garnison ; ce qui incommoda tellement le roy Louis-
le-Jeune, qu'il ne pouvait aller de Paris à Orléans, ni
même à Etampes. L'an 1173, il fut fait prisonnier dans le
château d'Aumale, avec le comte Guillaume, qui en était
le propriétaire, par Henry-au-Court-Mantel, fils aîné de
Henry II, roy d'Angleterre, contre lequel il était révolté.
Plusieurs historiens disent que c'était un jeu concerté entre
les deux comtes et le prince anglais, dans le parti duquel
ils étaient secrètement entrés. Mais Raoul *de Diceto* assure
le contraire, et dit en preuve qu'ils furent obligés de se
racheter comme de véritables ennemis. Simon fut présent,
l'an 1177, à la conférence que Henry, roy d'Angleterre,
eut à Ivri, le 21 septembre, avec le roy Louis-le-Jeune,
et souscrivit, avec plusieurs seigneurs et prélats, le traité
de paix qui en fut le résultat (Hoveden). Il finit ses jours
l'an 1181, au plus tard. Il avait épousé : 1º Mahaut, dont
on ne sait que le nom ; 2º Amielte, fille de Robert de
Beaumont, comte de Leicester (*Monast. Anglic.*, t. 1,
p. 312), dont il eut Amauri, qui suit ; Simon, seigneur de
Montfort ; Gui, seigneur de la Ferté-Alais, en Beauce, et
de Castres, en Albigeois, tige des seigneurs de Castres,
tué, le 31 janvier 1228, au siége de Varcilles, dans le
comté de Foix ; Bertrade, mariée, avant 1171, à Hugues,
comte de Chester, morte en 1181 ; Peronnelle, femme de
Barthélemi de Roye, grand chambrier de France ; Gui-
burge, mariée à Gui Iᵉʳ de Lévis, baron de Mirepoix.

Amauri III.

1181. Amauri III devint comte d'Evreux, troisième du nom, après la mort de Simon, son père. Mais il ne jouit pas du chef-lieu de ce comté, parce que son prédécesseur l'avait remis entre les mains du roy d'Angleterre. Le roy Philippe-Auguste, l'an 1193, pendant la prison de Richard, roy d'Angleterre, s'étant emparé d'Evreux, cède la ville au prince Jean, frère de Richard, qui était d'intelligence avec lui, et garde le château. Jean, l'année suivante, après le retour de son frère, voulant regagner ses bonnes grâces, se rend à Evreux, invite tous les officiers de la garnison à dîner, et, pendant le repas, les fait tous égorger, au nombre de plus de trois cents; puis étant tombé sur la garnison, avec le secours des bourgeois, il la fait passer au fil de l'épée, fait attacher aux murs de la ville les têtes des officiers, et part ensuite pour aller offrir cette place à son frère. Celui-ci le reçoit en grâce, et se rend par là complice de son horrible perfidie. Philippe-Auguste, qui faisait alors le siége de Verneuil, accourt à Evreux, prend la ville d'emblée, et la met en cendres. Il avait espéré d'y brûler le prince Jean lui-même; mais cet assassin s'était enfui aussitôt après son crime. Amauri se voyant sans enfants, céda, l'an 1200, par acte passé dans le mois de mai, au Goulet, le comté d'Evreux au roy Philippe-Auguste, qui en avait conquis la meilleure partie l'année précédente, après la mort du roy Richard. Ce fut par ordre du roy Jean qu'il fit cette cession, dont il fut dédommagé par le don que ce prince lui fit du comté de Glocester; mais la mort ne lui permit pas d'en jouir longtemps (*Monastic. Anglic.*, t. 1, p. 155). Amauri avait épousé : 1° N., fille de Guillaume, comte de Glocester; 2° Mélisende, fille de Hugues de Gournai.

COMTES D'ÉVREUX, DE LA MAISON DE FRANCE.

Louis de France.

Le roy Philippe-le-Hardi, par son testament, ayant apanagé d'une pension annuelle et perpétuelle de quinze mille livres, assignées sur des terres nobles, Louis, son fils, né de son second mariage avec Marie de Brabant; Philippe-le-Bel, son successeur, frère de Louis, donna, l'an 1307, à ce prince, par ses lettres du mois d'avril, le comté d'Evreux avec les seigneuries d'Etampes, de Meulent, de Gien, d'Aubigni et d'autres, pour lui tenir lieu de cette pension. Louis s'était distingué, l'an 1304, à la bataille de Mons-en-Puelle. L'an 1315, il accompagna le roy Louis-Hutin, son neveu, dans son expédition de Flandre. Le roy Philippe-le-Long érigea le comté d'Evreux en pairie, par lettres datées de Rennes, au mois de janvier 1316 (V. S.). Le comte Louis mourut à Paris, le 19 mai 1319, il fut inhumé aux Dominicains de cette ville. Ce prince avait en partage la douceur, l'affabilité, la discrétion, l'amour de la paix. Il était instruit des droits de la couronne, et ne cessa de les défendre contre les entreprises de la cour de Rome. Sa maxime était qu'un *seigneur du sang*, comme on parlait alors, n'est véritablement grand qu'à proportion qu'il est soumis à Dieu, au souverain et aux lois. Il avait épousé, l'an 1301, Marguerite, fille de Philippe-d'Artois, seigneur de Conches, morte le 24 avril 1311, après lui avoir donné Philippe, qui suit; Charles, comte d'Etampes, qui mourut le 5 septembre 1336; Jeanne, troisième femme du roy Charles-le-Bel; Marie, femme de Jeanne III, duc de Brabant; Marguerite, mariée à Guillaume XII, comte d'Auvergne et de Boulogne.

Philippe-le-Bon, ou le Sage.

1319. Philippe, né l'an 1305, succéda, l'an 1319, dans le comté d'Evreux, à Louis, son père. Il avait épousé, l'an 1318 (N. S.), avec dispense du pape Jean XXII, Jeanne, fille unique du roy Louis-Hutin, âgée seulement pour lors de six ans. Cette princesse, au lieu du royaume de Navarre et du comté de Champagne et de Brie, dont elle devait hériter de son père, n'apporta en dot que quinze mille livres de rentes, assises sur le comté d'Angoulême, avec cinquante mille livres à placer en fonds de terre, et cela en vertu d'un traité fait le 27 mars 1318 (N. S.), entre le roy Philippe-le-Long et Eudes IV, duc de Bourgogne, oncles, l'un paternel, l'autre maternel, de Jeanne. Il est vrai qu'une clause du traité portait que si Philippe-le-Long mourait sans enfants mâles, les comtés de Champagne et de Brie, ainsi que le royaume de Navarre, retourneraient à la princesse Jeanne, comme son *propre*. Mais, le cas étant arrivé le 3 janvier 1322, Charles-le-Bel, successeur de Philippe-le-Long, son frère, refusa de rendre à Philippe d'Evreux et à Jeanne, son épouse, les états qui devaient lui revenir. Ne pouvant lui opposer la force, ils firent, l'an 1325, avec lui une nouvelle transaction sur le modèle de la première. Enfin, l'an 1328, après la mort de Charles-le-Bel, pendant la régence de Philippe de Valois, ils se mirent en possession de la Navarre, dans laquelle ils se maintinrent, du consentement de ce prince. Le comte-roy Philippe accompagna, cette même année, Philippe de Valois, devenu roy de France, dans son expédition de Flandre, et s'y distingua tellement à la bataille de Cassel, que le monarque français avoua qu'il lui devait la victoire. Philippe et Jeanne firent, le 14 mars 1336, avec le roy de France, un dernier traité par lequel ils confirmaient les renonciations que Jeanne avait faites au comté de Champagne, sous la condition de l'indemnité qui leur avait été assurée. Le comte d'Evreux marcha, l'an 1339, au secours des villes de Cambrai et de Tournai, assiégées par les Anglais. Il mourut, le 16 septembre 1343, à Xérès, dans l'Andalousie, laissant de son épouse Charles, qui suit: Philippe, comte de Longueville; Louis, comte de Beaumont-le-Roger; Jeanne, religieuse à Longchamp; Blanche, mariée au roy Philippe de Valois; Marie, femme de Pierre IV, roy d'Aragon; Agnès, alliée à Gaston-Phœbus III, comte de Foix; et Jeanne, femme de Jean, vicomte de Rohan. La reine, mère de ces enfants, mourut le 6 octobre 1349, à Conflans, près Paris, et fut enterrée à Saint-Denis. Cette princesse eut un attachement si tendre et si constant pour son époux, qu'elle garda son cœur dans son oratoire pendant tout le temps qu'elle lui survécut.

Charles, dit le Mauvais.

1343. Charles, né l'an 1332 à Evreux, succéda l'an 1343 à Philippe, son père, dans ce comté. Il apporta en naissant de bonnes et de mauvaises qualités, les unes et les autres dans un éminent degré, que le temps et les conjonctures développèrent. L'an 1349, il devint roy de Navarre, par la mort de sa mère. Le mariage de Blanche, sa sœur, qui se fit la même année avec le roy Philippe de Valois, fut le lien d'une étroite union entre ces deux princes. Le monarque français étant décédé l'année suivante, Jean, son fils et son successeur, hérita de ses sentiments pour le roy de Navarre, qu'il nomma, l'an 1351, son lieutenant en Languedoc. « Il y a preuve, dit l'historien » de cette province, qu'il exerça cet emploi pendant cinq » mois avec une autorité presque absolue. » La France était alors divisée en *Lieutenances de Roi*, comme elle l'est aujourd'hui en gouvernements, avec cette différence que le pouvoir d'un gouverneur de province ne ressemble en rien à celui qu'exerçaient les lieutenants de roy : ils commandaient les armées ; ils accordaient des priviléges aux villes et aux particuliers, des lettres de noblesse, de grâce, de rémission, d'état, de répit ; quelquefois même ils ordonnaient des levées de deniers dans l'étendue de leurs départements. Revêtu de cet emploi, Charles assiégea, cette même année, Montréal-d'Agénois, sur les Anglais, et fortifia Moissac. L'an 1353, au mois de février (et non pas 1351, comme le marque le père Anselme), le roy Jean, pour se l'attacher inviolablement, lui fit épouser, au Vivier-en-Brie, Jeanne, sa fille aînée, du premier lit. Mais, par une imprudence que la politique ne peut excuser, il corrompit presque en même temps le prix de cette faveur en donnant au connétable Charles de la Cerda, le comté d'Angoulême, sur lequel était assise la rente de quinze mille livres, que les roys Philippe-le-Long, Charles-le-Bel et Philippe-de-Valois avaient assignée à Jeanne, mère du roy de Navarre, pour indemnité du comté de Champagne.

Le Navarrois, irrité de cette préférence, fait assassiner le connétable dans son lit, le 8 janvier 1354 (N. S.), à l'Aigle, immédiatement après qu'il eut reçu l'investiture du don qui lui avait été fait. Le roy Jean, dans l'impuissance de punir cet attentat, prend le parti de le pardonner. Il fait plus : apprenant que le roy de Navarre est en voie de traiter avec les Anglais, il lui députe le cardinal de Boulogne et le duc de Bourbon, pour lui proposer un remplacement en fonds de terres et de rente qu'il avait sur le comté d'Angoulême, et une assiette de la dot de sa femme. Les deux commissaires, par accord conclu le 22 février suivant, à Mantes, lui délaissent, au nom du roy, le comté de Beaumont-le-Roger, les châtellenies de Conches et de Breteuil, le Cotentin, Pont-Audemer, et les vicomtés de Valognes, de Coutances et de Carentan, avec un échiquier ou cour souveraine, telle que la possédaient les anciens ducs de Normandie. Le roy de France témoigne son mécontentement de ce traité, où ses intérêts étaient si peu ménagés. La rupture continue entre les deux princes. Charles se retire en Navarre, d'où un second traité, signé à Valogne, le 10 septembre, le rappelle en France.

La concorde semblait être rétablie entre les deux roys : mais le calme était une situation violente pour l'esprit inquiet de Charles. L'an 1356, il séduisit par ses insinuations le dauphin Charles, et l'entraîne dans une conspiration contre le roy son père. Elle fut découverte. Le dauphin, pour expier sa faute, dont il obtint le pardon, attira auprès de lui le roy de Navarre, à Rouen, où le roy Jean, de concert avec son fils, étant venu les surprendre le 5 avril, fait arrêter le Navarrois et l'envoie prisonnier au château d'Arlem, d'où il fut ensuite transféré au châtelet de Paris. Telle fut la source de l'inimitié qui régna toujours depuis entre les deux Charles. Le roy Jean perdit lui-même sa liberté cette même année à la bataille de Poitiers, où il fut fait prisonnier. L'an 1357, pendant le gouvernement du dauphin, le Navarrois est élargi, le 8 novembre, par l'adresse du seigneur de Péquigni, et se met aussitôt à la tête des Parisiens révoltés, dont il devient l'oracle et l'idole. Il ose même faire revivre la prétention de Jeanne, sa mère, au trône de France. Les Anglais, avec lesquels, pendant sa prison, Philippe, son frère, avait négocié pour lui, flattent son ambition et promettent de l'appuyer. Mais après avoir obligé le dauphin à sortir de Paris, il en est chassé lui-même par les chefs des factieux qu'il avait mécontentés. Il couvre de ses troupes les provinces de l'intérieur du royaume, où il avait des intelligences, assiége Paris, prend Melun, et fait enfin la paix, le 21 août 1359, par un traité qui prépare celui de Melun.

La mort de Philippe de Rouvre, duc de Bourgogne, décédé, l'an 1361, sans lignée, inspire au roy de Navarre de nouvelles prétentions, qui font revivre les vieilles querelles. Arrière-petit-fils du duc Robert II, par son aïeule Marguerite, première femme de Louis Hutin, il se porte pour héritier de ce duché. Il fut prévenu par le roy Jean, qui s'en mit promptement en possession, et le fit légitimement, parce qu'étant petit-fils de ce même duc Robert, par Jeanne, sa mère, sœur cadette de Marguerite, il était plus proche d'un degré. Mais le roy de Navarre n'était point de caractère à faire céder son intérêt à la justice.

Sur les menaces qu'il fait de reprendre les armes, le roy de France consent de soumettre leur différend à la décision du pape. Ce trait de modération ne le désarme point. Comme on le voit prêt à porter la guerre en Normandie, Duguesclin et Boucicaut le devancent, s'emparent de Mentes et de Meulent, le défont ensuite à Cocherel, le 16 mai 1364, et lui enlèvent presque toutes ses places. Aidé des Anglais et de son désespoir, il se jette sur les provinces voisines de la Loire, et se rend maître de la Charité. Deux reines, la veuve de Charles-le-Bel, sa tante, et la veuve de Philippe de Valois, sa sœur, ménagent entre lui et Charles V, devenu successeur du roy Jean, un accommodement conclu le 6 mars 1365, par lequel on lui céda Montpellier, avec ses dépendances, en échange de ses domaines de Normandie, et en attendant la décision du pape sur le duché de Bourgogne, dont, par provision du roy Jean, avait investi le dernier de ses fils. La guerre s'étant renouvelée, l'an 1370, entre la France et l'Angleterre, le roy Edouard III attire dans son parti le roy de Navarre, en lui promettant la restitution de la Champagne, de la Bourgogne, et de tous les autres domaines dont on l'avait dépouillé, ou auxquels il prétendait, avec engagement de lui céder actuellement la vicomté de Limoges. Le traité fut signé à Londres, par le roy d'Angleterre et les ambassadeurs du roy de Navarre, le 2 décembre 1370. (Martenne, *Anecd.*, t. 1, col. 1534-1541.) Des difficultés ménagées par le roy d'Angleterre, lui-même, ayant empêché l'effet de ces conventions, le roy de Navarre prêta l'oreille aux propositions de Charles V, qui, en lui remettant ses domaines de Normandie et de Montpellier, s'obligea à marier le dauphin, son fils, avec la princesse de Navarre. Le Navarrois vint à Paris pour ratifier ce traité. On le vit à la cour de France, spectateur oisif des coups que se portaient les Anglais et les Français.

L'an 1378, sur des bruits vrais, ou du moins très-vraisemblables, de desseins formés par le roy de Navarre d'empoisonner Charles V, et d'une nouvelle alliance par lui conclue avec l'Anglais, le roy de France fait passer des troupes en Normandie, sous les ordres de Duguesclin, pour s'emparer des domaines échus aux jeunes princes de Navarre par la mort de leur mère. Charles V se sert de l'aîné de ces princes, que son père lui avait envoyé, pour l'exécution de cette entreprise. On le montre aux Normands, à la tête de l'armée française, et ils se rendent. Il ne reste plus au roy de Navarre que Cherbourg, et dans son désespoir, il le cède aux Anglais. Réduit à la Navarre, il ne s'occupe plus que de bonnes œuvres, si l'on en croit les historiens espagnols, qui se plaignent, mais à tort, de

l'injustice prétendue de la cour de France envers lui. Enfin, après avoir marié Jeanne, sa fille aînée, avec Jean-le-Vaillant, duc de Bretagne, il mourut le 1er janvier 1387. « Une chose remarquable, dit un moderne, c'est qu'à la
» cour de France, on commença son procès deux mois
» après sa mort. Les pairs étant assemblés, le premier
» huissier l'appela à la porte du parlement. Comme il ne
» se présenta personne, la procédure se fit en règle. Cette
» affaire fut appointée, et n'eut point de suites. On ne
» cherchoit vraisemblablement qu'un titre pour confisquer
» les possessions du Navarrois, en Normandie. » Les enfants qu'il eut de Jeanne de France, son épouse, sont : Charles, qui suit; Philippe, mort en bas âge par la faute de sa nourrice, qui le laissa tomber d'une fenêtre en jouant; Pierre, en faveur duquel la terre de Mortain fut érigée en comté, le 31 mai 1407 (et non le 21 de ce mois, 1401, comme le marque le père Anselme) (*Mss. de Croislin*, n° 155, fol. 204, 1°); et quatre filles.

Charles II, dit le Noble.

1387. Charles, dit le Noble, fils aîné de Charles-le-Mauvais, né, l'an 1361, à Evreux, employé, comme on l'a vu, par le roy Charles V, pour dépouiller son père de ses domaines de France, ne participa que pour un temps à sa punition. Le roy Charles VI (et non point Charles V, comme dit M. Villaret) lui accorda la jouissance des terres confisquées en Normandie et en Languedoc, pour les tenir sous le titre de *garde de par monseigneur le roy de France, des terres que souloit tenir audit royaume, tant en Languedoïl comme en Languedoc, notredit seigneur et père* (Charles V). L'an 1387 (N. S.), Charles d'Evreux ayant appris en Castille, où il était à la cour du roy Jean, son beau-frère, la mort de son père, se rendit à Pampelune pour faire les funérailles de ce prince et prendre possession du royaume dont il était héritier. Il retira, la même année, des mains du roy d'Angleterre, la ville de Cherbourg, en payant la somme de vingt-cinq mille livres, pour laquelle son père l'avait engagée à ce monarque ; mais la main-mise de ses autres domaines de France tenait toujours. Enfin, l'an 1404, ne voyant aucune disposition dans le ministère de France à s'en dessaisir, il se rendit à Paris, et, par l'entremise des reines douairières, il transigea de tous ses droits avec le roy Charles VI, par un traité du 9 juin de cette année, dont l'original, copié par les pères de Sainte-Marthe, existe au trésor des Chartes. Par ce traité, Charles III, roy de Navarre, cède et transporte à Charles VI, roy de France, et à ses hoirs, les comtés de Champagne, Brie et Evreux, avec les seigneuries d'Avranches, Pont-Audemer, Passy, Nonancourt, Beaumont-le-Roger, Breteuil, Orbec, Carentan, Valognes, Mortain, Nogent-le-Roi, Mantes, Meulent; et Charles VI lui cède et assure pour lui et ses descendants douze mille livrées de terres, sur les seigneuries de Beaufort, en Champagne, Soulaines, Nogent-sur-Seine, Pont, Bar-sur-Seine, Saint-Florentin, Coulommiers-en-Brie, Nemours, etc., à tenir en duché-pairie, sous le titre de Nemours.

Charles-le-Noble mourut subitement, le 8 septembre 1425, à Olite, en Navarre, où son corps resta comme en dépôt jusqu'en 1529, qu'il fut transporté à Pampelune, et enterré le 10 mars de cette année, dans l'église de Sainte-Marie-la-Réale. Ce prince mérita le titre de Noble par son caractère généreux et libéral. Il fut adoré de ses sujets, et n'eut d'ennemi que Léonore, son épouse, fille de Henry II, roy de Castille. Cette princesse, qu'il avait épousée un dimanche, 27 mai 1375, s'étant brouillée avec lui, se retira en Castille, où elle ne vécut pas mieux avec le roy Henry III, son neveu. Une sédition, qu'elle y excita parmi les grands, obligea ce prince à venir l'assiéger au château de Roa et à la renvoyer au roy son mari, qui la reçut et la traita humainement, oubliant le passé. Elle finit ses jours à Pampelune, le 5 mars 1416, et y fut inhumée dans l'église de Sainte-Marie-la-Réale. Outre les fruits de son mariage, Charles fut père de trois enfants naturels, dont l'aîné, nommé Lancelot, fut évêque de

Pampelune et patriarche d'Alexandrie; Geofroi, le second, fut comte de Cortès et maréchal de Navarre, et mourut le 8 janvier 1420; Jeanne, le troisième de ces enfants, épousa, 1º Inigo Cortès de Zuniga, maréchal de Castille, de qui sortirent les comtes de Niéra; 2º Louis de Beaumont, premier du nom, comte de Lerin.

L'an 1569, le roy Charles IX donna le comté d'Evreux à François, son frère, duc d'Alençon, après la mort duquel, arrivée le 10 juin 1584, il fut réuni à la couronne. Il en fut détaché l'an 1642, et donné, avec d'autres domaines, par le roy Louis XIII, à Frédéric-Maurice, duc de Bouillon, en échange de la principauté de Sedan. Mais ce monarque étant mort avant la consommation du traité, ce fut Louis XIV qui lui donna la dernière main, et le fit exécuter par ses lettres de ratification du mois d'avril 1651. Frédéric-Maurice ne jouit pas longtemps des fruits de cet échange; car un an après il mourut, le 9 août, à Pontoise.

GODEFROY-MAURICE, fils aîné de Frédéric-Maurice, et son successeur dans le comté d'Evreux comme dans le duché de Bouillon, jeta, vers l'an 1686, les fondements du magnifique château de Navarre, sur la rive droite de l'Iton, à une demi-lieue, sud-ouest, d'Evreux. Cet édifice fut ainsi appelé du nom d'un château que Jeanne, fille de Louis Hutin, héritière du royaume de Navarre, et femme de Philippe-le-Sage, comte d'Evreux, avait fait construire près de cette ville. Cet ancien château ne subsiste plus. Il faudrait un livre pour décrire toutes les beautés du nouveau, et cela d'ailleurs n'entre point dans le plan de cet ouvrage.

LETTRE

A l'auteur du Journal de Verdun, contenant quelques observations sur le livre intitulé : *Abrégé chronologique des grands Fiefs de la couronne* (1).

C'est avec raison, Monsieur, qu'on regarde vos journaux comme les archives de l'histoire. On peut en effet par leur canal s'instruire d'une infinité de choses curieuses et intéressantes, et c'est le motif qui me fait prendre la liberté de vous adresser quelques observations sur un livre nouveau, intitulé : *Abrégé chronologique des grands Fiefs de la couronne de France* (2), etc., que je vous prie d'insérer dans votre ouvrage périodique, si vous jugez qu'elles le méritent. Je me bornerai simplement à quelques remarques concernant ma patrie, et je prie instamment l'auteur d'être persuadé que je n'ai d'autre but que celui de profiter de ses lumières et de celles du public.

Il dit à l'article de la Normandie, page 105 : « La par- » tie des Gaules qui fait aujourd'hui la Normandie..... n'é- » toit anciennement qu'un assemblage de différents peu- » ples..... sans qu'on sache ni quelle étoit leur religion ni » à quelle loi ils étoient soumis. » Il suffit, ce me semble, de lire César, lib. VI de *Bell. Gall.*, pour savoir l'un et l'autre. Mercure, Apollon, Mars, Jupiter et Minerve étoient les principales divinités qu'ils adoroient, comme les autres Gaulois. Je ne prétends pas exclure par là le culte particulier qu'ils pouvoient rendre à quelques autres divinités ; il est même probable qu'Hercule, Diane, Vénus et d'autres étoient du nombre ; car en 1652, lorsqu'on jeta les fondements du château d'Evreux, on donna avis à l'architecte, qui avait besoin de pierres pour la construction de ce bâtiment, qu'il en trouveroit beaucoup sous les murailles qui sont derrière le jardin de l'Evêché et celui du Doyenné. Il y fit creuser sur-le-champ, et vers les deux tours qui sont de ce côté-là il y découvrit une grande quantité de pierres travaillées qui étoient provenues d'un Temple des Païens, entre autres des Piscines, des Colonnes, des Inscriptions, des Statues d'Hercule et de Diane, de Vénus, de

(1) Journal de Verdun, janvier 1760.
(2) Par Brunet ; Paris, 1759, in-8º.

plusieurs autres divinités, et beaucoup d'autres monuments antiques. Cet architecte, au lieu de profiter de cette découverte et de conserver ces restes précieux de l'antiquité, les fit mettre en morceaux et employer aux ornements des fenêtres du second étage (1). *On sçait donc quelle étoit leur religion, on n'ignore pas non plus la loi à laquelle ils étoient soumis.* C'est César qui nous l'apprend à l'endroit cité, peut-on trouver un plus sûr garant? Il nous dit qu'il y avoit deux sortes de personnes qui étoient en honneur chez les Gaulois, les Druides et les Chevaliers. Les Druides présidoient au culte qu'on rendoit aux Dieux, ils avoient soin des sacrifices solennels et domestiques; ils expliquoient la religion; un grand nombre de jeunes gens venoient prendre leurs leçons et leur rendoient beaucoup d'honneur. Ils régloient presque tous les différends publics et particuliers. Si quelqu'un avoit commis quelque crime, si un homme étoit en différend pour une succession ou pour les limites de son champ, c'étoit à eux d'en ordonner. S'ils rendoient un jugement contre les violateurs de la loi, ils employoient la plus grande peine qui fût parmi eux : ils interdisoient l'assistance même aux sacrifices. Ceux qui étoient punis de cette sorte étoient mis au rang des impies et des scélérats, tout le monde se séparoit d'eux : on refusoit de les voir et de leur parler pour ne pas s'attirer quelque malheur par leur commerce, on leur refusoit même la justice quand ils la demandoient, et de quelque qualité qu'ils fussent, ils n'avoient part à aucun honneur. Ces Druides en avoient un de leur corps à leur tête qui avoit parmi eux une autorité souveraine. Lorsqu'il mouroit il avoit pour successeur le plus digne parmi ceux qui restoient. En certain temps de l'année ils s'assembloient en un lieu consacré, dans le pays de Chartres (plusieurs croient que c'étoit à Dreux, limitrophe du diocèse d'Evreux), pour y faire la cérémonie du gui de chêne, et là tous ceux qui avoient quelque différend se trouvoient et s'en rapportoient à leur

(1) On a déjà vu ce fait, rapporté dans les mêmes termes, à la page 55.

jugement. Le second rang de distinction étoit celui des Chevaliers, qui par état étoient destinés pour la guerre, etc. Suivant l'histoire de Bayeux, cette discipline s'observoit encore en beaucoup de choses dans plusieurs endroits de la Neustrie vers le IVe siècle. Ne voit-on pas clairement dans cet extrait la religion des anciens Gaulois Neustriens et la loi à laquelle ils étoient soumis ? Si le témoignage de César n'étoit pas plus que suffisant, on pourroit sans risque s'en rapporter à celui de Pline, Strabon, Lactance, Lucien, etc.

L'auteur dit affirmativement que les *Vélocasses* ou *Bellocasses* étoient ceux de Rouen. Pour moi, je crois avec un auteur moderne que ce mot doit s'entendre en général des peuples du Vexin, parce qu'il est assez vraisemblable que de *Velocasses* s'est formé insensiblement celui de *Vulcassinum*, usité sous la première et sous la seconde race de nos rois, et de *Vulcassinum* est venu l'ancien mot françois *Veulguessin* ou *Veulquessin*, auquel a succédé par adoucissement celui de *Vexin*. Je ne vois point d'analogie entre les *Caletes* et le bourg de Cailly en Caux. Nous avons une paroisse de même nom, à deux lieues d'Evreux, où sûrement le pays des *Caletes* ne s'est jamais étendu. Si Ausone traite les *Eburovices* d'*Eburons*, je pense qu'il se trompe. Les *Eburovices* sont sans contredit les habitants d'Evreux, et les *Eburons* ceux du pays de Liége. A l'égard des *Aulerciens* ou *Aulerques*, pourquoi auroit-ce été plûtôt cette partie du diocèse d'Evreux où l'on a bâti depuis le Pont-de-l'Arche, que toute autre? Il paroît au contraire que les *Aulerci Eburovices* comprenoient non seulement Evreux, mais encore tous les peuples qui dépendoient de cette capitale des *Aulerques*. Je ne vois pas qu'on puisse dénommer particulièrement ceux du Pont-de-l'Arche d'*Aulerci*. César distingue trois sortes d'Aulerques : *Aulerci Diablintes, Aulerci Cenomani* et *Aulerci Eburovices*. Ces derniers sont certainement le peuple de la ville et du diocèse d'Evreux, personne n'en disconvient. Il n'en est pas de même des *Unelli :* presque tous les géographes, qui se sont copiés les uns et les autres, pensent que ce sont les peuples de Coutance et du Cotentin ; pour moi, je présumerois que ce seroient les habitants du Perche, parce que César, lib. III de *Bell. Gall.*, dit que T. Quinturius Sabinus vint sur les confins des *Unelliens*, *in fines Unellorum*, et qu'en très-peu de temps, *atque paucis diebus*, ceux d'Evreux et de Lisieux, après avoir égorgé leur sénat, qui ne vouloit pas consentir qu'on fît la guerre aux Romains, fermèrent les portes de leur ville, et se joignirent à Viridorix, qui commandoit les *Unelliens*, pour s'opposer à T. Quinturius Sabinus. Or, si l'on a égard à la situation des lieux, ces *Unelliens* ne peuvent être que les peuples du Perche, limitrophes des diocèses d'Evreux et de Lisieux, et par conséquent à portée de se secourir mutuellement en peu de temps ; ce qu'on ne peut pas dire de Coutance et du Cotentin, qui sont trop éloignés et des uns et des autres. Ajoutons à cela que la ville de Verneuil au Perche, bâtie en 1120 par Henri Ier, roy d'Angleterre et duc de Normandie, semble avoir tiré son nom d'*Unelli*, en formant *Vernolium* de *Veri Unelli*. Mais que deviendront les *Aulerci Diablintes* (car pour les *Aulerci Cenomani*, on convient que ce sont les habitants du Maine, du moins en partie) ? Laissons-les sur les côtes de la Basse-Normandie ou de la Bretagne, où César paroît les placer.

Ce sont, Monsieur, les réflexions que j'ai cru pouvoir faire pour mon instruction particulière.

Il faut que M. Brunet, auteur du livre en question, ait de fortes raisons pour avancer qu'on ignore la religion des anciens Neustriens et à quelle loi ils étoient soumis, que les *Velocasses* sont précisément ceux de Rouen, que le bourg de Cailly en Caux tire son nom des *Caletes*, qu'Ausone ne s'est point trompé en donnant aux habitants d'Evreux le nom d'*Eburons*, que les *Aulerciens* sont ceux du Pont-de-l'Arche et les *Unelliens* ceux de Coutance. Les éclaircissements qu'il nous donnera seront pour les amateurs de l'histoire autant de présents dont ils ne pourront trop le remercier.

L'article des comtes d'Evreux mérite bien qu'on s'y

arrête. Si ma faible santé et mes occupations me le permettent, je vous enverrai mes observations à ce sujet.

J'ai l'honneur d'être, etc.

DURAND,
Professeur d'humanités au collége royal d'Evreux.

ÉTAT DE LA VILLE D'ÉVREUX

Dans les xive, xve et xvie siècles, par M. Durand, professeur au Collège royal d'Evreux (1).

Evreux, tel qu'il existe aujourd'hui, n'a plus ni murailles, ni tours, ni portes, et les vestiges qui en restent sont fort peu de chose. Cette ville, autrefois si riche, n'a pas présentement un revenu assez suffisant pour subvenir aux réparations mêmes les plus urgentes ; il n'en étoit pas de même dans les quatorzième, quinzième et seizième siècles. Toutes les portes de la ville, sans excepter celle de Notre-Dame, avoient chacune un boulevard, qui étoit de l'autre côté de la rivière ou du fossé, avec des ponts-levis et dormans, et des fossés pleins d'eau, dont on faisoit le tour dans un bateau, entretenu aux dépens de la ville. Les tours des portes et de la cité avoient chacune un nom particulier (2). On avoit grand soin de les faire visiter par les maîtres des œuvres de la ville (3), afin de les entretenir en bon état, pour la défense commune. Elles étoient toutes couvertes de tuiles, posées sur une bonne charpente ; et le compte de la ville de 1410 ajoute qu'on mit trente-deux guérites de deux toises de long chacune, tant sur ces tours que sur quelques endroits des murailles, pour y faire le guet. C'étoit le Grand-Bailly et le Gouverneur, ou leurs lieutenants, qui posoient eux-mêmes les bourgeois et qui prescrivoient à chacun le terrein qu'il devoit garder. On pouvoit faire le tour de ces murailles à couvert et sans être vu.

Il y avoit des gardes à toutes les portes, qui logeoient dans les boulevards ; ils avoient soin de fermer ces portes à certaines heures, et, pendant la nuit, ils introduisoient ceux qui vouloient entrer dans la ville, par le moyen d'une

---

(1) Journal de Verdun, janvier 1765.
(2) Voici quelques-uns de ces noms : la Tour du Ravelin, — aux Pigeons, — de devant le Cimetière St-Nicolas, près le Trou-Béchet, — de la Levrière, — de l'Espringale, — Crecosse, — du Vivier, — Cubin, — Mauconseil, — de la Taverne, — des Halles, — et la grosse Tour du Châtel.
(3) Il est impossible de distinguer leurs noms de ceux des autres maçons ou charpentiers qui travailloient aux réparations des fortifications.

petite planche et par une porte étroite (1). On avoit une si grande attention à tout ce qui pouvoit être utile et commode aux habitants, qu'en 1467, on fit faire deux petites voûtes qu'on voit encore à la muraille du boulevard de la porte aux Fèvres, ou de Saint-Thomas, dont l'une ne servoit qu'à abréger de quelques pas le chemin qui va à l'église de Saint-Denis, et l'autre à celle de Saint-Thomas.

Les fossés et les murailles, avec leurs douves, étoient bien entretenus ; les rues bien pavées et tenues fort nettes; enfin, l'ordre de la ville étoit admirable. Elle fournissoit en même tems aux frais de la construction des bâtiments publics, pavement des rues, réparation des murailles, entretien des ponts, curage des fossés, etc.; bien plus, elle faisoit de tems en tems des festins et des présens aux personnes de distinction qui passoient par Evreux et présentoit du vin à plusieurs seigneurs des environs quand ils y venoient, entr'autres au seigneur de Martainville, aux bourgeois de Rouen, députés aux états de Tours, au bailly de Louviers, aux officiers de Bernay, aux provinciaux des Jacobins, des Cordeliers, etc. (2) S'il se trouvoit dans Evreux quelques pauvres étudians qui avoient du talent, la ville leur fournissoit les moyens de se faire passer docteurs dans l'université de Paris. Elle entretenoit les médecins, payoit les prédicateurs du carême et de l'avent, faisoit des aumônes considérables aux religieux mendians : en un mot, les moindres services que l'on rendoit à la ville étoient récompensés avec générosité, et elle ne laissoit passer aucune occasion sans en donner des marques à ceux qui étoient utiles au bien public. La preuve en résulte d'un compte de la ville de 1503, en laquelle année, la peste ayant fait un grand ravage dans Evreux, Messieurs de la ville ordonnèrent qu'il seroit payé, à deux régens des grandes-écoles, 10 liv., somme considérable en ce tems-là.

(1) Le chapitre avait le droit de garde des clefs de la ville, mais se montrait peu jaloux de l'exercer lorsqu'il pouvait devenir à charge.
(2) On peut consulter sur les détails et les dépenses de ces réceptions la notice publiée par M. Chassant dans le Recueil de la Société libre de l'Eure, 1842.

pour les dédommager des pertes qu'ils avoient souffert pendant la peste qui leur avoit enlevé grand nombre d'écoliers. C'étoit là le vrai moyen d'exciter ces personnes si utiles à la patrie et qu'on ne peut trop récompenser, à élever pour la religion et pour l'état d'excellens sujets. Qu'on ne m'accuse point ici de partialité, le public sensé me rendra justice.

RECHERCHES

Sur les entrées solennelles faites par nos rois dans la ville d'Evreux (1).

Le premier roy de France qui, à ce que je sache, ait fait son entrée à Evreux, a été Charles VII en 1449. Voici ce qu'en dit Denys Geoffroy, dans l'histoire qu'il nous donne de ce prince : « *Il vint de Verneuil en sa cité d'Evreux, où il fut reçu en grande joye par le clergé et habitans de sa cité, et de tout le peuple d'alentour, faisant grande joye ; lesquels allèrent au-devant de lui à pied et à cheval, ayant leur évêque à leur tête, jusque dehors la ville. Ils firent faire des feux et tendre et joncher les rues le mieux qu'ils purent ; et ainsi le reçurent en criant tous : Noël, pour son nouvel avènement en cette cité.* »

Charles VII n'a pas été le seul de nos roys qui ait honoré Evreux de sa présence. Charles VIII y fit aussi son entrée solennelle sur la fin du quinzième siècle ; mais les choses étoient déjà changées de face. On ne voit plus l'évêque et son clergé sortir hors la ville pour recevoir le roy. Hunault, qui a fait le cérémonial de notre église cathédrale, dont il étoit grand-chantre, dit expressément, en très-mauvais latin, que les chanoines ne doivent point sortir hors de l'église, mais attendre le roy à la porte : *Canonici non debent exire ecclesiam, sed omnes revertiti in cappis debent ipsum expectare....* Et quand Sa Majesté est entrée dans le chœur, on est obligé de lui préparer un prie-dieu : *Et sibi debet parari oratorium cum paramentis honestis.* Aussitôt le sous-chantre qui n'est que chapelain, entonne un répond de la Trinité : *Rege ingrediente ecclesiam incipiat succentor unum responsorium de Trinitate....*

Ce cérémonial se lit encore aujourd'hui aux chapitres généraux. On doit y ajouter d'autant plus de foi, que Hunault qui en est auteur, dit que ce fut lui-même qui complimenta Charles VIII en l'absence de l'évêque et du doyen : *Et de his quæ vidi et feci testimonium perhibeo, et testimonium meum verum est.*

(1) Journal de Verdun, 1766., t. 2

En 1517, François Ier vint à Evreux. Ce prince y fut reçu avec tout le respect et la soumission qu'il devoit attendre de fidèles sujets qui, en conséquence d'une délibération des notables bourgeois, députèrent pour complimenter le roy, Mathieu de Quincarnon, Jean Postel, Jean Boullay et Louis Bence. La ville leur fit faire, à chacun, une cappe de camelot tanné qui, toutes ensemble, coûtèrent 135 liv. Le compliment fait, on présenta au roy 36 poinçons de vin ; et pour divertissement, on lui donna la comédie du baptême de Clovis. En 1540, François Ier repassa par Evreux. La ville lui fit présent de 2 poinçons et de 2 queues de vin.

Le 23 septembre 1603, Henri IV vint aussi à Evreux avec Marie de Médicis. Leurs majestés y séjournèrent deux jours, et furent complimentées à leur arrivée à Cambole, par les maire et échevins. Les clefs de la ville furent présentées à Sa Majesté, par Claude le Doulx de Melleville, lieutenant-général au bailliage d'Evreux, dans une bourse de velours cramoisi. MM. du présidial firent leur compliment à l'entrée du faubourg Saint-Thomas, en un lieu nommé la Brasserie. Le roy et la reine logèrent dans le palais épiscopal.

Enfin, la ville ayant eu avis que Sa Majesté avoit déterminé de faire un voyage au château de Navarre, le 17 du mois de septembre 1749, et qu'elle devoit passer par Evreux en arrivant, et lors de son départ, envoya vers M. le duc de Luxembourg, gouverneur de cette province, pour prendre ses ordres, et savoir la manière dont on se conduiroit en cette occasion. Ce seigneur ordonna de faire tapisser les rues par où le roy devoit passer, de les faire illuminer, de mettre la bourgeoisie sous les armes, et de faire tirer le canon lorsque Sa Majesté entreroit, et de se tenir prêts à présenter les clefs de la ville au roy. Les ordres de M. le duc de Luxembourg furent ponctuellement exécutés. Les boutiques furent fermées, la bourgeoisie se mit sous les armes, les rues furent tapissées et éclairées d'un cordon de lumière qui commençoit dès le haut de la côte du Calvaire jusqu'à la porte du Bois-Jollet, qui fut abattue pour rendre le passage plus libre.

Le roy ayant fait savoir que son intention n'étoit point de s'arrêter à la porte de la ville, MM. les maire et échevins n'eurent point l'honneur de lui présenter leurs clefs qu'ils avoient portées dans un bassin d'argent, avec toute la cérémonie requise en pareil cas.

Dès qu'on eut aperçu les carrosses de Sa Majesté, qui arriva sur les huit heures et demie du soir, la ville fit tirer le canon, et MM. du chapitre firent sonner leur plus grosse cloche. Le volume de votre journal ne pourroit pas contenir toutes les magnificences qui se firent pour lors à Navarre : il me semble qu'on doit les sentir en disant simplement que c'était monseigneur le duc de Bouillon qui avoit l'honneur de recevoir chez lui son roy. Sa Majesté partit de Navarre pour se rendre au Hâvre-de-Grâce, la nuit du 18 au 19 du même mois. La bourgeoisie et les rues étoient dans le même ordre que le jour de son arrivée (1).

DURAND,
Professeur au collége royal d'Evreux.

(1) On trouve dans le Recueil de la Société libre de l'Eure, 1838, une notice sur les entrées solennelles des rois de France à Evreux, à laquelle ces recherches ont servi de base, mais augmentées de nombreux détails.

OBSERVATIONS

Sur Turstin, archevêque d'Yorck, et Audin, évêque d'Evreux (1).

Si c'est un mérite d'enrichir la littérature de nouvelles découvertes, c'en est un également de la purger des erreurs qui s'y sont glissées faute de la réflexion ou des moyens propres pour les découvrir. Cette considération m'engage à vous prier, Monsieur, d'insérer dans votre journal, les observations suivantes, que j'ai faites sur la famille et le lieu natal de Turstin ou Turstan, archevêque d'York, et d'Audin, évêque d'Evreux. Pour peu qu'on soit versé dans l'histoire ecclésiastique, on ne doit pas ignorer que ce furent deux des plus célèbres prélats de leur temps, et qu'ils soutinrent dignement la réputation de ces élèves de mérite, qui formés dans l'école de Bayeux, sous les yeux d'Odon, évêque de cette ville, firent en partie l'ornement de l'église d'Angleterre. Audin, de chapelain de Henri Ier, roy d'Angleterre, devint évêque d'Evreux en 1112, et fut un des plus savants évêques de Normandie; Turstin, chanoine de Bayeux, puis archevêque d'York, reçut la consécration des mains du pape Caliste II, l'an 1119, dans le concile de Reims, et eut une grande autorité en Angleterre. Ils moururent tous deux dans la même année, c'est-à-dire en 1139.

Orderic-Vital, auteur contemporain, nous assure qu'ils étoient frères et nés dans un village du Bessin, *liv.* XIII, *p.* 919; mais de quelle famille et de quel village sont-ils sortis? C'est ce que je vais examiner tout à l'heure. Quelques écrivains et surtout les titres de l'église de Bayeux, donnent constamment à Turstin, archevêque d'York, le surnom de Condé : c'est ainsi que l'appellent, et le vieux nécrologe de cette église au 1er janvier, où il dit : *obitus Turstini de Condeto*, et la liste des hommes illustres sortis du chapitre de Bayeux, imprimée à la fin d'un mémoire, vers 1706, et dressée certainement sur les chartres du trésor. Or, il est certain, que du temps de ce prélat et longtemps après, il a existé une famille noble du nom de Condé,

(1) Journal de Verdun, 1759, t. 2.

laquelle tiroit son origine de Condé-sur-Seule, à cinq quarts de lieue au sud-est de Bayeux, et nous en avons plus d'une preuve dans la chartre de confirmation de Henri II, roy d'Angleterre et duc de Normandie, accordée à l'abbaye de Saint-Etienne de Caen, sous l'épiscopat de Philippe de Harcourt (1), qui y a souscrit ; on trouve parmi les bienfaiteurs de cette abbaye, un Turstin de Condé. *Turstinus de Conde dedit Sancto Stephano terram de Cantepie pro animâ suâ : hanc donationem concesserunt filii ejus Ranulphus et Hugo, et posuerunt super altare. Neustria pia, pag.* 636.

L'identité de noms ne suppose pas seulement que ce bienfaiteur a la même origine que l'archevêque d'York, mais qu'il a encore reçu son nom de ce prélat, qui vraisemblablement étoit son oncle. Trustin de Condé n'est pas sorti d'ailleurs que de Condé-sur-Seule, où l'abbaye de Saint-Etienne possède encore, outre le patronage de l'église, une terre ; la même peut être exprimée ci-dessus. Richard de Condé son petit-fils, sans doute, donna, en 1189, à la susdite abbaye le patronage de l'église de Condé-sur-Seule, ce qu'on apprend de la confirmation de Henri II, évêque de Bayeux, expédiée la même année, laquelle est dans le chartrier de cette abbaye. Le treizième siècle nous fournit deux personnes de la même famille, messire Richard de Condé, qui se trouve inscrit parmi les gentilhommes de Normandie vivant alors, dans un vieux registre de l'abbaye du Mont-Saint-Michel, il portoit pour armes d'azur à la fleur de lys d'argent, et Richard de Condé, prieur de la grande abbaye de Caen, qui mourut en 1265, entre les bras de son abbé, Nicolas I. *Neust. pia, pag.* 635. Enfin, par un acte en parchemin du 10 décembre 1402, gardé au trésor de l'église de Condé-sur-Seule, Guillaume de Condé, 1er seigneur de Condé, donne à ladite église une portion de terre sise audit lieu, *pour l'acquit de quatre messes par an pour lui, ses parents et ses amis.* Ces preuves, nous engagent naturellement à

---

(1) Il siégea depuis l'année 1144 jusqu'en 1163 qui est celle de sa mort. Hist. du Dioc. de Bayeux, p. 170 et 177. (*Note de l'auteur.*)

croire que Turstin de Condé, archevêque d'Yorck, n'a porté ce surnom, que parce qu'il sortoit de cette famille noble de Condé, et que conséquemment ce doit être aussi le surnom de Audin, évêque d'Evreux.

Il suit aussi de toutes ces preuves que la paroisse de Condé-sur-Seule, proche Bayeux, est la terre natale de ces deux prélats : Orderic-Vital que j'ai déjà cité, va être encore mon garant. Cet écrivain, en parlant d'Audin d'Evreux, dit formellement qu'il naquit dans un village du Bessin : *Hic in Bajocensi pago ortus*, *lib.* xiii, *pag.* 919 (ce qui doit s'entendre également de l'archevêque Turstin). Or, le mot de village, *pagus*, ne peut appartenir à Condé-sur-Noireau, bourg très-ancien, très-considérable, situé dans le fond du Bocage, que M. Hermant, *Hist. du Dioc. de Bayeux*, pag. 195, prend pour la patrie de Turstin, et encore moins à la ville de Bayeux, qui est, selon M. le Brasseur, *Hist. du comté d'Evreux, pag.* 120, le lieu natal d'Audin. C'est donc plus certainement au village de Condé-sur-Seule qu'ils sont nés, où nous venons de voir qu'il a demeuré longtemps des évêques qui portoient le même nom, et où l'on remarque encore les ruines d'une ancienne maison considérable, qui selon la tradition du pays étoit leur demeure. De plus nos deux prélats sont surnommés de Bayeux dans plusieurs auteurs, non-seulement parce qu'ils ont été élevés et formés parmi le clergé de Bayeux, mais aussi parce qu'ils sont censés être de cette ville, eu égard à son voisinage de Condé-sur-Seule. Au reste, en finissant ces remarques, je ne peux m'empêcher de faire observer la surprise de M. Hermant qui fait succéder Turstin à son frère Audin, dans l'archevêché d'Yorck, pag. 195, Audin n'a jamais été archevêque d'Yorck, mais bien évêque d'Evreux. Cet historien n'a pu se tromper de la sorte qu'en prenant le mot d'*Ebroicensis* pour celui d'*Eboracensis*.

BEZIERS,
Curé de Saint-André de Bayeux.

A Bayeux, ce 26 juillet 1759.

RÉCEPTION

De Nosseigneurs Evêques d'Evreux à leur joyeux avènement (1).

L'Evêque d'Evreux, la veille de sa prise de possession, se rend au monastère de Saint-Taurin, avec sa compagnie et ses chevaux. Les abbé et religieux, revêtus de leurs plus beaux ornements, le reçoivent à la grande porte de l'église ; l'abbé, ou en son absence le prieur, après avoir complimenté le prélat en peu de mots, le conduit à un prie-dieu préparé au bas du maître-autel, paré comme aux grandes fêtes, sur lequel il se met à genou. Le répons fini, l'évêque chante le verset et l'oraison de saint Taurin. Alors l'abbé, s'approchant au milieu de l'autel, ôte la mitre d'argent qui couvre le chef de saint Taurin et la met sur la tête de l'évêque, qui, montant aussitôt à l'autel, se détourne vers le peuple, et lui donne la bénédiction; après quoi il va au palais abbatial, où il trouve un repas pour lui et pour tous ceux qui l'accompagnent. Il y dîne et soupe avec toute sa suite : c'est pourquoi l'abbé de Saint-Taurin a soin de se faire informer du nombre de personnes et de chevaux qui accompagnent le prélat, afin qu'il puisse honnêtement faire préparer les repas, et les proportionner au temps et à la qualité des personnes. Les cavaliers sont au nombre de cent, qui doivent être nourris aux dépens de l'abbé et couvent de Saint-Taurin; et pour cela l'abbé et couvent sont exempts de payer à l'évêque le droit de *debite*, qu'il doit percevoir pour la visite pendant sa vie. Cela n'empêche cependant pas qu'il ne puisse les visiter et réformer. Le prélat et sa suite doivent coucher dans le palais abbatial. Le lendemain tous les curés de la ville, chacun avec leur clergé, ainsi que toutes les communautés régulières, viennent sur les neuf heures du matin à l'église de Saint-Taurin où l'évêque se rend aussi. Après qu'il s'est revêtu de ses habits pontificaux, les abbé et religieux en chapes le conduisent au maître-autel. Alors le chantre

---

(1) Extrait du Calendrier historique de 1750.
Ces curieux détails ont été si souvent reproduits dans de nombreux ouvrages, qu'il serait inutile de les indiquer.

ayant entonné le *Veni, Creator*, la procession sort de Saint-Taurin pour aller à la cathédrale, par la rue des Cordeliers, en cet ordre :

Les frères de la Charité vont devant, avec le clergé séculier et régulier : suivent ensuite les religieux bénédictins de Saint-Taurin, précédés de la croix et des chandeliers. L'un de ces religieux porte la crosse de l'évêque, qui marche le dernier entre les deux plus anciens curés de la ville, qui tiennent les devants de sa chape, et son aumônier la tient par derrière.

Le *Veni, Creator* fini, l'on chante le ℟. *Benedic, Domine, urbem*, etc., *Fœlix namque es sacra*, etc., *Sint lumbi vestri precincti*, etc., jusqu'à ce que la procession soit parvenue à une petite maison appelée *de la Crosse*. Cette maison, qui appartient à un bourgeois, doit être parée proprement. C'est-là où l'évêque est déchaussé, et sa chaussure (1) appartient au bourgeois propriétaire de cette maison.

Quand le prélat sort de cette petite maison, le seigneur de Gauville doit se trouver là, avec beaucoup de pavée (2), si c'est en été, et beaucoup de paille, si c'est en hiver, et la jeter lui-même devant l'évêque qui marche nu-pieds. La pavée ou la paille doit être en telle quantité, que les pieds du prélat ne puissent toucher la terre, et ledit seigneur de Gauville est tenu de prononcer ces paroles, en jetant la pavée ou la paille : *Monsieur, je suis votre homme de foi, ceci vous dois, et autre chose ne vous dois.*

L'évêque marchant nu-pieds depuis cette maison jusqu'à la porte de la ville, appelée de Notre-Dame, accompagné des religieux de Saint-Taurin, les doyen, chanoines, chapelains, et tous ceux qui sont de l'église cathédrale, vien-

(1) En 1503, Jean Filieu, clerc de la paroisse de St-Léger d'Evreux, aumôna à la fabrique de cette église les *chausses basses* des évêques, aux droits de cette maison à lui appartenante, aux charges de la servitude qu'elle doit à l'évêché, lors de l'entrée et prise de possession des évêques. (*Note de l'auteur*.)

(2) La pavée, en terme du pays, n'est autre chose que des fleurs et différentes herbes qu'on répand dans les rues, comme l'on fait lors de la procession du très-Saint Sacrement. (*Note de l'auteur*.)

nent au-devant de lui jusqu'au pont, avec la croix, l'eau-bénite et le livre des évangiles, revêtus de chapes comme aux plus grandes fêtes : et tandis que le prélat est sur le pont avec les religieux de Saint-Taurin, et le chapitre au-delà, l'abbé ou le prieur prononce ces paroles : *Messieurs, voici notre évêque que nous vous amenons, vif le vous baillons, et mort le nous rendrez.*

Ensuite le doyen, s'il est présent, ou l'un des dignitaires, selon son rang, en l'absence du doyen, donne la croix et le livre des évangiles à l'évêque, et lui fait un compliment fort court, parce qu'il ne conviendroit pas de faire un long discours, vu que le prélat est nu-pieds. Le doyen, ou le dignitaire qui le remplace, après l'avoir reçu des religieux, le conduit jusqu'à la porte de l'église cathédrale (le seigneur de Gauville jetant toujours de la pavée ou de la paille), et le chapitre est obligé de lui préparer un prie-dieu, avec un tapis pour mettre sous ses pieds nus ; mais avant que d'entrer dans l'église, il prête le serment suivant :

Ego N.... Divinâ miseratione episcopus Ebroicensis, juro per Deum et per sancta evangelia, quod fidelis ero ecclesiæ Ebroicensi; jura et libertates, et possessiones ipsius ecclesiæ bonâ fide conservabo, et ad revocationem illicite alienatorum diligentiam et auxilium bonâ fide adhibebo: consuetudines antiquas et approbatas ejusdem ecclesiæ et privilegia fideliter observabo et quod compositionem, sive pacem habitam inter Dominum. R. predecessorem meum ex unâ parte, et decanum et capitulum Ebroicensem ex alterâ super nemoribus ecclesiæ, prout in litteris patentibus dictorum episcopi et capituli continetur fideliter et bonâ fide observabo. Sic me Deus adjuvet, et hæc sancta Dei evangelia; et in hujus signum hanc scripturam propriâ manu consigno.

L'évêque, ayant prêté ce serment, entre dans l'église, précédé du chapitre. On chante une antienne de la Vierge, ou l'on touche l'orgue. Le chapitre doit gagner promptement le maître-autel, de crainte que le prélat, qui marche nu-pieds, n'en soit incommodé. Il se met à genoux sur un prie-dieu, et après qu'il a fait sa prière en silence, il signe son serment sur l'autel.

Il va ensuite à la sacristie pour se chausser et se mettre en état de célébrer la messe pontificalement, qui est chantée avec autant de solennité qu'aux plus grandes fêtes.

Après la messe, l'évêque, qui doit être magnifique dans son joyeux avénement, va à l'évêché, où il y a un grand repas préparé à ses frais, pour tous ceux qui veulent en être. Le seigneur de Gauville lui présente le premier coup à boire dans une coupe d'argent, et quand le prélat a bu, la coupe est pour ledit seigneur de Gauville.

EXPLICATION
du terme bizarre,
ABBAS CORNARDORUM (Abbé des Cornards),
ET D'UN USAGE SINGULIER QUI A SUBSISTÉ DANS LA VILLE D'ÉVREUX (1).

—

Ce terme *Abbas Cornardorum*, dont on cherche inutilement l'explication dans du Cange et ailleurs, se trouve dans plusieurs chartes et dans quelques rituels anciens.

ABBAS CORNARDORUM, l'abbé des Cornards : c'était ainsi qu'on appeloit un personnage à Evreux, où la facétieuse compagnie à laquelle il présidait, s'est distinguée autant et plus qu'ailleurs. Ce président étoit le maître, le chef et le premier des Cornards, c'est-à-dire des chansonniers, diseurs de bons mots, plaisanteries, etc., sur ce qui s'étoit passé pendant l'année dans la ville, qui pouvoit donner lieu à la médisance, à la satire, etc., cela s'appeloit *facetiæ Cornardorum*.

Ces Cornards avoient droit de juridiction pendant le temps de leurs divertissements, et ils la tenoient à Evreux, dans le lieu où siégeoit alors le bailliage, lieu qui a changé depuis l'établissement du présidial. Tous les ans ils obtenoient un arrêt sur requête du parlement de Paris, avant l'établissement de celui de Rouen, depuis le seizième siècle, pour exercer leurs facéties. C'étoit entre eux à qui seroit l'abbé des Cornards; ils briguoient et se supplantoient les uns les autres; enfin, la pluralité des suffrages l'emportoit.

Voici deux vers de ce temps-là qui prouvent ce qu'on vient de dire, et font connoître deux familles qui subsistent encore aujourd'hui à Évreux et dans le pays, lesquelles ont fourni des abbés à la compagnie.

> Cornards sont les Buzot, et non les Rabillis,
> *O fortuna potens, quam variabilis!*

On menoit promener M. l'abbé par toutes les rues de la ville et dans tous les villages de la banlieue, monté sur un

(1) Extrait du *Mercure* d'avril 1725.

âne et habillé grotesquement; on chantoit des chansons burlesques pendant cette marche, dont voici quelques couplets :

> *De asino bono nostro,*
> *Meliori et optimo*
> *Debemus* faire fête.

> En revenant *de Gravignariâ*,
> Un gros chardon *reperit in viâ :*
> Il lui coupa la tête.

> *Vir monacus, in mense julio,*
> *Egressus est è monasterio,*
> C'est dom de la Bucaille.

> *Egressus est sine licentiâ,*
> Pour aller voir dona Venissia,
> Et faire la ripaille.

Les bonnes gens d'Evreux chantent encore ces couplets, qui regardent tous quelques personnes de la ville, ou quelque lieu particulier du voisinage.

GRAVIGNARIA, par exemple, signifie Gravigni, terre au bout du faubourg Saint-Léger d'Evreux, dont les Chartreux de Gaillon sont seigneurs et patrons.

DOM DE LA BUCAILLE était un prieur de l'abbaye de Saint-Taurin, lequel au gré des Cornards, rendoit de trop fréquentes visites à la dame de Venisse, pour lors prieure de l'abbaye de Saint-Sauveur de la même ville, dont le nom se trouve dans le nécrologue de cette abbaye : cela ne veut pas dire cependant que ces deux personnes causassent du scandale, et fussent répréhensibles. Ces censeurs publics n'épargnoient qui que ce soit, et la vertu même étoit aussi maltraitée que le vice, tant ils se donnoient de licence, licence qui alla toujours en augmentant; car des bouffonneries on passa aux impiétés, à des débauches insolentes et scandaleuses, que permettoit le libertinage d'un jeu qu'on appeloit le jeu des fous, et qui étoit une imitation trop exacte de la fête des fous qui a duré longtemps dans plusieurs villes, comme on le sait.

On trouve, dans un ancien registre du présidial de cette ville, la condamnation et l'abolition de cette compagnie et

des égarements en question. On y lit ces paroles : « En
» suivent les charges de la confrairie de monseigneur
» S. Bernabé, apôtre de N. S. J.-C., créé, instituée par
» R. P. en Dieu, Paul Capranic, au nom de Dieu, notre
» créateur, et d'icelui Monsieur Bernabé, en délaissant une
» dérision et une honteuse assemblée, nommée *la fête aux*
» *Cornards*, que l'on faisoit le jour d'icelui saint, et en-
» suivent les ordénances sur ce faites, etc. Ladite con-
» frairie de nouvel fondée, et célébrée en l'Hôtel-Dieu de
» la ville d'Evreues, en forme de conversion pour adnuler
» et mettre à néant certaine dérision, difformité et infamie,
» que les gens de justice laye et autres de ladite ville
» commettoient le jour de Monsieur S. Bernabé, qu'ils
» nommoient l'abbaye aux Cornards, où étoient commis
» plusieurs maux, crimes, excès et mal-façons, et plu-
» sieurs autres cas inhumains au désbonneur et irrévérence
» de Dieu notre créateur, de Saint-Bernabé et de sainte
» église. »

Paul de Capranic, dont il est ici parlé, étoit un italien, secrétaire et camérier du pape Martin V, frère du cardinal Dominique de Capranica, etc. (1) : il fut nommé à l'évêché d'Evreux, l'an 1420, par le pape, à cause que le chapitre avait différé l'élection de plus de deux ans après la mort de Guillaume de Cantiers.

On ne comprend pas trop pourquoi la fête aux Cornards se célébroit le jour de saint Barnabé ; à moins qu'on ne veuille dire qu'autrefois, pour des raisons particulières, il y auroit eu ce jour-là à Evreux, des divertissements extraordinaires, de même qu'il y en a à Lisieux, où les chanoines font une cavalcade ecclésiastique en l'honneur de saint Ursin, semblable à celle qui se fait à Autun, le 31 août, et qu'ensuite, à l'imitation de ces paranymphes ecclésiastiques, les séculiers auroient aussi fait les leurs séparément, et dans un goût tout différent ; en sorte qu'on pourroit soupçonner que l'âne qui servoit de monture à cet

(1) Voyez le tome III des œuvres mêlées de M. Baluse, où il rapporte l'oraison funèbre de ce cardinal, faite par Baptiste Poggio le fils. (*Note de l'auteur.*)

abbé, n'étoit apparemment que la représentation de ce qu'on continue de faire en plusieurs endroits avec la permission de la police, lorsqu'il y a un sujet qui en vaut la peine, cérémonie qu'on appelle communément *mener l'âne*. Chacun sait à qu'elle occasion on le mène, et c'est ce qui semble mettre du rapport entre cette cérémonie de *mener l'âne* et la qualité d'*abbas Cornardorum*.

Cependant un article des comptes de la ville d'Auxerre, de l'an 1454, pourroit faire juger moins désavantageusement du terme de Cornards. Voici cet article mot pour mot : « A Perrenet Gontier, marchand et bourgeois » d'Auxerre, qui à la Fête-Dieu dernièrement passée a été » bâtonnier de la confrérie d'icelle fête, XXVIII. s. pour « aidier à supporter le salaire et les frais des menestrels » qui ont corné et chaleneillé devant le corps de N. S. » J.-C. durant la procession qu'on a faite ledit jour, ainsi » que accoutumé est de faire, etc. »

Le mot de *Cornard* ne seroit-il point dérivé de ces joueurs de cornet ou d'autres instruments semblables qui se signaloient à la Fête-Dieu, qui arrive ordinairement vers la saint Barnabé, en sorte qu'on auroit dit *corneurs* ou *cornards* indifféremment ? Cette remarque peut toujours servir à prouver l'antiquité des cornets dans l'usage ecclésiastique, et aider à découvrir l'étymologie du mot *menetrier*. A l'égard du *serpent*, qu'on peut appeler le *prince des cornets*, il n'est pas si ancien, puisqu'il fut inventé par un chanoine d'Auxerre, qui vivoit au commencement du dernier siècle, et qui en introduisit d'abord l'usage à Tours.

On pourroit encore ajouter une remarque pour appuyer cette conjecture sur l'étymologie de *Cornard*, dont l'abbé de ce nom pouvait bien être le chef des menestriers, corneurs et autres joueurs d'instruments, remarque qui pourra d'ailleurs égayer le lecteur. Jean Regnier, seigneur de Guerchi, bailli de la ville d'Auxerre, lequel avoit eu le malheur d'être fait prisonnier à Beauvais en 1432, dans le temps que le duc de Bourgogne dont il étoit officier, faisoit la guerre à Charles VII, s'attendoit à la mort de jour en jour. Il avoit déjà fait son testament dans les prisons de Beauvais; mais ayant eu tout le loisir d'y penser, ce testament ne devint plus sérieux : il en fit un dans lequel il décrit en vers toutes les cérémonies qu'il vouloit qu'on observât à ses funérailles. Après avoir réglé ce qui regarde le poêle dont son cercueil devoit être couvert, et de quelles fleurs et herbes seroient les chapeaux dont il devoit être orné, il ajoute :

> Encor voudrois-je bien avoir
> Des ménétriers trois ou quatre,
> Qui de *corner* fissent devoir
> Devant le corps, pour gens ébattre.

Le recueil des poésies de ce magistrat, composées la plupart dans sa prison à Beauvais, a été imprimé à Paris en 1524. Ceux qui aiment à rire sur la mauvaise musique auront de quoi se divertir. Regnier l'entendoit passablement pour son temps : il parle du contre-point et du déchant (*discantus*) dans ses poésies, et l'on voit qu'il s'en mêloit quelquefois.

Quoi qu'il en soit, ce n'est pas d'aujourd'hui que la qualité d'*abbé* se trouve si trivialement employée et dans un sens si bas. Les cornards d'Evreux étoient peu différents des fous des autres villes, qui élisoient aussi un abbé à la juridiction duquel ils se soumettoient. Il n'y avoit pas jusqu'à certains chapitres des cathédrales de France qui n'eussent un abbé qu'on appeloit l'*abbé des fous*. Il existe un de ces chapitres où la coutume étoit, dans l'avant-dernier siècle, d'en faire solennellement l'élection le 18 juillet de chaque année, et cela sous un gros orme qui donnoit un épais ombrage devant le grand portail de la cathédrale. On plaçoit en cet endroit des bancs, des tapis et une table en forme de bureau. Tous MM. du chapitre y assistoient, même le bas chœur; et là, à la pluralité des voix, on choisissoit un abbé, que de vieux titres appellent *abbas stultorum*. Les folies que cet abbé étoit chargé de réformer n'étoient que certaines ridiculités grossières qui peuvent quelquefois arriver par abstraction ou inadvertance, comme si un chanoine paraissoit au chœur avec un habit pour un autre, ou s'il oublioit de s'habiller entièrement avant que d'entrer à l'fofice, et ainsi des autres indécences.

Quant au motif qui avoit fait choisir le 18 juillet pour tenir cette séance, on n'en peut guère soupçonner d'autre, sinon que c'étoit peut-être originairement le jour auquel les bourgeois faisoient, comme à Evreux, passer en revue l'*abbas Cornardorum*, qui disoit sans miséricorde les vérités à un chacun ; et une marque de cela, c'est que, même depuis que les ecclésiastiques ont cessé la cérémonie de leur côté, la jeunesse de quelques villes a encore continué fort longtemps de faire à sa manière, dans ce même jour, la leçon à ceux dont le mariage ne lui paraissoit pas bien assorti.

SUPPLÉMENT.

Ce n'étoit pas assez d'un *abbé des Cornards*, des *abbés des Fous* et *des Sots*. Le titre d'*abbé* une fois avili, on ne craignit plus de le profaner en beaucoup d'autres circonstances, et l'on en fit la qualité distinctive des chefs des sociétés les plus bizarres, comme on avoit appliqué le titre de *roi* au président ou syndic de diverses confréries.

Rodez avoit son abbé de la *Malgouverne*, dont les hauts faits ne sont pas arrivés jusqu'à nous ; mais, plus heureux ou peut-être plus digne de célébrité, l'abbé *du Clergé*, dont le siége étoit à Viviers, a trouvé place dans l'histoire, et l'une des plus savantes académies n'a pas dédaigné d'en inscrire le nom dans ses fastes.

Voici ce qu'elle nous apprend, d'après un ancien rituel manuscrit :

« La cérémonie de Viviers commençoit par l'élection d'un abbé du Clergé (1) ; c'étoient le bas chœur, jeunes chanoines, clercs et enfants de chœur, qui la faisoient. L'abbé élu et le *Te Deum* chanté, on le portoit sur les épaules dans la maison, où tout le reste du chapitre étoit assemblé. Tout le monde se levoit à son arrivée, l'évêque lui-même, s'il y étoit présent ; cela étoit suivi d'une ample collation, après laquelle, le haut chœur d'un côté et le bas chœur de l'autre, commençoient à chanter certaines paroles qui n'avoient aucune suite. *Sed dùm carum cantus sœpiùs et frequentius per partes continuando cantatur, tanto amplius ascendendo elevatus in tantum, quod una pars cantando clamando* e fort cridar *vincit aliam. Tunc enim inter se ad invicem clamando, sibilando, ululando, cachinnando, devidendo, ac cum suis manibus demonstrando, pars victrix quantum potest, partem adversum devidere conatur et superare, jocosasque trufas sine tædio breviter inferre. A parte abbatis heros, alter chorus, et nolie no-*

---

(1) Il y a un jugement du 31 mai 1406, rendu par des arbitres, contre un homme qui avait été élu abbé du clergé, et qui ne voulait ni l'être, ni encore moins donner le repas qu'il devait en cette qualité. (*In Not. Extens. Pontii de Nuce*, 1405, fol. 13.)

lierno : *à parte abbatis* ad fons sancti Bacon, *alii* Kyrie eleison, *etc.* »

Cela finissoit par une procession qui se faisoit tous les jours de l'octave. Enfin le jour de Saint-Etienne paraissoit l'évêque fou, *episcopus stultus*. C'étoit aussi un jeune clerc, différent de l'abbé du clergé. Quoiqu'il fût élu dès le jour des Innocents de l'année précédente, il ne jouissoit, à proprement parler, des droits de sa dignité que ces trois jours de Saint-Etienne, Saint-Jean et des Innocents. Après s'être revêtu des ornements pontificaux, en chape, mitre, crosse, etc., suivi de son aumônier aussi en chape, qui avoit sur sa tête un petit coussin au lieu de bonnet, il venoit s'asseoir dans la chaire épiscopale, et assistoit à l'office, recevant les mêmes honneurs que le véritable évêque auroit reçus. A la fin de l'office l'aumônier disoit à pleine voix : *Silete, silete, silentium habete*. Le chœur répondoit : *Deo gratias*.

» L'évêque fou, après avoir dit l'*Adjutorium*, etc., donnoit sa bénédiction, qui étoit immédiatement suivie de ces prétendues indulgences que son aumônier prononçoit avec gravité :

De part mossenhor l'evesque,
Que Dieus vos done grand mal at bescle,
Aves una plena banasta de pardos,
Et dos des de raycha de sot lo mento.

» Les autres jours, les mêmes cérémonies se pratiquoient, avec la seule différence que les indulgence varioient. Voici celles du second jour, qui se répétoient aussi le troisième :

Mossenhor ques ayssi presenz,
Vos dona XX banastas de mal de dens,
E a vos autras donas a tressi
Dona una coa de Rossi.

» Dans ces indulgences burlesques, il y a quelques mots à expliquer. *Al bescle*, c'est au foie. Ce mot languedocien, *bescle*, viendroit-il de *viscus*, en italien *veschio*, le foie, partie visqueuse ? C'est ce qu'on n'ose assurer. Il est plus facile de découvrir l'origine de *raycha* ; *dos des de raycha* ; deux doigts de teigne, de gale rogneuse. Dans un ancien glossaire françois-latin, que le père Labbe a fait imprimer avec une infinité de fautes avec ses étymologies françoises, et dont il y a un bon manuscrit à la bibliothèque de Saint-Germain-des-Prés, on trouve au mot *porrigo, porrigo, teigne, rache, rogne.* On se sert encore de ce mot *rache, raiche,* en plusieurs provinces. Pour *banasta de pardos*, c'est une panorée de pardons. *Banaste, benate, benaton, benne, banne,* dans la plus grande partie de nos provinces, signifient *panier, corbeille, mannequin,* vaisseau propre à porter fruits, grains, légumes, etc, Banne doit venir de *benna*, ancien mot gaulois, qui, selon Festus, étoit une espèce de voiture, de char : *Benna, lingua Gallica, genus vehiculi appellatur.* Du char qui portoit, le nom a passé à la chose portée. Il y a plusieurs de ces exemples où la banne d'à présent a quelque ressemblance avec l'ancien char, *benne.* »

LETTRE

SUR L'ABBÉ DES CORNARDS ET LA FÊTE DE L'ANE.

Il me semble, Monsieur, qu'il n'y a pas lieu d'hésiter dans l'expression d'*abbas Cornardorum*, de l'explication de laquelle vous avez régalé le public. Je pense, comme bien d'autres, qu'il faut se déterminer à lire uniquement *Cornardorum*, et non *Conardorum*, et que ce mot doit être écrit et prononcé de cette seule manière. Outre que l'auteur de la lettre insérée dans le *Mercure*, nous apprend qu'un vieux registre d'Evreux l'écrit ainsi deux fois et se sert de ces termes : *La fête aux Cornards*, *l'abbaye aux Cornards*, on ne doit pas perdre de vue l'analogie de cette cérémonie avec la farce de *mener l'âne*.

Vous comprenez sans doute, Monsieur, la raison qui me fait trouver du rapport entre cette autre farce et la qualité d'*abbas Cornardorum*. Chacun sait à quelle occasion on le mène dans plusieurs petites villes.

Il n'est donc pas besoin d'une plus ample dissertation pour prouver que la leçon de *Cornardorum* est préférable à celle de *Conardorum*. J'ajouterai que le 18 juillet étoit, de temps immémorial, consacré au culte de saint Arnou, sur lequel plusieurs églises ont pris le change, les unes l'ayant fait évêque de Tours, d'autres de Metz, et d'autres l'ayant confondu avec saint Arnou, tué il y a environ mille ans proche Mézières, dans le diocèse de Reims. Il y en a encore deux autres du même nom, dont la fête a vraisemblablement donné occasion aux badineries de ce jour. Le premier est saint Arnou, homme marié, fort connu à Paris, qui fut tué au VIe siècle dans la forêt d'Iveline, qui est du côté de Chevreuse et de Rambouillet, et que son épouse, sainte Scariberge, inhuma elle-même ; l'autre est saint Arnold, qui étoit joueur de violon au IXe siècle, et qui mourut proche Duren, dans le duché de Juliers. La fête de ces deux saints tombe également le 18 juillet. Quel qu'ait été celui dont la fête a été autrefois si ridiculement solennisée dans ce pays-ci, il est certain que nos vieux poëtes ont eu connoissance de divers faits que nous avons de la peine à débrouiller aujourd'hui ; et, comme le nom de saint Arnoul, aussi bien que celui de saint Gengoul, s'est trouvé rimer avec un certain mot françois, monosyllabe du temps passé, il a été facile aux plus petits rimailleurs de ces siècles gothiques de versifier sur ce sujet. Trouvez bon, Monsieur, que je rapporte ici un quatrain qui a relation à la fête de cette confrérie, sans que je prétende pour cela que l'abbé des fous ait eu inspection sur cette association. L'écrivain marque ainsi le rit de son temps :

>   Au jour saint Arnoux,
>   Patron des coux,
>   On élit chez nous
>   L'abbé des foux.

Je n'ai point trouvé qu'on ait jamais promené ici un âne ce jour-là dans les rues. Ce divertissement, tout instructif qu'il est, se donne aujourd'hui (quand le cas y échet) au temps du carnaval. Mais il y avoit une autre fête, dans plusieurs églises de nos cantons, qu'on appeloit la *fête de l'âne*. M. du Cange a donné dans son Glossaire (1) un détail de tout ce qu'on y chantoit dans l'église de Rouen et de tous les dialogues qu'on y faisoit. Vous en trouverez une autre description dans la Bibliothèque du Roi, parmi les manuscrits qui viennent de M. Baluse, et même avec le chant des paroles qui animoient la cérémonie. Voici quatre vers qu'on chantoit d'abord à la porte de l'église de Sens :

> *Lux hodiè, lux lætitiæ, me judice : tristis*
> *Quisquis erit, removendus erit solemnibus istis.*
> *Sint hodiè procul invidiæ, procul omnia mœsta :*
> *Læta volunt, quicumque colunt asinaria festa.*

Mais rien ne doit être plus curieux là-dessus que la note de ce qui se disoit ensuite en entrant dans l'église avec cet âne, honoré d'une chape qu'on lui mettoit sur le dos.

Voici la rubrique, *Conductus ad tabulam;* suivent les paroles :

---

(1) *In voce : Festum.*

PROSE DE L'ANE.

Orientis partibus
Adventavit asinus
Pulcher et fortissimus
Sarcinis aptissimus.

Hez, sire asnes, car chantez,
Belle bouche rechignez,
Vous aurez du foin assez,
Et de l'avoine à plantez.

Lentus erat pedibus
Nisi foret baculus
Et cum in clunibus
Pungeret aculeus.

Hez, sire asnes, etc.

Hic in collibus Sichem,
Jam nutritus sub Ruben,
Transiit per Jordanem,
Saliit in Bethlehem.

Hez, sire asnes, etc.

Ecce magnis auribus
Subjugalis filius
Asinus egregius
Asinorum dominus.

Hez, sire asnes, etc.

Saltu vincit hinnulos
Damas et capriolos,
Super dromadarios
Velox Madianeos.

Hez, sire asnes, etc.

Aurum de Arabia
Thus et myrrham de Saba
Tulit in ecclesia.
Virtus asinaria.

Hez, sire asnes, etc.

Dum trahit vehicula
Multa cum sarcinula,
Illius mandibula
Dura ferit pabula.

Hez, sire asnes, etc.

Cum aristis hordeum
Comedit et carduum ;
Trituum à palea
Segregat in area.

Hez, sire asnes, etc.

Amen dicas, asine,
  (Hic genuflectebatur)
Jam sature de gramine :
Amen, amen itera
Aspernare vetera.

Hez va! hez va! hez va hez!
Bealz sire asnes car allez;
Belle bouche car chantez.

Lectâ tabulâ, incipit sacerdos, Deus in adjutorium intende laborantium, etc.

A Dieu ne plaise, Monsieur, que je veuille railler ici sur des sujets sacrés et sérieux. Je suis bien persuadé que celui de la fête de l'âne ne l'étoit nullement, et je crois qu'entre tous les acteurs et les spectateurs de la cérémonie, il ne pouvoit y avoir qu'un seul animal qui ne rioit point, savoir, l'âne en question, qu'on conduisoit à petits pas depuis la grande porte de l'église jusqu'à la table, au chant de l'éloquente prose que je viens de vous rapporter. C'étoit là vraiment l'*Asinus vehens mysteria* dont il est parlé dans Aristophane. Mais j'espère vous entretenir un jour plus au long et de vive voix de cette bizarre pratique, dont peut-être l'origine vient du paganisme. Quelques-uns croient que c'est une imitation de l'Âne d'Apulée, qui portoit la déesse Cérès, ce qui n'est guère probable. Je présume qu'elle vient plutôt de l'ânesse de Balaam, dont le sexe masculin eut ensuite l'honneur de porter le Sauveur à son entrée à Jérusalem.

Je ne sais au reste si, après la certitude de la fête de l'âne, on peut douter que ce qu'on appelle encore dans une église peu éloignée d'ici la *fête de la vache grise* n'ait été originairement une autre pratique réelle, également burlesque et risible.

Quoi qu'il en soit, il est certain que la fête de l'âne a encore moins duré que celle des fous. Ce sont, pour ainsi dire, des nuages ou des ombres dans les coutumes ecclésiastiques, qui ont été plus ou moins grands, selon qu'il y a eu dans les pays plus ou moins de personnes capables de s'y opposer et de les dissiper. Je ne désespère pas qu'on ne revienne de même de plusieurs coutumes grossières et gothiques, à mesure qu'on connoîtra le cas qu'il en faut faire.

D'Auxerre, ce 12 juin 1725.

—

On peut consulter sur l'abbé des Cornards ou Conards et sur les facéties auxquelles cette joviale institution donna lieu, les deux ouvrages dont voici le titre :
Les Triomphes de l'Abbaye des Conards, *sous le receueur en decimes Fagot, abbé des Conards, contenant les criées et proclamations faites depuis son aduenement jusqu'à l'an present ; plus l'ingenieuse lessiue qu'ils ont conardement montrée aux jours gras de l'an* 1549. *Plus le testament d'Ouinet, de nouueau augmenté par le commandement dudit abbé, non encore veu. Plus la letanie, l'antienne, et l'oraison faite en ladite maison abbatiale en l'an* 1580. — Rouen, Nic. Dugord, in-8° de 56 feuillets.
Le Recueil des Actes et Depesches faictes aux hauts iours de Conardie, tenus à Rouen depuis la derniere sepmaine de ianuier iusques au mardi gras suyuant penultieme iour de feburier mil cinq cenz quarante, auec le Triumphe de la monstre et ostentation de magnifique et très glorieux abbé des Conards, monarche de Conardie. Imprimé au dict lieu de Rouen, auec priuilege de iustice, et defense à tous aultres imprimeurs et libraires en imprimer ne vendre aultres que ceux cy, cachetés auec la porte crosse de l'abbé, sur peine de la confiscation d'iceux. Petit in-4° de 19 feuillets.
M. Floquet a également publié dans la Bibliothèque de l'Ecole des Chartes, t. I, p. 105, un curieux article sur l'histoire des Conards de Rouen.
Antérieurement, M. Leber, auquel on doit une excellente Collection de dissertations sur l'histoire de France, y avait compris l'extrait du Mercure que nous venons de reproduire, mais en remplaçant la *prose* latine par une traduction française des principales strophes, dont il paraît avoir rajeuni le style et en y ajoutant quelques notes et commentaires.
Enfin, récemment, M. Stanislas de Saint-Germain, dans son intéressante description de l'église de Saint-Etienne de Beauvais, a publié avec un soin tout particulier une traduction ancienne de cette *prose*. Regrettant de ne pouvoir la reproduire ici, nous renvoyons à son ouvrage ceux de nos lecteurs qui seraient curieux de la connaître.
Ce ne serait pas sortir de notre cadre que de reproduire ici comme terme de comparaison quelques-unes des épîtres farcies, ou des évan-

giles et des messes parodiées, celles des joueurs ou des ivrognes par
exemple, qu'on trouve fréquemment dans les manuscrits du moyen
âge; mais malgré l'intérêt qui s'attache aux livres qui renferment ces
curieux détails de l'histoire de la liberté, nous avons dû nous abstenir
d'en inserer ici, dans la crainte qu'isolés ces documents ne soient regar-
dés seulement comme une révélation scandaleuse.

LETTRE

Sur l'ancienne et célèbre cérémonie de la Saint-Vital, et la procession noire d'Evreux, par M. L. A. M. A. (1).

C'est avec plaisir, Monsieur, que je vous envoie le petit détail que vous m'avez demandé ; je m'attends bien que vous en ferez part aux auteurs du *Mercure de France*, qui pourront réjouir encore une fois le public aux dépens de la simplicité et de l'ignorance de nos ancêtres ; cela nous procurera peut-être d'autres mémoires sur d'anciens usages aussi singuliers. Vous ne pouviez, au reste, mieux vous adresser qu'à moi pour ce sujet ; j'en dois avoir une connaissance d'autant plus exacte, que je suis peut-être le seul qu'il ait approfondi ; je suis même muni de toutes les pièces qui le regardent, et que j'ai recueillies depuis près de quarante ans que je suis membre de notre cathédrale.

La cérémonie dont j'ai à vous parler, et dont on voit encore quelques traces dans l'église de Notre-Dame d'Evreux, est appelée vulgairement *cérémonie de la Saint-Vital*, à cause qu'on l'a commencée et qu'on en pratique encore quelque chose le 28 avril, jour dédié à ce saint. Cette cérémonie, dis-je, est un de ces anciens abus dont on ne trouve point l'origine certaine, mais qui peut remonter jusqu'au onzième ou dixième siècle, comme plusieurs autres, dont les vestiges se sentent encore de ces libertés qui ont été abolies par les conciles, ou rectifiées par les puissances particulières de l'église et de l'état.

L'offrande de *mai*, qui se faisoit autrefois à Dieu seul, à ce que je crois, et qui ne se fait plus aujourd'hui qu'aux hommes, y a donné occasion, et voici comment : le 1er jour de mai, notre chapitre avoit coutume d'aller dans le Bois-l'Evêque, qui est fort près de la ville, couper des rameaux et de petites branches, pour en parer les images des saints qui sont dans les chapelles de la cathédrale. Les chanoines firent d'abord cette cérémonie en personne ; mais dans la suite, ne croyant pas devoir s'abaisser jusqu'à aller couper eux-mêmes ces branches, ils y envoyèrent leurs clercs de

(1) Mercure de France, avril 1726.

chœur; ensuite tous les chapelains de la cathédrale s'y joignirent, en conséquence des fondations postérieures qui se rencontroient ce jour-là, où il y a une assez bonne distribution. Enfin, les hauts-vicaires, *vicarii capitulares de altâ sede*, y trouvant leur avantage, aussi bien que la communauté des chapelains, ne dédaignèrent point de se trouver à cette singulière procession, nommée la *procession noire*.

Les clercs de chœur, qui regardoient cette commission comme une partie de plaisir, sortoient de la cathédrale deux à deux, en soutane et bonnet carré, précédés des enfants de chœur, des appariteurs ou bedeaux, et des autres serviteurs de l'église, avec chacun une serpe à la main, et alloient couper ces branches, qu'ils rapportoient eux-mêmes, ou faisoient rapporter par la populace qui se faisoit un plaisir et un honneur de leur rendre ce service, en les couvrant tous dans la marche d'une épaisse verdure, ce qui, dans le lointain, faisoit l'effet d'une forêt ambulante.

Un autre abus s'introduisit peu à peu; c'étoit de sonner toutes les cloches de la cathédrale, pour faire connoître à toute la ville que la cérémonie des branches et celle du mai étoient ouvertes; et cet abus augmenta si fort dans la suite des temps, qu'il fit casser des cloches, blesser et même tuer quelques sonneurs, rompre, briser et démolir quelque chose d'essentiel aux clochers. L'évêque y voulut mettre ordre; il défendit cette sonnerie et ce qui l'accompagnoit. Mais les clercs de chœur méprisèrent ses défenses, ils firent sortir de l'église les sonneurs, qui, pour la garder, y avoient leur logement, ils s'emparèrent des portes et des clefs pendant les quatre jours de la cérémonie, se rendirent enfin maîtres de tout, sonnèrent eux-mêmes à toute outrance, et ne devinrent pour ainsi dire raisonnables que le matin du deuxième jour de mai. Ils poussèrent même l'insolence jusqu'à pendre par les aisselles, aux fenêtres d'un des clochers, deux chanoines qui y étoient montés de la part du chapitre, pour s'opposer à ce déréglement.

Ce fait, Monsieur, vous paroîtroit incroyable, s'il n'étoit expressément ainsi marqué dans les actes authentiques et originaux que j'ai entre les mains. On trouve même le nom des deux chanoines auxquels on fit cet affront; l'un, étoit Jean Mansel, trésorier de la cathédrale, du temps de Henri II, roy d'Angleterre et duc de Normandie, qui est qualifié dans nos archives *conseiller* de ce prince. Il étoit de la maison des Mansel, seigneurs d'Erdinton, en Angleterre, etc. L'autre était Gauthier Dentelin, chanoine, qui devint aussi trésorier après la mort de Mansel, en 1206.

La procession *noire* faisoit au retour mille extravagances, comme de jeter du son dans les yeux des passants, de faire sauter les uns par dessus un balai, de faire danser les autres, etc. On se servit ensuite de masques, et cette fête, à Evreux, fit partie de la fête nommée la *fête des fous* et des *saoult-diacres, saturorum diaconorum*, qui étoit, comme vous le savez, une fête presque universelle, contre laquelle nous avons tant de canons des conciles, et de règlements généraux ou particuliers de l'église.

Ces clercs de chœur, revenus dans l'église cathédrale, se rendoient maîtres des hautes chaires, et en chassoient pour ainsi dire les chanoines. Les enfants de chœur portoient la chape, ils faisoient l'office entier, depuis none du 28 avril, jusqu'à vêpres du premier jour de mai, pendant lequel temps toute l'église étoit ornée de branchages et de verdures.

Pendant l'intervalle de l'office de ces jours, les chanoines jouoient aux quilles sur les voûtes de l'église : *ludunt ad quillas super voltas ecclesiæ*, disent les titres de ce temps-là. Ils y faisoient des représentations, des danses et des concerts : *faciunt podia, choreas et choros;* et ils recommençoient à cette fête toutes les folies usitées aux fêtes de Noël et de la Circoncision, *et reliqua sicut in natalibus*.

Au reste, cette cérémonie de mettre ainsi des rameaux autour des statues des saints, passa de l'église cathédrale, dans celles des paroisses de la ville, à toutes les fêtes des patrons, et surtout aux fêtes des confréries ; mais cela ne se pratique plus ici que dans l'église de l'Hôtel-Dieu, qui dépend des administrateurs du bureau des pauvres, et qui n'a pour desservants que des prêtres par commission. J'ajouterai que, de temps immémorial, la compagnie des frères de la charité a assigné une somme d'argent au sonneur de cette église, pour avoir soin de la *brancher* ou orner de verdure du haut jusqu'au bas, à toutes les fêtes que cette confrérie célèbre, au nombre de quatre ou cinq, dans le cours de l'année.

Voilà, Monsieur, jusqu'où l'on a poussé une extravagante liberté; mais ce n'est pour ainsi dire encore rien, au prix de ce que vous allez entendre, et certainement c'est ici où l'on peut bien vous dire, et à vos amis qui liront ma lettre :

Spectatum admissi risum teneatis amici.

En effet, les choses étant en l'état que je vous ai marqué ci-dessus, un chanoine-diacre nommé *Bouteille*, qui vivoit vers l'an 1270, s'avisa de faire une fondation d'un *obit*, directement le 28 avril, jour auquel commençoit la fête en question. Il attacha à cet *obit* une forte rétribution pour les chanoines, hauts-vicaires, chapelains, clercs, enfants de chœur, etc., et ce qui est de plus singulier, il ordonna qu'on étendroit sur le pavé, au milieu du chœur, pendant l'*obit*, un drap mortuaire aux quatre coins duquel on mettroit quatre bouteilles pleines de vin, et une cinquième au milieu, le tout au profit des chantres qui auroient assisté à ce service.

Cette fondation du chanoine Bouteille a fait appeler dans la suite, le Bois-l'Evêque, où la procession noire alloit couper ces branches, le *Bois de la Bouteille*, et cela parce que, par une transaction faite entre l'évêque et le chapitre pour éviter le dégât et la destruction de ce bois, l'évêque s'obligea de faire couper, par un de ses gardes, autant de branches qu'il y auroit de personnes à la procession, et de les faire distribuer à l'endroit d'une croix qui étoit proche du bois.

On ne chantoit rien durant cette distribution, mais on ne se dispensoit pas de boire, comme on dit ici, en chantre et en sonneur. On ne mangeoit que certaines galettes appelées parmi nous *casse-gueule* et *casse-museau*, à cause que celui qui les servoit aux autres les leur jetoit au visage d'une manière grotesque, etc.

Le garde de l'évêque, chargé de la distribution des rameaux, étoit obligé, avant toutes choses, de faire, près de l'endroit dont j'ai parlé, deux figures de bouteilles qu'il creusoit sur la terre remplissant les creux de sable, en mémoire et à l'intention du fondateur Bouteille, qui, comme je viens de le dire, a donné son nom au bois qui fournissoit les branchages.

On ne sauroit trop louer Dieu, et je finis par-là ma lettre, de nous avoir fait vivre dans des temps qu'il a rendu lui-même plus éclairés, et en faisant enfin triompher l'église, toujours contraire aux usages abusifs de ceux que l'ignorance et la dépravation de quelques particuliers avoient introduits.

Au reste, on voit encore aujourd'hui, dans plusieurs provinces de France, de ces sortes de forêts ambulantes, surtout à des processions solennelles qui se font tous les matins des jours non chômés, entre Pâques et l'Ascension. On a vu et on voit encore souvent la jeunesse précéder le retour de la procession à peu près comme il est dit ci-dessus. Tout le monde sait que porter en cette occasion des branches d'arbres, cela s'appelle *porter un mai*. C'est aussi une chose très-commune de planter le *mai* le jour de saint Philippe et saint Jacques. Couper et planter des arbres le premier jour du mois de mai, étoit une coutume si universelle dans le Milanais, du temps de saint Charles-Borromée, que le cinquième concile de Milan (1) fit un règlement à ce sujet. La chose se pratiquoit avec grande cérémonie, suivant qu'on l'apprend par le statut du saint évêque. L'artillerie étoit de la partie, et il y avoit de somptueux repas attachés à la cérémonie. Saint Charles fit tous ses efforts pour abolir cette coutume, qu'il disoit être un reste des superstitions du paganisme : *tanquam gentilitiæ*

(1) Part. I, n° 5.

superstitionis speciem quandam exhibut; et il ordonna qu'à la place on arborât des croix, et qu'à toutes les grandes fêtes, sans excepter celles de l'hiver, on ornât de verdure les portes des églises, selon l'ancien usage : *quemadmodum veteris instituti est usuque romano comprobati, et à Beato Hieronimo laudati.* On voit par-là que les lauriers, les buis, le philaria et autres arbrisseaux qui conservent leur verdure pendant les plus grands froids, n'auroient pas eu trop bon temps dans la province de Milan, si l'hiver y eut été tel qu'il est dans ce pays-ci. Cet usage, qui étoit ancien et peut-être autrefois universel, subsiste encore dans certains cantons à la Fête-Dieu, aux fêtes patronales et aux dédicaces des églises qui n'arrivent point en hiver.

Ce n'est qu'à cause de certains inconvénients, et parce que l'usage des tapisseries est devenu commun, qu'on a cessé dans les églises ces sortes de décorations ; et l'on se contente maintenant d'orner de branchages le frontispice des églises, de même que saint Charles l'ordonnoit, ou bien le faîte des tours et des clochers, ou tout au plus d'arborer le *mai* devant la porte de l'église.

Il est bon de dire ici en passant que le dictionnaire de Furetières n'est pas exact, lorsqu'il dit, en parlant des *mais*, qu'il n'y a que de petites gens à qui on en présente. On voit bien des grandes villes où l'on en offre aux principaux du lieu en grande cérémonie, et pour peu qu'on voyage, on aperçoit encore ces *mais* à leur porte, où ils restent durant le cours de l'année.

Cela se pratique aussi à l'égard des premiers dans plusieurs petites villes, et souvent, comme les bâtiments n'y sont pas fort exhaussés, on reconnoit, sans entrer dans ces villes, que la cérémonie y est en vigueur, parce que l'usage y est de choisir les vernes (aunes) les plus élevées qui soient dans le pays, et qu'il n'est pas rare d'en trouver qui surpassent la hauteur ordinaire des maisons de province.

LETTRE DE M. DURAND,

A M. Loisel, auteur de la Dissertation sur le Bonnet vert.

J'ai lu, Monsieur, avec plaisir, dans le journal de Verdun votre réponse à mes questions sur le Bonnet vert, proposées dans le journal de janvier de cette année. Ma satisfaction auroit été parfaite, si vous eussiez voulu vous donner la peine de traiter la première et la seconde question dans le goût de la troisième, mais vous vous contentez simplement de me renvoyer à Louët, lettre C, sommaire 36, où je dois trouver toute cette matière là bien expliquée. J'avois déjà consulté plusieurs fois cet oracle sans en recevoir de réponse, lorsque, sur votre parole, j'y ai encore eu recours, sans en être plus satisfait. « Comme la tête, dit-il, est la partie qui reçoit les princi- » pales marques d'honneur, ainsi celles d'infamie y sont » grandement ignominieuses, selon le témoignage d'Aris- » tote au commencement de ses problèmes. » Voilà la seule raison qu'il rapporte, et vous, Monsieur, vous prétendez que les cessionnaires ont été condamnés à porter un bonnet préférablement à tout autre ajustement, parce que la tête est la partie la plus apparente de l'homme; et qu'il étoit du bien public, qu'ils fussent connus de tout le monde, afin que personne ne fût trompé en contractant avec eux. Pour moi je suis persuadé que l'origine du bonnet des cessionnaires part d'une autre cause, et je crois qu'elle vient de ce que le bonnet chez les Romains étoit sur celui qui le portoit une marque distinctive qui faisoit voir qu'il étoit libre; et lorsque quelque Romain généreux faisoit présent de la liberté à son esclave, cet esclave se faisoit raser la tête qu'il couvroit d'un bonnet. Pour confirmer ceci il me suffit de rapporter les paroles du commentateur du livre d'Alciat, jurisconsulte Milanois, intitulé : *Omnia Andrea Alciati emblemata cum commentariise, tc. Parisiis*, 1618.

Compertum habemus, dit-il, *Emb.* 150, *pag.* 101, *indicium libertatis pileum fuisse, undè et qui servi libertate donabantur pileum gestabant raso capite. Longum esset*

(1) Journal de Verdun, 1759, t. 2.

autores advocare qui longè multi idem tradiderunt. Suppetant exempla quàm multa de pilei usu et gestatione et huc quidem pertinent nummi veteres quam plurimi in quibus est pileus cum inscriptione libertas ; ut in nummis Tiberii : est enim effigies hominis dexterà pileum tenentis lævâ expansâ cum inscriptione, LIBERTAS AUGUSTA *, etc.* Erasme, adag. cent. 1, n° 27. *Ad pileum vocare, pro eò quòd est, ad libertatem.... Proverbiali figura dixit Macrobius, lib.* 1 *Saturnalium. Dicet aliquis nunc me dominos de fastigio suo dejicere, et quodam modo ad pileum servos vocare.... Seneca qui epistolà* 47 *, ecribit in hunc modum. Dicat nunc me vocare ad pileum servos.... Metaphora ducta à veterum consuetudine quâ servi cum statum mutarent, ac manumitterent, capite raso pileum accipiebant.... Matialis, lib.* 2. *epig. ad olum : Totis pileâ sarcinis redemi, hoc est, rebus omnibus relictis.... peperi mihi libertatem, etc.* On peut encore mettre au nombre des auteurs dont veut parler le commentateur d'Alciat, Paradin, antiquités de Nîmes, page 177 ; *Aulugelle, lib.* 7, *cap.* 4.

Il est aisé de faire l'application de ces passages à l'usage de France à l'égard des cessionnaires, et on voit le rapport qu'il y a entre l'effet que produisoit jadis ce bonnet des esclaves romains, et l'effet que produisoit en France celui des cessionnaires.

La cession de biens, dit M. Loüet, à l'endroit que vous citez, est un bénéfice de droit pour rédimer les misérables de la rigueur de la prison ; c'est une trève légale ; la loi l'appelle *miserabile auxilium;* mais parce qu'on en abusoit, et qu'on s'en servoit pour tromper ses créanciers et les frustrer de leur dû, la loi a voulu que ceux qui avoient recours à cette extrémité, fussent notés de quelques marques ignominieuses. C'est pourquoi lorsqu'un débiteur étoit reçu au bénéfice de cession, ses créanciers étoient obligés de lui fournir, à leurs frais, un bonnet vert, qu'il étoit contraint de porter toujours sur sa tête, au moyen de quoi il étoit par là à l'abri des poursuites de ses créanciers, et ils ne pouvoient plus l'emprisonner : si au contraire ils l'avoient rencontré sans ce bonnet, ils pouvoient exercer leurs droits sur lui et le faire remettre dans les prisons. Quoique cela ne soit point de la question, l'on remarquera que par la suite on s'est relâché, et que l'on a seulement exigé que les cessionnaires portassent le bonnet vert sur eux pour le montrer à leurs créanciers en cas qu'ils en fussent requis et le mettre sur leur tête. *Dict. de Ferrières, Bonnet vert.*

Argoux, dans son Institution au Droit Français, tom. 2, liv. 4, chap. 6, p. 427, dernière édition de 1746, dit qu'on n'exige plus maintenant que les cessionnaires portent le bonnet vert, et que cet usage est entièrement aboli; cependant l'exemple que vous rapportez des Féron frères, prouve qu'il s'observe encore à Caen, ce qui confirme ce que dit M. de Ferrières, qui cite à ce sujet un arrêt du parlement de Bordeaux, de 1706.

A l'égard de la seconde question, quoi qu'en dise Pasquier, on peut penser que ce qui a porté les jurisconsultes à choisir la couleur verte pour ce bonnet, préférablement à toutes les autres, est que de tout temps les anciens ont regardé cette couleur comme le symbole de l'espérance, ce qui faisoit qu'ils représentoient leur déesse, qui portoit ce nom, avec un manteau vert. Alciat, ci-dessus cité, fournit de quoi appuyer ce sentiment.

Quæ dea tam læto suspectat sydera vultu?
Cujus penniculis reddita imago fuit?
Elpidii fecerè manus. Ego nominor illa,
Quæ miseris promptam, spes bona prestet opem.
Cur viridis tibi palla? quod omnia me duce vernent, etc.
Emblem. 44, in simulachrum spei, p. 262.

Le Commentateur, p. 264, ajoute : *Viridis color eorum est proprius qui spe lactantur aliquâ.*

Nos sperare docet viridis.
Emblem. 117, in colores, p. 543, *ibid.*

Tout le monde sait que les cessionnaires étant dépouillés de tous leurs biens, leur seule et unique ressource est d'espérer une meilleure fortune, l'espérance étant le seul bien qui reste à ceux qui n'en ont plus. Avec l'espérance, les cessionnaires supportent leur misère plus facilement, ils envisagent leurs malheurs avec plus de tranquillité ; et pour me servir littéralement de l'expression d'Alciat, avec l'espérance toutes choses, pour ainsi dire, reverdissent, c'est-à-dire prennent une forme plus agréable, et se placent dans un point de vue moins disgracieux. L'attribut du vert convenant si bien à l'état de ces misérables, il est à croire que c'est ce qui a porté les jurisconsultes à donner cette couleur à leur bonnet, préférablement à toute autre.

Loüet, à l'endroit cité, dit qu'on a demandé si les femmes ayant fait cession de biens pouvoient être contraintes de porter un chaperon vert ; on disoit que *eadem ratio, ergo idem jus ;* que les femmes non mariées sont comprises dans l'ordonnance de Moulins, et peuvent être contraintes par corps, après les quatre mois. Mais il y a lieu de soutenir le contraire avec Bugnion, en son Traité des Lois abrogées, l. 1, art. 16 ; et Bonin, au Traité des Cessions et Banqueroutes, chap. 19, et de donner cela à la pudeur et à l'infirmité du sexe, *id enim pro genuino pudore, proque animi teneritudine tolerare non possent....* Considération grande tirée des suffrages de la nature, qui a porté les jurisconsultes à dire que *pudor aut infirmitas sexus mulieres excusat :* que *propter pudorem ac verecundiam fœminarum eas cœtui publico demonstrari non cogendas :* enfin que les femmes *sexûs sui verecundiam egredi non debent,* et c'est une règle vulgaire en droit que *in odiosis sub masculino, fœmininum non venit.*

Je passe, Monsieur, à la troisième question, que vous traitez avec tant d'érudition, c'est un présent que vous faites au public savant et curieux ; je prends la liberté d'y ajouter quelques remarques qui, peut-être, ne lui déplairont pas.

Quand une femme veuve renonçoit à la communauté de son mari, elle laissoit sur sa fosse sa ceinture, sa bourse et ses clefs, mais à présent cette formalité ne s'observe plus, et l'omission ne peut être alléguée pour une nullité contre la renonciation, nonobstant la disposition de la coulume, comme il a été jugé par arrêt du 8 mars 1622, M. Séguier, président; ce qui est ainsi décidé par les coutumes de Vermandois et Châlons. Loüet, en l'endroit cité.

Les vieux Français Saliens ou Sicambriens mettoient nu, en chemise, celui qui faisoit cession de biens, puis il alloit ramasser de sa main la poussière qui étoit aux quatre coins de sa maison. Il venoit ainsi en chemise sur le seuil de sa porte, et il jetoit cette poussière par-dessus son épaule; cela fait il prenoit un bâton blanc à la main, qui étoit mis exprès à la porte, et alors il faisoit un grand saut par-dessus une haie près de là; ensuite il continuoit son chemin sans regarder derrière lui, et sans revenir davantage, d'où est venu le proverbe ironique: un homme riche par-dessus l'épaule. *Loi Salique, tit.* 61 *de chrenechruda*, suivant Rouillard, en son traité *des Gymnopodes*, p. 150.

Les Béotiens les faisoient conduire au milieu de la place publique la tête couverte d'une corbeille, suivant Stobée. Godefroy, sur l'art. 20 de la coutume de Normandie.

En Espagne, ils sont obligés de porter toujours un collier de fer, suivant la Pragmatique de Ferdinand et Isabelle.

Ælien, dans ses Histoires, rapporte l'usage des Thyrreniens, *ut si quis eorum œs alienum quod conflaverit non persolvat, sequuntur eum pueri vacuum gestantes marsupium ignominiæ causâ*. Observations forenses, de Belordeau, liv. 1, part. 3, p. 719.

A Milan, étant dépouillés nus, on leur fait publiquement toucher une pierre, *cum pudendis*. Buridan, art. 393 de la cout. de Reims.

A Padoue, il y a une pierre appelée Pierre-de-blâme ou d'ignominie, sur laquelle on les fait asseoir nus devant le peuple, leur faisant crier à haute voix: « J'abandonne » mes biens. » Buridan, sur l'art. 393 de la cout. de Reims, p. 816.

A Smyrne, ceux qui ne satisfaisoient pas à leurs créanciers étoient bannis. Les jugements de condamnation du bannissement s'appeloient *types*, c'est-à-dire *modèles*, parce que les autres y devoient prendre exemple. Jurisp. de Gui-Pape, commentée par Horrier, lib. 5, sect. 7, art. 4, p. 344.

A Evreux, il y avoit au bout des grandes halles de cette ville, du côté du midi, un petit appentis qui avançoit en saillie sur la rue, et qu'on a abattu il n'y a pas longtemps, c'étoit là où ceux qui étoient convaincus en justice d'avoir dit à quelqu'un des injures atroces et calomnieuses, étoient condamnés à faire une réparation publique, et en conséquence se présenter à jour de marché, accompagnés du trompette de la ville, et proférer à haute et intelligible voix les paroles contenues au chap. 86 du Vieux Coutumier de Normandie. Depuis l'abrogation de cette pratique, ce lieu a servi à donner au public un spectacle non moins honteux que le premier, qui a duré jusqu'à la fin du dernier siècle. C'étoit encore là où, à jour et heure du marché, les marchands ou autres étoient reçus à faire cession de biens à leurs créanciers, ou à se séparer de biens avec leurs femmes, étoient tenus de paroître publiquement avec un bonnet vert sur la tête et d'y demeurer, pendant qu'au bruit de la trompette et du tambour, on assembloit le peuple qui contemploit le cessionnaire avec des yeux curieux et malins, jusqu'à ce que le sergent eût lu l'acte de cession.

Je trouve tant de conformité entre ce qui se passoit anciennement à Rome, où les cessionnaires étoient livrés à ceux à qui ils devoient, qui avoient la liberté de les déchirer, et ce que nous rapporte le chevalier Chardin, dans son Voyage de Perse, t. 6, p. 277, que je crois lire la Loi des Douze Tables que vous citez.

« Quand le débiteur ne paye pas, en Perse, soit par
» malice, soit par impuissance, on le livre entre les mains
» du créancier, ou à sa merci. Le créancier a deux droits
» sur lui, l'un de le prendre et d'en faire ce qu'il lui
» plaît, soit en l'enfermant chez lui et en le maltraitant
» de la manière qu'il veut, pourvu qu'il ne le tue, ni ne
» l'estropie, soit en le promenant par la ville et le faisant
» battre comme un chien dans quelque quartier qu'il lui
» plaît : l'autre, de vendre son bien et de le vendre lui-

» même, sa femme et ses enfants, mais l'on en vient rare-
» ment à ces dernières extrémités. »

Enfin il fut fait des statuts à Rome, comme vous le remarquerez fort bien, obligeant les cessionnaires de porter un bonnet vert, *qui ad cessionem bonorum..... admissus est publicè et palam biretum viride in capite deferre debet.* Ce qui a été confirmé et renouvelé par bulle expresse du pape Pie IV : *Motu proprio*, publiée le 27 octobre 1561, *Pontificatus, an* 2. Ranc., dans le Grand Bullaire de Laërtius Cherubinus, t. 2, num. 39, p. 40.

C'est de là, vraisemblablement, d'où la France a emprunté le même usage ; sur quoi il est à remarquer que le bonnet ou chapeau vert (l'arrêt du parlement de Rouen, du 15 mars 1584, se sert de ce dernier terme) n'étoit que pour ceux qui faisoient faillite de bonne foi et sans fraude, car à l'égard des banqueroutiers frauduleux, ils peuvent être poursuivis extraordinairement et punis capitalement, conformément aux ordonnances de nos rois. Art. 142 de l'ordonnance d'Orléans, 205 de celle de Blois, édit d'Henri IV, de 1609, et art. 12, du tit. 11, de l'ordonnance de Louis XIV, de 1673.

J'ai l'honneur, etc.,

DURAND,
Professeur au collége royal d'Evreux.

A Evreux, ce 8 septembre 1759.

LETTRE

Ecrite d'Evreux le 15 décembre 1734, par M. A. C. D. S. T. (1), sur un droit honorifique singulier (2).

Nous lisons, Monsieur, de temps en temps dans le *Mercure* des questions singulières de droit civil, bien discutées par les avocats des parties et décidées par des arrêts; ce qui intéresse extrêmement le public en plusieurs manières. Nous n'avions encore rien vu dans votre journal de ce qui concerne la jurisprudence féodale et en particulier sur les droits honorifiques, si ce n'est la cérémonie de l'église cathédrale d'Auxerre, en faveur du vicomte de Chastellux, qui se trouve dans le *Mercure* du 7 juin 1732.

Pour rendre cette matière un peu plus familière, et pour engager les curieux des provinces à vous fournir d'autres faits, principalement sur les droits honorifiques, en voici un qui n'est pas moins remarquable que celui qui s'exerce dans l'église d'Auxerre, et qui regarde aussi une église cathédrale. Je n'en suis informé que depuis peu de temps par la lecture d'un aveu en bonne forme fait par un vassal à son seigneur suzerain.

Voici de quoi il s'agit.

« Ezy est une châtellenie dans le diocèse d'Evreux, à un
» quart de lieue d'Anet, où il y a bailliage, vicomté, eaux
» et forêts, etc. Elle a pour un de ses seigneurs un gentil-
» homme, sur le fief (3) duquel est bâtie l'église de la pa-
» roisse, attenant à la maison seigneuriale. Ce gentilhomme
» succède à un autre, qui en l'année 1642 donna l'aveu
» qui suit à son seigneur suzerain :

« De haut et puissant seigneur messire Louis de Carvoi-
» sin, chevalier, gentilhomme ordinaire de la chambre du
» roi, seigneur de Sassay (4), etc., Je, Louis des Brosses,
» écuyer, seigneur de Batigny et aux autres terres, avoue

(1) M. Adam, curé de St-Thomas d'Evreux.
(2) Mercure de France, février 1735.
(3) Ce fief s'appelle le petit Sassay et le seigneur est patron de la cure. (*Note de l'auteur.*)
(4) Ou le grand Sassay, par opposition au fief ci-dessus du même nom. (*Note de l'auteur.*)

» tenir de mondit sieur, à cause de sondit noble fief de
» Sassay, etc......

» *Item*, peut ledit sieur de Sassay faire dire la messe
» par le curé d'Ezy ou autre, en l'église Notre-Dame d'E-
» vreux, devant le grand autel, quand il lui plaira, et peut
» ledit sieur ou curé chasser sur tout le diocèse d'Evreux,
» avec autour et tiercelet, six épagneuls et deux levriers,
» et ledit sieur faire porter et mettre son oiseau sur le
» coin du grand autel, au lieu le plus près et le plus com-
» mode, à son vouloir. Peut ledit sieur curé dire la messe
» botté et éperonné en ladite église Notre-Dame d'Evreux,
» tambour battant en lieu et place des orgues, etc.

» Signé, DE CARVOISIN-SASSAY.

» Présenté, avoué et affirmé véritable par ledit sieur des
» Brosses, devant nous Nicolas le Courtois, licencié ès-
« lois, lieutenant de M. le sénéchal de ladite sieurie de
» Sassay, le 10 septembre 1643 ; lequel aveu lui avons or-
» donné bailler à mondit sieur ou à son procureur et re-
» ceveur, etc.

» LE COURTOIS et DESHAYES », avec paraphe.

Il y a cinq aveux antérieurs et semblables qui établissent le même droit.

Je suis, Monsieur, etc.

LETTRE DE M. DURAND

A l'auteur du Journal de Verdun, sur le droit d'*atrier* (1).

Quelques seigneuries particulières mouvantes du comté d'Evreux, prétendent être dans une possession légitime de tenir leurs plaids, et d'exercer leur justice dans une chambre, cuisine, ou en quelqu'autre endroit particulier de certaines maisons de la ville d'Evreux. Voilà, Monsieur, ce qu'on appelle dans le pays, droit d'*atrier*. Mais comme ce droit n'emporte ni la mouvance ni la justice de la maison affectée, et que l'une et l'autre sont demeurées aux comtes d'Evreux, qui sont censés n'en avoir accordé qu'un usage passager, je crois qu'il est à propos d'expliquer sommairement la nature de ce droit.

Tous les feudistes conviennent que les fiefs étoient donnés principalement pour le service militaire, et que les seigneurs des fiefs servants étoient tenus, en temps de guerre, envers leurs suzerains et seigneurs du fief dominant, au service d'*ost* et de garde, et à leur donner conseil en leur âme et conscience dans les affaires qui les intéressoient. Ainsi, quand le comte d'Evreux étoit en guerre avec quelque seigneur voisin, comme il arriva au commencement du douzième siècle, entre le comte d'Evreux et celui de Conches, et que la ville et le château d'Evreux étoient assiégés, ou quand le comte d'Evreux vouloit marier son fils ou sa fille aînés, faire quelque fondation comme de prébendes et de chapelles dans l'église cathédrale d'Evreux, ou quelque inféodation considérable, juger quelqu'un de ses barons ou grands vassaux, les seigneurs des fiefs mouvants du comté d'Evreux, après en avoir été *semonds* par le comte, étoient tous obligés de se rendre à Evreux, les uns, pour faire garde, pendant un certain nombre de jours aux murailles et aux portes de la ville, et les autres à celles du château; et lorsqu'il s'agissoit de donner conseil ou de quelqu'autre affaire importante, ils étoient obligés à faire *estage* dans la ville, en la maison que

(1) Journal de Verdun, 1761, t. 2.

le comte leur avoit assignée et y demeurer à ses dépens, tant qu'il le jugeoit à propos.

Mais comme ces seigneurs des fiefs inférieurs et servants avoient aussi des vassaux qui relevoient de leur fief, et qui en tenoient leurs biens et héritages, au moyen de certaines rentes et redevances contenues au titre de l'inféodation, ces seigneurs particuliers obtinrent du comte d'Evreux, permission de faire venir leur vassaux à Evreux, dans la maison qui leur avoit été assignée, pour y demeurer en temps de garde et d'*estage;* de leur y rendre la justice comme dans un territoire emprunté, et les contraindre à la reconnaissance et acquit de leurs rentes et droits seigneuriaux qui étoient alors beaucoup plus étendus qu'ils ne le sont aujourd'hui.

Quoique depuis le règne de Charles VII ces troupes d'ordonnance et service de fiefs aient cessé, la plus grande partie des seigneurs des fiefs mouvants du comté d'Evreux n'ont pas cessé de continuer de temps en temps l'exercice de leurs plaids et juridiction féodale pour la reconnaissance de leurs rentes seigneuriales, dans les mêmes maisons qui, comme je viens de dire, leur avoient été originairement assignées en temps de garde et d'*estage*. Il est même arrivé que quelques-uns ont fait de ces maisons des extensions de leur fief, et ont acquis, par la prescription, un droit de directe et de seigneurie sur un territoire et un fonds relevant nûment, et sans moyen de leur seigneur suzerain.

Pour montrer que le droit d'*atrier* n'emporte ni la justice, ni la mouvance du lieu où il se tient, qui, à cet égard, doit être censé comme un territoire emprunté, c'est qu'après que le seigneur d'un fief particulier avoit fait son temps de garde à la ville ou au château d'Evreux, qui étoit de quarante jours pour un plein fief, il avoit la liberté de retourner chez lui, sans en obtenir la permission du comte d'Evreux. Après celui-ci en venoit un autre qui prenoit quelquefois sa place, et demeuroit pendant son temps de garde dans la même maison, où il avoit aussi le droit d'y tenir ses plaids, et d'y rendre la justice à ses vassaux, ce qui n'arriveroit pas si le droit d'*atrier* emportoit la mouvance et la féodalité, puisqu'il est contre les règles qu'un même lieu relève de deux seigneurs et de deux seigneuries. C'est ce que m'a appris un oncle qui m'a élevé, et que son altesse monseigneur le duc de Bouillon avoit choisi pour faire son papier terrier d'Evreux. C'étoit dans les archives de ce généreux prince, au service duquel il est mort, qu'il avoit puisé ces recherches.

J'ai l'honneur d'être, etc.

DURAND,
Professeur au collége royal d'Evreux.

Evreux, ce 17 octobre 1760.

MÉMOIRE

Sur le droit d'*atrier* établi à Evreux, par M. Jobey.

On demande dans le *Journal de Verdun* du mois d'octobre 1760, page 291 : *Qu'est-ce que le droit d'atrier dans Evreux ? qu'elle est l'origine de ce droit ? Pourquoi plusieurs seigneurs des environs de cette ville ont le même droit dans une maison ?*

Il y a à peu près même droit dans la ville d'Orbec, ma patrie, sous un autre nom, qui m'avoit occasionné quelques recherches. Je les communique.

« *Atrier*, dit le Dictionnaire de Trevoux, vieux mot de
» coutume ; c'est, en Normandie, le lieu où le seigneur
» tient sa justice ; *forum, tribunal.* » Il renvoie à Terrien,
liv. 5, ch. 4, page 175, édit. de 1654.

Terrien, au lieu indiqué, dit : « Il y a aussi l'*atrier* du
» seigneur, qui est le lieu où il tient sa justice, et sont
» aucunes places qui peuvent avoir été laissées d'ancien-
» neté à cette subjection ; et d'avantage sont sujets les te-
» nans, quand le seigneur y vient, de lui quérir fourrages
» pour ses chevaux et tous ustensiles de ménage. »

Callepin, au mot *atrium*, qu'il rend par *aulè*, le définit : *Prima pars domûs quæ continet mediam aream, in quam, collecta, ex omni tecto, pluvia descendit; et in quâ Prisci, aperto hostio, epulabantur;.... servosque quibus custodiam committebant, atrienses appellabant; in urbe atria proxima januis esse debent.... Dictum atrium ab atrialibus Hetruriæ populis, quia id genus ædificii Atriæ primùm in Hetruriâ sit institutum : vel quòd à terra oriatur, quasi aterrium ; vel quòd atrum ex fumo esset, propter culinam, quia ex fumo culinæ nigresceret.*

Joannes Fungerus, dans son *Etymologicum trilingue*, en dit à peu près autant : *Ædificii genus dictum volunt, quòd sit atrum ex culinæ fumo. Vel potiùs apo ton* athrein *id est, videndo, deduci queat, quòd in œdibus hic locus maximè conspicuus sit.*

De Brieux, en son petit *Traité des Origines et Coutumes*

---

(1) Journal de Verdun, 1761, t. 2.

anciennes, dit « qu'en Angleterre on appelle *astrarius filius, astrarius hæres*, un enfant encore constitué sous l'autorité paternelle, vivant sous même toit ; d'*aster* qui signifie *cheminée*, du latin *atrium quòd fumo atrum est;* en français *âtre* ».

Trevoux, au mot *âtre*, le définit, « le sol qui est entre les jambages d'une cheminée, garni de carreau, pavé ou brique. Il ajoute que ce mot vient, suivant quelques-uns, d'*atrium*, qui signifie cour ; que Ménage dit qu'il vient d'*atrum*, parce qu'il est noir par la fumée ; mais que du Cange soutient qu'il vient du mot *astrum*, qui signifioit autrefois une maison toute entière; que c'est un mot saxon qui signifioit un foyer ou une fournoise, et que ce nom a été étendu à tout le logis, comme nous avons appelé un feu toute une famille ».

On rapporte ces autorités en essence peut-être trop longues et ennuyeuses, mais afin qu'on puisse examiner et porter son jugement par soi-même. Pour moi, si j'ose hasarder le mien, il me paraîtroit résulter de ces citations que le mot atrier, *atrium*, a été entendu par les Latins, et, après eux, par les François, en deux sens, pour deux endroits différents d'une maison ;

Ou pour l'entrée, la porte, ce que nous appelons le *vestibule*.

Le Dictionnaire *scholastique universel* latin-françois, s'en explique le plus clairement de tous : «*Atrium*, salle, porche,
» entrée d'une maison ; place qui étoit devant la porte, qui
» étoit retirée en dedans, comme on le voit aux portes
» cochères qui sont dans les rues étroites ; ce qu'on peut
» voir d'un logis quand la porte est ouverte ». Trevoux lui-même rend vestibule par *atrium ;* quelquefois il signifioit aussi la maison toute entière ou la cour simplement ;

Ou bien qu'on l'entendoit pour le lieu où l'on faisoit le feu, pour l'âtre, le foyer, la cheminée ;

Qu'au premier sens, le droit d'atrier doit être pris pour le lieu où le seigneur tenoit sa juridiction, qui étoit à l'entrée, à la porte, au vestibule, dans la cour même, comme les seigneurs tiennent encore aujourd'hui leurs plaids et gage-pleiges à la porte du manoir seigneurial ; et alors il vient d'*atrium*, comme dit Callepin; *forum*, *tribunal*, dit Trevoux ; cour ou juridiction ;

Qu'au second sens, il doit s'entendre pour un droit que quelques seigneurs sont fondés, par titres ou possession, d'exiger sur l'âtre, foyer, feu, cheminée, d'une maison, sur la maison ou famille toute entière ; et qu'en cet autre sens, atrier vient du mot *atrum*, noir, *quòd fumo atrum est*.

Nous avons des exemples dans le pays de ce droit, en l'un et l'autre sens, indépendamment de celui d'Evreux.

Les religieux bénédictins de Préaux ont droit de tenir leur juridiction seigneuriale dans la ville même de Pont-Audemer, qui est un bailliage royal, dans une maison, à la porte, sous une allée, un peu au-dessus des halles ; sûrement à droit d'atrier, à droit de lieu de juridiction dans cette maison.

M. le marquis de Prix a droit de tenir sa haute justice de Plasnes à une des portes de la ville de Bernay.

Dans l'autre sens, plusieurs seigneurs ont droit de prendre une rétribution sur l'âtre, foyer, cheminée, de certaines maisons. Nous en avons un exemple dans cette ville d'Orbec, ainsi qu'on l'a énoncé en débutant.

M. du Merle (1), seigneur d'une partie de la ville à cause de sa seigneurie du Prey, est fondé par ses titres à prendre sur chaque maison manable qu'on bâtit de neuf, avec cheminée, trois boisseaux de blé de rente foncière seigneuriale, non pas sous le nom de droit d'*atrier*, mais sous celui de droit de *faîtage*.

(1) Messire Pierre du Merle, seigneur des fiefs du Plessis, du Prey, du Coudray, seigneur et patron de St-Germain-la-Campagne, patron alternatif de la Vespière et d'une des maisons les plus distinguées de la province, descendant du fameux Foucault du Merle, maréchal de France sous Philippe-le-Bel en 1314. Il n'y en avoit que trois alors en France (*voyez* l'Abrégé chronologique de l'Histoire de France, édit. 1752) ; descendant aussi du célèbre Raoul du Merle, seigneur du Meslerault, près d'Alençon, qu'on devroit dire Merle-Raoul, de son nom. Une du Merle entra dans la maison d'Orléans. Le seigneur du Merle, dont il s'agit, issu de cet illustre sang, est encore plus recommandable par ses qualités personnelles que par sa naissance.

Trévoux parle encore de ce droit. Après avoir défini le *faîtage* en général, terme d'architecture, *fastigium*, *culmen*, il dit : « On appelle aussi *faîtage* un droit ou tribut
» qu'on payoit par chaque maison ou pignon. Dans les
» vieux titres on appeloit ce droit *festagium*. »

Suivant cette définition et la signification du mot même, il sembleroit que le droit de *faîtage* devroit être dû à cause du *faîte*, cheminée ou non, et que tout bâtiment faîté devroit être dans ce cas. Cependant le seigneur de Merle ne l'exige qu'à l'élévation de la cheminée ; de sorte que deux particuliers ayant tout nouvellement fait bâtir chacun une maison manable sur une des seigneuries, faîtées, couvertes, il n'a pas exigé le droit, parce qu'ils n'ont osé élever les cheminées. Voici comme les titres s'expliquent :

Il y en a plusieurs, et de très-anciens, qu'il est fort difficile de lire. On a extrait ce qui suit des deux moins vieux, datés des années 1565, 1584 : « En outre de ce, il y a
» quantité desdits hommes et vassaux desdits fiefs du Ples-
» sis et du Prey, sujets et redevables en rentes en blé, pour
» *festage*, ès trois fêtes de l'année, qui sont Noël, Pâques
» et Rogations, savoir : un boisseau, mesure d'Orbec, à
» chacune desdites fêtes ; et ne peut aucun, par l'usage
» desdits fiefs du Plessis et du Prey, faire bâtir ni édifies
» *maisons à demeurer*, aux enclaves d'iceux fiefs, si ce
» n'est en payant par chacun an lesdits trois boisseaux de
» blé, mesure d'Orbec, ès dits termes ; sinon que par
» congé et licence, ils soient à ce faire permis, ou bien
» ladite redevance par moi modérée à moindre prix et
» composition. »

Il semble que c'est là le vrai droit d'atrier dû par cheminée, qu'on le devroit appeler ainsi, au lieu du nom de *faîtage* qu'on lui donne. Ce n'est qu'à l'élévation de la cheminée qu'on l'exige ; parce que, par les titres, il n'est dû que sur chaque *maison à demeurer*, et que c'est la cheminée qui fait le principal caractère de la maison manable.

On pourroit dire que ce droit s'appeloit *festage*, de *festum*, fête, à cause que, par les titres, il doit se payer aux trois fêtes désignées, et qu'ils écrivent *festage* et non *faistage*. Mais cela ne me paraîtroit pas probable. Je penserais que le droit d'atrier, en ce sens, seroit une ressemblance, une émanation de celui de *fouage* dû au roi. La Coutume de la province en a un titre exprès de *fouage* et *monnéage*.

L'article 77 donne la définition de ce droit, son motif, et marque en quoi il consiste : « Le roi, pour droit de
» *monneage*, peut prendre douze deniers, de trois ans en
» trois ans, *sur chacun feu*, pour son *monnéage* et *fouage*,
» qui lui fut octroyé anciennement pour *ne changer la*
» *monnoye*. »

Nous voyons donc par là l'origine, le motif du *fouage* dû au roi. Mais quel est celui du droit d'*atrier*, dû aux seigneurs ?

Considéré comme droit de juridiction, ne pourroit-on point dire que les seigneurs ayant celui de tenir leurs plaids et gage-pleiges dans les maisons de leurs hommes, particulièrement dans celles indiquées par les titres ; qu'ayant été trouvé qu'il étoit plus commode pour eux et pour les vassaux de se tenir à la porte du manoir seigneurial, comme cela se pratique assez généralement aujourd'hui, ils substituèrent un droit, une redevance annuelle, particulièrement sur les maisons obligées par les titres ?

Pris comme droit sur les feux ou cheminées, ne pourroi-ton point lui donner une origine semblable à celle du *treizième* ? Il est certain que les vassaux anciennement ne pouvoient vendre leurs fonds que du consentement et par la permission du seigneur. Cette permission à demander ayant paru contre la liberté, trop incommode, difficile souvent à obtenir, par la mauvaise humeur ou les raisons particulières des seigneurs, on substitua l'obligation de payer une somme d'argent à chaque mutation.

Ne pourroit-on point dire de même que, dans quelques seigneuries, il ne pouvoit, suivant les titres, s'y établir de nouvelle famille, s'y construire de nouvelle maison manable, sans le consentement et la permission du seigneur ; que cette permission paroissant trop gênante à demander, on prit le parti d'établir un certain droit qui se devoit payer pour chaque maison nouvellement construite.

Quelques-uns, à cause de la ressemblance du droit d'*atrier* avec le *fouage*, pensent qu'on pourroit leur donner même principe et même motif, et dire que les seigneurs qualifiés par concession du roi, ayant anciennement le privilége de battre monnoie, les vassaux leur accordèrent, pour qu'ils ne la changeassent point, le droit d'*atrier*, comme les sujets ont accordé le *fouage* au roi.

Ils citent entr'autres les seigneurs de Bouillon, comtes d'Evreux même, qui avoient incontestablement ce privilége, témoins les *liards de Bouillon*, frappés à leur coin et à leurs armes, qui ont encore cours aujourd'hui et sont fort communs.

Il est constant et il ne faut qu'être initié dans notre histoire pour savoir que quantité de seigneurs du royaume avoient anciennement le privilége de battre monnoie. Ce qui sembleroit même encore donner du poids à cette opinion est ce que dit le Dictionnaire de Trevoux, au mot *fouage*, citant Flodoard et Froissard, que « les comtes et autres sei- » gneurs imitèrent le roi en l'imposition du *fouage* ». Godefroy, un des commentateurs de la Coutume de la province, sur l'article cité, dit que ce fut François Ier qui révoqua ce privilége, par édit qu'il ne date point.

Mais on ne voit pas qu'il y ait rien à conclure des liards de Bouillon pour le droit d'*atrier* exigé dans Evreux. Ces liards furent frappés à la vérité par les seigneurs de Bouillon, mais comme ducs de Bouillon dans le pays de Liége et duché de Luxembourg, et non pas comme comtes d'Evreux. Ce privilége ne peut donc en rien influer sur des droits dûs dans la ville d'Evreux.

On est surpris que M. Durand, qui nous a donné une histoire assez détaillée de la ville d'Evreux, sa patrie, dans ses Calendriers, n'ait rien dit de ce droit. Il paroît cependant en avoir cité deux exemples, sans s'en apercevoir, dans le Calendrier de 1750, l'un du droit d'atrier sur une maison, et l'autre du droit d'atrier comme juridiction.

Le premier se trouve à la page 43, où l'auteur décrivant la réception et l'entrée des évêques d'Evreux, s'exprime en ces termes : « Le prélat, allant processionnellement » avec le clergé, s'arrête à une *petite maison* appelée *de » la Crosse*, appartenant à un bourgeois, qui doit être » parée proprement ; là l'évêque se déchausse, et la » chaussure appartient au bourgeois. » Ce qu'on peut regarder comme une espèce de droit d'atrier, d'hospice momentané dû par cette maison au nouvel évêque.

L'autre exemple du droit d'atrier, considéré comme juridiction, est rapporté, page 100, à l'article de la *Tour grise*, où l'auteur dit que « cette tour est l'Aglèbe (il faut » lire *la Glèbe*) d'où relèvent beaucoup de fiefs, avec droit » de justice ; que le tribunal de cette justice se tient sur » une petite langue de terre aux environs de cette tour, sur » un *territoire emprunté*, suivant la permission accordée » par Charles IX, pour la commodité des justiciables. »

On doit s'attendre que M. Durand, invité par l'auteur du journal, donnera quelque chose de plus positif sur la matière. Il est en effet plus en état que personne, par ses talents, étant d'ailleurs du lieu, et de plus auteur et historien. Ce que j'ose hasarder n'est pas pour donner des décisions, mais seulement pour communiquer les faits locaux de ma connaissance qui pourroient être ignorés, et mettre par là les habiles gens en état de décider plus sûrement.

Au surplus, je ne saurois deviner la raison pour laquelle *plusieurs seigneurs des environs d'Evreux ont le même droit dans une même maison*.

Je dirois bien, je crois, comment il seroit possible qu'une même maison devroit plusieurs droits d'atrier, surtout considéré comme espèce de fouage. Le fouage, suivant l'article de la Coutume de la province cité, est dû *sur chaque feu*. Les commentateurs interprètent *sur chaque famille ou ménage*, et disent : « Si en une maison il y a plusieurs fa- » milles ou ménages, *chacun devra le droit*. » Une même maison peut donc devoir plusieurs droits, parce qu'il y a, ou qu'il y a eu plusieurs ménages et que la maison a anciennement appartenu à diverses familles ?

Mais comment une maison peut-elle le devoir à différents

seigneurs? C'est ce qu'on ne comprend pas trop, à moins qu'il n'y ait quelques circonstances particulières qu'il faudroit expliquer. Ne seroit-ce point que la même maison auroit été bâtie sur différents fiefs, différentes seigneuries, comme cela peut arriver? N'étant pas sans exemple que les différents appartements d'une même maison soient sur diverses seigneuries, même sur différentes paroisses, de différentes juridictions, différents diocèses, différentes généralités, différents parlements, quelquefois de différentes provinces, on pourroit même dire de différents royaumes, dans les endroits limitrophes.

Tout ce que j'ai dit ne doit peut-être passer que pour des conjectures hasardées; mais c'est tout ce que je sais. M. Durand nous en apprendra sans doute davantage.

D'Orbec, en Normandie, au mois de décembre 1760.

EXTRAIT D'UNE LETTRE

Ecrite d'Evreux, sur une Médaille d'or d'Edouard, roi d'Angleterre, trouvée en cette ville (1).

On a trouvé ici, en creusant la terre dans le jardin de l'abbaye de Saint-Taurin, une médaille d'or d'un Edouard, roi d'Angleterre, dont voici la description : D'un côté le roi est représenté dans un navire, revêtu de son manteau royal, tenant d'une main son épée et de l'autre l'écusson des armes d'Angleterre, écartelé de France, etc., avec cette légende : *Eduard, Dei grat. Angl. et Franc. Rex.* Sur le revers, c'est une double croix, semée de fleurs de lis, avec cette autre légende : *Hic autem transiens per medium illorum ibat.* Nos curieux ne doutent point que cette médaille ne soit d'Edouard III, roi d'Angleterre, dont les différends avec Philippe de Valois sont assez marqués dans l'histoire. Quoique ce prince fût vassal de la couronne par les états qu'il possédoit en France, il affectoit fort l'indépendance ; on dit même qu'il venoit quelquefois passer par Paris, avec un cortége superbe, suivi de gens de guerre, comme pour faire parade de ses forces et pour braver pour ainsi dire son souverain. Ces mêmes curieux croient que c'est à cette occasion que la médaille en question a été frappée, et que la légende du revers s'applique particulièrement au passage d'Edouard par Paris, de la manière et dans l'intention qu'on vient de le rappeler. Ils croient que le navire désigne particulièrement Paris, dont le symbole ou les armes sont une galère. Quoi qu'il en soit, je vous envoie toujours cette description. Vous en ferez part à vos amis, et vous pourrez nous dire ce que vous pensez de cette pièce.

Je suis, Monsieur, etc.

L'auteur de cette lettre nous permettra de faire là-dessus quelques remarques. La médaille d'Edouard, trouvée à Saint-Taurin d'Evreux, est une ancienne monnaie des rois d'Angleterre, et celle qu'on appeloit *noble*, parce

(1) Mercure de France, juin 1724.

qu'elle étoit d'or fin. M. de Clèves en a ici une toute semblable dans son cabinet. M. Leblanc a donné le type d'une autre dans son *Histoire des Monnoies de France*, page 298, qui est de Henri V selon toute apparence. Ces monnoies ont la même légende que celle de Saint-Taurin, qui n'est pas exactement rapportée dans la lettre ci-dessus, et aussi un navire au premier côté. Mais de l'autre côté, celle de M. de Clèves a dans le milieu une rose entourée de couronnes et de quelques ornements, au lieu que celle d'Evreux et de M. Leblanc ont une croix de ce côté là. MM. d'Evreux ont mal lu le commencement de la légende *Hjc autem*, etc., car dans les deux *nobles* dont on vient de parler, on lit distinctement *J. H. S. autem*, etc, c'est-à-dire *Jesus autem*, etc., et il ne peut y avoir autrement, puisque cette légende est tirée de l'Evangile de S. Luc, ch. 4, ℣. 30.

On s'est encore mépris sur quelques autres circonstances. On dit, par exemple, qu'Edouard qui est dans le navire, tenant l'épée d'une main et son écusson de l'autre, est revêtu de son manteau royal, ce qui ne fut jamais l'habillement d'un roi prêt à combattre, et aussi Edouard et Henry ont-ils la cuirasse dans les deux monnoies ci-dessus. De plus, en disant que l'écusson des armes d'Angleterre est écartelé de celles de France, c'est donner à entendre que les armes de France n'y sont qu'au second rang, au lieu que les rois d'Angleterre leur ont toujours fait l'honneur de les mettre au premier rang, jusqu'aux dernières révolutions qu'ils ont changé cet ordre. Il falloit donc dire que cet écusson est écartelé des armes de France et d'Angleterre. Enfin, on pourroit bien s'être mal expliqué, en disant que la monnoie de S. Taurin a de l'autre côté *une double croix semée de fleurs de lys*; car une double croix est, ce me semble, celle qui a deux croisillons de travers, comme la croix archiépiscopale, ou la croix de Lorraine, et nous ne croyons pas qu'on trouve une pareille croix sur aucune monnoie d'Angleterre; le *noble* de M. Leblanc a seulement une croix ornée de fleurs de lys à chaque extrémité, avec un fleuron, un léopard et une couronne posés l'une sur l'autre dans chaque angle, et cette croix a dans son centre un *H* première lettre du nom de Henry, dont elle est la monnoie; ainsi, il faudroit voir la pièce d'Evreux, ou un dessin correct pour en parler plus exactement. A son défaut, et pour la satisfaction des curieux, nous donnons celle de M. Leblanc que nous avons fait graver : elle est de Henry V représenté aussi dans son navire avec une légende au premier côté, *Enric, de grat. rex. Angl. et Franc. D N S. Hlb. H.* et sur le revers une croix ornée, comme nous l'avons dit; avec le passage de S. Luc *Jesus autem*, *etc.*, et la lettre *H* au milieu de la croix.

Ce fut Edouard III qui le premier fit battre des *nobles*, lesquels commencèrent à avoir cours en 1334, selon Knighton, qui vivoit à la fin du même siècle; mais il n'est pas pour cela certain que celui qu'on a trouvé à S. Taurin, soit de ce prince, puisqu'il peut être d'Edouard IV, cette monnoie ayant continué sous les rois suivants. Pourtant il est de ce prince, qui en 1345, ravagea en personne toute la Normandie où il est descendu avec une formidable armée; car Edouard IV ni les Anglois ne sont point venus dans cette province durant son règne. C'est plutôt le *noble* du cabinet de M. Clèves qui doit être attribué à ce dernier, parce qu'au lieu de la croix il y a une rose, et que cette fleur étoit le symbole des deux branches de la maison d'Angleterre qui se disputoient la couronne; la branche d'Yorck dont étoit Edouard IV, la portant blanche, et la branche de Lancastre la portant rouge. Furretières, dans son dictionnaire sur le mot *noble à la rose*, dit qu'Edouard III en fit faire de cette façon; mais il le dit gratuitement et sans citer aucun garant. On ne connoissoit point ce symbole du temps de ce prince. La méprise de Furretières a passé dans le dictionnaire de Trévoux.

Il n'est pas au reste aisé de savoir ce qui porta ce monarque, c'est-à-dire Edouard III, à employer sur sa monnoie d'or le verset 30 du chap. 4 de S. Luc pour légende, *Jesus autem transiens per medium illorum ibat.* Peut-être a-t-il voulu marquer que le Sauveur étoit son conducteur dans ses entreprises, lorsqu'il passoit souvent sur mer avec ses flottes, et venoit porter la terreur en France sans recevoir de dommages des François, non plus que Jésus-Christ n'en reçut des Juifs, au travers desquels il passa lorsqu'ils croyoient l'aller précipiter du haut d'une montagne. Le navire dans lequel est Edouard représente fort bien ses flottes, sans le faire symboliser avec la ville de Paris par une conjecture qui paroît forcée, et qui n'est point fondée dans l'histoire. Observons en finissant que le parlement d'Angleterre de 1334, défendit de contraindre personne d'accepter cette nouvelle monnoie, et par les termes de cette défense, le parlement semble avoir cru que la légende dont il s'agit, avoit été mise pour signifier que cette monnoie auroit cours et seroit reçue librement dans toute l'Angleterre, ce qui a assez d'importance. Eodem tempore, dit cet auteur, « nobile et obolus et fer- » thing de aureo cœprunt florere in regno : atque in eodem » parliamento ordinatum est quod nullus de communibus » arestaretur capere de novâ monetâ quod rex ordinaverat » de novo transire per medium. » Ces derniers termes sont remarquables, comme étant relatifs à la légende de la monnoie.

EXTRAIT D'UNE LETTRE

De M. Poislambert, curé du Vieil-Evreux, contenant des remarques sur la position de ce lieu et les antiquités que l'on y trouve (1).

Le plus ancien historien que je sache avoir parlé du Vieil-Evreux, est Dumoulin, curé de Manneval, au diocèse de Rouen; cet auteur prétend, dans son Histoire générale de Normandie, que la ville d'Evreux fut autrefois située où est le Vieil-Evreux. M. l'abbé Le Brasseur, auteur de l'Histoire civile et ecclésiastique du comté d'Evreux (2), réfute cette opinion par l'autorité d'Orderic-Vital. Mais l'autorité de convenance qu'il apporte ensuite n'est pas recevable. « Ces masures, dit il, ces restes de » murailles qu'on y voit (au Vieil-Evreux), n'ont qu'une » étendue très-petite, en comparaison de celle que devoit » avoir cette ville. » Il ne faut que des yeux pour se convaincre, par les vestiges de ces murailles, qu'elles ont au moins une fois plus d'étendue que celle qui renferme ce qu'on appelle *la cité d'Evreux*, à laquelle on a ajouté les faubourgs, dont quelques-uns sont clos de murailles, mais d'une fabrique différente de celle des murs de la cité. Ceux-ci sont, comme les murailles du Vieil-Evreux, construits de cailloux brisés jusqu'à la hauteur de quatre à cinq pieds, après quoi est un lit de grands pavés de terre cuite, sur lequel est un autre lit de cailloux, jusqu'à la hauteur qu'on a voulu leur donner.

Il y a dans l'enceinte de ces murailles, et environ au milieu de la paroisse, du côté de l'est, une espèce de citadelle, dont les vestiges font juger qu'elle étoit extrêmement forte. Entre le sud et l'ouest sont les vestiges de ce château, que M. Le Brasseur dit avoir été bâti par Ri-

(1) Nouvelles Recherches sur la France, II—374. Paris, 1766, in-12.
(2) Il avoit encore écrit une Histoire générale de Normandie; j'ai une partie de la préface, écrite de sa main, avec quelques autres morceaux. Tout l'ouvrage doit être dans la bibliothèque de M. le chancelier Daguesseau. M. Daguesseau, son fils aîné, qui est mort en 1764, conseiller d'état, avoit été élève de M. Le Brasseur, qui lui a dédié son Histoire d'Evreux. Ce savant avoit eu d'abord dessein de donner cette histoire en latin; ce que je puis prouver par un cahier assez ample, écrit de sa main, avec les ratures. (*Note de l'auteur.*)

chard, sur les ruines d'un fort construit par les Romains. On trouve proche de ce château un aqueduc dans lequel je suis entré; il m'a paru, à l'endroit par où je suis descendu, de la hauteur de cinq pieds et large d'environ quatre. On suit aisément les vestiges de cet aqueduc pendant quatre lieues; il recevoit l'eau de la rivière d'Iton, proche Damville, il venoit se décharger, en passant par-dessous ce fort construit par les Romains, dans une espèce de bassin qu'on appelle encore aujourd'hui *vivier*. Ce bassin contient environ un arpent parfaitement carré et fermé par les quatre côtés, de quatre fortes murailles, dont on voit les vestiges à raze de terre. Ce n'est point seulement aux environs de ce fort des Romains qu'on trouve des médailles et autres sortes d'antiquités, c'est dans toute l'enceinte des murailles, qui auroit, à ce qui me semble, plus d'une lieue et demie de tour.

M. de la Roque, savant médailliste, que j'ai vu demeurant à Evreux, et qui a été, pendant quelque temps, auteur du Mercure de France, ramassoit avec soin ce qu'il trouvoit de médailles au Vieil-Evreux, où il alloit de temps en temps. Ce savant, dans une lettre insérée dans le Journal de Trévoux, septembre 1713, dit que « les vestiges
» de camps Romains sont assez fréquents en Normandie ;
» les plus considérables se voient auprès de la ville d'E-
» vreux, où l'on trouve encore tous les jours de fort
» bonnes médailles du haut-empire; un médaillon d'argent
» de Septime Sévère, une médaille de Domitien, et au-
» tres, ont été trouvés en ce lieu-là. » M. l'abbé de Rothelin, de l'académie des inscriptions et belles-lettres, les recherchoit avec empressement; j'en avois plusieurs à lui envoyer, mais sa mort, qui arriva peu de temps après que j'eus l'honneur de le connoitre, fit qu'elles me sont restées. J'en ai trois d'or, un Néron, une Lucille, parfaitement belle, et comme si elles sortoient du coin, ou si elles venoient d'être frappées, et une autre petite sans légende, dont le revers représente un chariot attelé de quatre chevaux, dans lequel est la figure d'un cocher ; j'en ai encore une cinquantaine d'argent, de la grandeur d'une

pièce de douze sols, mais beaucoup plus épaisse; cinquante à soixante de grand bronze, et à peu près autant de Constantin, de Constance, et plusieurs autres que je ne puis présentement désigner; outre cela, j'en ai encore le poids de quatre livres de grandes, qui sont effacées, au point qu'elles sont méconnaissables. Toutes ces médailles ont été trouvées dans le campement des Romains, au Vieil-Evreux, qui est à cinq petites lieues de Vernon, aux environs desquels je n'en connois point d'autres (1).

On a encore trouvé dans le Vieil-Evreux, dans l'enceinte du camp des Romains, une bague de fer dont il ne reste presque plus que le chaton, qui renferme une pierre luisante, de couleur bleuâtre, dont la gravure représente un insecte que l'on ne connoit point; la pierre n'est endommagée en aucune manière, non plus que la figure.

(1) On croit cependant à Vernon qu'il y a eu beaucoup plus près un camp romain; quelques particuliers qui passèrent par cette ville, en 1759, apprirent d'un des professeurs du collége, que César avoit campé vers la partie orientale d'un bois qui domine Vernonnet, espèce de hameau situé au nord de la ville. Peu versés dans la connaissance des monuments de cette espèce, et par conséquent hors d'état de vérifier l'existence de celui-ci, dont les traces sont fort légères, si même il en reste quelques-unes, ils hasardèrent d'en demander des indices à un paysan fort âgé, qu'ils rencontrèrent sur le lieu indiqué, le vieillard répondit qu'*il ne savoit rien*, mais que c'étoit *un ouvrage du premier monde*. Il ajouta, qu'il l'avoit entendu dire à son père. Le professeur, lui-même, n'alléguoit pour preuve qu'une tradition presque aussi confuse. (*Note de l'auteur.*)

LETTRE

A l'auteur du Journal de Verdun, sur une Statue antique trouvée dans les environs d'Evreux (1).

Je pense, Monsieur, faire un grand plaisir à MM. les antiquaires, en leur annonçant, par le moyen de votre journal, une découverte qui mérite toute leur attention. Au mois de décembre dernier, M. Bosguerard de Croisy, maître des comptes à Rouen, faisant faire des fossés dans la plaine de Gravigny, à une petite demi-lieue d'Evreux, trouva une figure (2) représentant une femme nue, assise sur un piédestal, le pied droit appuyé sur le piédestal, la jambe gauche appuyée sur le genou droit et soutenue par la main gauche, la main droite posée de façon à faire croire qu'elle tire une épine de son pied. Cette statue, dans sa totalité, à cause du penchement du corps, m'a paru porter six pouces de hauteur : elle est très-bien dessinée, et la douleur est peinte sur son visage. Elle avoit, dans l'endroit où elle a été trouvée, le dos tourné au soleil d'été levant et la face au soleil couchant.

Il y avoit au-dessus de sa tête, une espèce de petit casque oblong de bronze, ressemblant assez à la moitié d'un bonnet piqué. Au-dessus de ce casque étoit un groupe d'environ quatre à cinq pouces de diamètre, sur lequel sont trois amours couchés comme en équerre, dont le plus petit est appuyé sur la massue d'Hercule. Ces trois enfants sont enveloppés dans la peau d'un lion dont la tête, la crinière, les quatre pieds et la queue sont très-bien marqués. La composition de ce groupe est une espèce de pâte d'encens dont le vernis extérieur est grisâtre, et le dedans est de couleur de corail très-brillant.

Au pied de la statue étoit une figue polygone, d'un crystal de roche, de la grosseur d'une pomme d'api, taillée à vingt facettes égales. Au côté droit une lampe sépulcrale en bronze, à deux mèches, portant six à sept pouces de

(1) Journal de Verdun, 1761, t. 1.
(2) Cette statue est d'une terre extrêmement fine et compacte, de couleur de chair, ayant le poli du marbre : il y au bras gauche un bracelet. (*Note de l'auteur.*)

long ; áu côté gauche, une autre lampe sépulcrale aussi de bronze, à une mèche de quatre à trois pouces, différente de la première, et dont la branche forme un croissant. Proche cette lampe s'est trouvé un crochet de bronze, garni d'un petit anneau, ressemblant à un hameçon, d'environ trois pouces. Selon toute apparence, ce crochet servoit à soutenir la lampe sépulcrale. Il y avoit aussi une espèce de cassolette, s'ouvrant par le moyen d'un petit ressort, et portant environ trois pouces de long, et au défaut de ce ressort une espèce de petite cuiller, le tout d'airain, ainsi que quelques anneaux et clous romains.

Que peut être cette figure de femme qui paroit beaucoup souffrir en se tirant une épine du pied? Est-ce Omphale? est-ce Déjanire? sont-ce quelques autres femmes ou maîtresses d'Hercule? Le petit amour appuyé sur sa massue, la peau du lion me le feroient assez présumer. Mais pourquoi ces lampes sépulcrales? pourquoi ce croissant à l'une? C'est à MM. les antiquaires à décider sur cette curiosité qui me paroît des plus anciennes. Le digne magistrat qui possède ce trésor antique se fait un vrai plaisir de le montrer aux curieux. La politesse avec laquelle il vous reçoit, ses manières gracieuses et engageantes font qu'on sort de chez lui doublement satisfait.

J'ai l'honneur, etc.

DURAND,
Professeur au collége royal d'Evreux.

A Evreux, ce 12 mars 1761.

OBSERVATIONS

Sur Jean de la Tour, qui livra, du temps de la Ligue, la ville de Louviers à Henri IV, adressées à l'auteur du Journal de Verdun par M. Durand, professeur d'humanités au collége royal d'Evreux (1).

Je ne sais, Monsieur, pourquoi on s'est accoutumé à regarder comme un traître le prêtre Jean de la Tour, parce qu'il a, pendant la Ligue, facilité à Henri IV les moyens de se rendre maître de la ville de Louviers. Cette idée, outre qu'elle est injurieuse à la mémoire d'un homme qui ne mérite que des éloges, me paroît indigne de tout bon François; par conséquent je pense qu'il est de l'équité de travailler à la détruire. Quelques courtes réflexions sur cet événement suffiront, si je ne me trompe, pour opérer cet effet et pour faire revenir les esprits prévenus sur le compte de ce bon citoyen : mais qu'on me permette de prendre les choses d'un peu haut.

L'histoire rapporte qu'en 1518 l'hérésie de Luther s'étant élevée à l'occasion des indulgences accordées par le pape Léon X, elle commença à se répandre en France en 1520. Cette contagion, qui avoit pris naissance en Allemagne, gagna assez promptement la France, où elle jeta de profondes racines, surtout quand elle fut fortifiée de l'hérésie de Calvin, qui parut en 1555.

La ville de Louviers cependant conserva la pureté de la foi dans le temps que la plupart des villes de France étoient empoisonnées de l'hérésie de Calvin ; et cela par les soins et la vigilance des évêques d'Evreux, qui n'épargnèrent rien pour la chasser de leur diocèse, ou pour empêcher qu'elle y entrât.

Claude de Saintes, évêque d'Evreux (c'est toujours l'histoire qui parle), poussa les choses si loin contre ceux de la religion prétendue réformée, qu'il s'incorpora dans la Ligue qui disputoit à Henri de Bourbon, roi de Navarre, la couronne de France qui lui appartenoit de droit par la mort de Henri III.

Quelques personnes, sous le faux prétexte que Henri III

(1) Journal de Verdun, 1760, t. 2.

favorisoit ou toléroit la religion protestante, s'étoient mis en tête qu'il leur étoit permis d'attenter à la vie de leur roi, pour maintenir leur doctrine. Jacques Clément, excité par ces furies infernales, se prêta à un si horrible attentat, et ce monstre ôta la vie à son roi, d'un coup de poignard, en 1589.

Après ce meurtre excécrable, le roi de Navarre, héritier légitime de la couronne de France, monta sur le trône et commença à régner sous le nom de Henri IV. Les ligueurs refusèrent de le reconnoître pour leur roi, sous prétexte qu'il professoit la religion protestante. Henri IV se mit aussitôt à la tête de ses troupes, pour forcer ces rebelles de rentrer dans le devoir. Evreux fut assiégé par le maréchal de Biron et contraint de se rendre.

Suivant les registres de l'hôtel-de-ville de Louviers, Henri IV ayant dessein de se rendre maître de Rouen, vint assiéger, le 11 juin 1591, Louviers qui s'opposoit à son passage. La ville fut prise sans avoir fait beaucoup de résistance, parce qu'elle fut livrée par un prêtre, clerc de Notre-Dame, nommé *Jean de la Tour*. Voici comme la chose arriva :

Ce prêtre fut envoyé par ceux de la ville, au haut de la pyramide qui étoit fort élevée, avec ordre de tourner le drapeau du côté qu'il verroit arriver les ennemis, et du côté qu'il verroit l'attaque la plus forte. Le roi pressa vivement Louviers du côté de la porte de Neubourg, et le prêtre tourna le drapeau du côté de celle de Rouen ; et ainsi le roi entra dans la ville sans y trouver grande résistance.

M. Le Brasseur, auteur de l'histoire d'Evreux, trompé apparemment par de faux mémoires, rapporte cette prise d'une autre manière. Au mois de juin, dit-il, le roi ayant dessein d'attaquer la ville de Rouen, alla assiéger Louviers qui s'opposoit à son passage ; il le prit sans qu'il lui coûtât un seul soldat. Cela arriva le 5 de ce mois, par le moyen d'un prêtre nommé *Jean de la Tour*, qui, s'étant rendu au guet à l'heure de midi, et ayant pris la clef d'une porte et empêché par là que la barrière de cette porte ne fût fermée, il livra le passage et la ville à Henri IV. Une prébende en l'église cathédrale d'Evreux fut la récompense de ce traître, dont le roi lui-même détesta la perfidie. Le chapitre, qui ne pouvoit souffrir la présence de ce malheureux, le dispensa de la résidence, et le tint présent à tout. Mais comme cela n'empêchoit point qu'il ne vint tous les ans à l'office de la Semaine-Sainte et de Pâques, les chanoines firent ensemble un complot de s'absenter vers la fin du psaume qui précède le cantique *Benedictus* (à laudes), afin que le choriste lui portât l'antienne *Traditor autem*, qu'on chante à ce cantique. La chose arriva comme ils l'avoient projeté. Le traître fut surpris et forcé de chanter. Il en porta sa plainte, mais elle tourna à sa honte et à sa confusion.

De quelque façon que la ville ait été livrée, il est toujours certain qu'elle le fût par le moyen de ce prêtre. Mais qu'il me soit permis de faire ici une réflexion au sujet de Jean de la Tour, que l'on considéra comme un traître. Bien loin de le regarder comme tel, je soutiens au contraire que c'étoit un des plus fidèles sujets de Henri IV, et le plus affectionné des habitants de Louviers, à l'égard de ses concitoyens. Car, qu'a-t-il fait? sinon son devoir envers son légitime roi, et empêché que ceux de Louviers ne tombassent dans les derniers malheurs par leur rébellion. Il n'est pas douteux que ce prêtre savoit aussi bien que tout le royaume que la couronne appartenoit légitimement à Henri, roi de Navarre; puisque les plus ardents ligueurs n'en disconvenoient pas, et que leur prétexte n'étoit que la religion. Mais il savoit de plus, selon toute apparence que ce n'étoit qu'un prétexte frivole dont on se servoit pour disputer la couronne à Henri IV, et qu'on n'étoit pas moins obligé de le reconnoître pour souverain, et de lui obéir de quelque religion qu'il fût. Je prétends donc que Jean de la Tour, bien loin d'être traître, a été fidèle à son roi en lui remettant une ville qui lui appartenoit de droit, et qu'il a rendu un service signalé à ses concitoyens, en les mettant à l'abri de la colère d'un souverain justement irrité contre des sujets rebelles.

S'il est vrai que ce prince ait dit à Jean de la Tour, lorsqu'il se plaignoit de l'affront qu'il avoit reçu des chanoines d'Evreux : *J'aime la trahison, mais je hais les traîtres;* c'est que naturellement facétieux, il ne perdoit aucune occasion de dire un bon mot. S'il eût parlé sérieusement, il faudroit nécessairement conclure qu'il auroit regardé comme traître tous ceux qui avoient pris son parti : ce qu'aucun homme de bon sens ne peut penser. M. Le Blanc du Roulet, marquis de la Croisette, fut le premier qui lui remit les clefs du Pont-de-l'Arche, dont le duc de Mayenne lui avoit confié le gouvernement. Pour le récompenser de sa fidélité, Henri IV lui donna celui de Louviers, ce qu'il n'auroit assurément pas fait, s'il l'eût regardé comme un traître.

HISTOIRE DE LA VILLE DE VERNEUIL [1].

La ville de Verneuil a donné son nom au doyenné rural du canton, dont elle est le chef-lieu. Elle a pris le sien d'*Unelli*, qui, dans les Commentaires de César, *lib.* 3. de *Bell. Gall.*, signifie Percherons, ou le pays du Perche, dans lequel elle est située, et qui lui a donné le nom de Verneuil-au-Perche, non-seulement pour la distinguer des autres villes de ce nom qui sont en France, mais encore pour marquer qu'elle est située dans le véritable pays du Perche. Le mot *Vernolium* ayant été formé de *Veri Unelli*.

Cette ville est la plus moderne du diocèse d'Evreux, et la seule dont nous ayons une connaissance certaine de l'origine.

Elle fut bâtie en 1120, par Henry Ier, roi d'Angleterre et duc de Normandie, sur les marches et confins de cette province, et dans les enclaves des paroisses de Pullay et de St-Martin, dont la dîme appartenoit déjà aux abbayes de St-Lomer de Blois et de Jumièges.

La Chronique de Normandie et Valsingan établissent positivement le fait de cette construction par Henry Ier, qui n'avoit alors pour objet que la défense et la sûreté de la province, contre les incursions des François, qui étoient plus à craindre de ce côté-là que d'aucun autre.

Il n'épargna rien pour en faire une grande ville, et il mit tout en usage pour la fortifier. Il détourna un bras de la rivière d'Iton, qu'il fit couler plus de deux lieues par le milieu d'une campagne où jamais ruisseau n'avoit passé, et il le fit conduire jusqu'au lieu le plus élevé de la ville, pour de là le répandre dans les fossés qui étoient au-dehors et au-dedans : et en outre, par des canaux faits exprès, et avec une dépense extraordinaire, le faire servir à la défense commune, aux nécessités publiques, et au besoin même des particuliers.

Roger Hoveden dit qu'il y avoit à Verneuil trois bourgs et un château renfermés dans l'enceinte de ses murailles, et que chaque bourg avoit les siennes particulières, et ses fossés plein d'eau, qui les séparent l'un d'avec l'autre, *erant*

[1] Extrait du Calendrier historique de 1750.

infra Vernolium *tres burgi prœtio castellum, et unusquisque illorum erat separatus ab altero forti muro et fossâ aquâ plenâ, et unus illorum dicebatur magnus burgus,* etc., ce qui veut dire, que dans les commencements de son origine, Verneuil étoit composé de trois villes et d'un château, séparés les uns des autres par des fossés et de fortes murailles ; le mot *burgus* ne signifiant, en ce temps-là, qu'une ville murée, autre, toutefois, qu'une ville épiscopale, qui étoit la seule à laquelle on attribuoit le nom d'*urbs*, ou *civitas ;* tandis qu'on ne qualifioit les autres, quelques considérables qu'elles fussent d'ailleurs, que de *burgus, oppidum, castellum.*

Cette grande ville étoit dans sa perfection, en 1131.

En effet, ce fut en ce temps-là que les abbés et religieux de Jumièges et de St-Lomer, qui jouissoient des grosses dîmes du territoire sur lequel la ville et le château de Verneuil avoient été nouvellement bâtis, mirent en action, et firent convenir par-devant Henry Ier, en son château de Vaudreuil, Audouin, évêque d'Evreux, à qui ce prince avoit, peu de temps avant, donné en domaine et en propriété toutes les églises de Verneuil, pour lui et pour ses successeurs, évêques d'Evreux, afin de contraindre et faire condamner ce prélat à les dédommager de la perte qu'ils souffroient par l'emplacement de cette nouvelle ville, et afin d'être maintenus au droit de possession et de propriété des églises paroissiales de ladite ville, et de la dîme des troupeaux qui y pourroient héberger.

Le jugement qui intervint sur cette contestation porte, qu'au moyen de la somme de 25 s. Dunois, que les évêques d'Evreux seroient tenus et assujettis de donner tous les ans, à chacune de ces deux abbayes, toutes les églises de Verneuil, avec les menus dîmes de laine, agneaux, cochons de lait, et celle de toutes autres espèces d'animaux, qui se feroit dans la ville, demeureroient à l'évêque d'Evreux et à ses successeurs, et que lesdits religieux auroient la dîme des grains croissants hors l'enceinte des murailles, ainsi qu'ils l'avoient eue jusqu'alors sur le même territoire, avant qu'on y eut bâti une ville et un château.

Henry donna encore à Audouin, et à ses successeurs, évêques d'Evreux, à pure propriété, *ad habendum in dominio suo*, la dîme de tous les domaines et revenus, cens et rentes des maisons, celle de four à ban, des moulins, du péage et de la coutume de ladite ville, de quelque nature que fussent ces droits, et en quel lieu qu'ils pussent être levés.

Les évêques d'Evreux ont joui de tous ces droits depuis 1131 jusqu'en 1675, qu'ils en furent exclus et privés, faute, par M. de Maupas, qui pour lors étoit évêque d'Evreux, d'en avoir représenté les titres de concession et de propriété, ainsi qu'il y étoit tenu et assujetti par un édit ou déclaration du roi, concernant l'aliénation des domaines de la couronne.

Verneuil devint en peu de temps si peuplé, qu'Orderic-Vital, auteur contemporain, moine de l'abbaye de Saint-Evroult, distante de cette ville de 8 à 9 lieues, assure qu'en 1141, il se trouva treize mille personnes dans une assemblée générale des bourgeois de Verneuil. *In quorum conventu tres decim millia hominum capita computabantur.*

Une ville de cette importance ne manqua pas d'exciter l'envie des princes voisins.

Louis VII, roi de France, l'assiégea en 1173, et il mit tout en usage pour s'en rendre le maître, n'ayant voulu exempter personne de la contribution qu'il leva pour subvenir aux frais de ce siége. Cependant il fut obligé de le lever, et son armée fut mise en déroute par le roi d'Angleterre, qui étoit venu au secours de la ville.

Philippe-Auguste, son fils, y mit le siége deux fois de suite, mais il ne fut pas plus heureux que son père, au premier; et après avoir été plus d'un mois devant cette place, au second, il eut bien de la peine à prendre une petite partie de cette ville, du côté même qu'il avoit placé ses machines de guerre.

Vix posuit expugnare particulam ejusdem villæ.

Ex illa parte ubi suæ machinæ belli erant positæ, etc.

C'est Roger Hoveden qui marque ce fait, et qui en rapporte les circonstances.

En 1202, cette ville se soumit à Philippe-Auguste, avec les principales villes de Normandie, ayant pour cet effet quitté le parti de Jean-sans-Terre, sur lequel Philippe-Auguste avoit confisqué cette province, et toutes les autres qu'il tenoit en France.

Depuis ce temps-là Verneuil est devenu ville royale, et a fait partie du domaine de la couronne, sous la dépendance du duché d'Alençon.

Philippe-Auguste établit, en 1204, une justice royale et une mairie, ou communauté des bourgeois, qui subsiste encore aujourd'hui : et dans le 13e et 14e siècle, Verneuil étoit un des plus considérables siéges royaux de Normandie, dont le ressort s'étendoit beaucoup plus loin qu'il ne fait aujourd'hui. Ce même prince, pour attacher plus fortement à son service les bourgeois de Verneuil, supprima tous les fiefs et les seigneuries qui se trouvoient sur le territoire de Normandie, dans la distance d'une lieue ou environ de Verneuil, pour en donner la justice, cour et juridiction à la mairie de cette ville, sous le ressort et dépendance de ses juges; c'est ce qu'on a depuis appelé la livrée de Verneuil, *liberata* ou *livrea Vernolii*, pour signifier terre libre et affranchie, terre franche, ou terre en franc-alleu et en franche bourgeoisie. Et afin de mettre le comble aux marques de distinction dont il ennoblissoit cette ville, dans le temps même qu'il dégradoit, pour ainsi dire, de noblesse celles de Rouen et d'Evreux, auxquelles il ôta le droit de mairie : il donna aux bourgeois de Verneuil le droit de pêche et de chasse dans toute l'étendue de la livrée, et il les assujettit seulement à payer tous les ans à la recette du domaine de Verneuil la somme de 80 liv., dont l'évêque d'Evreux avoit la dîme.

Les évêques d'Evreux voulurent aussi donner à cette ville des marques de leur attachement, en les exemptant de comparoître à Evreux, sinon en trois cas :

Le premier, lorsqu'il s'agissoit de mariage, soit qu'il fut question d'accomplissement de promesse, ou de séparation de conjoint ;

Le deuxième, quand il s'agissoit de l'épreuve par le fer chaud.

Le troisième, lorsqu'il étoit question de sacrilége.

Hors ces trois cas, ils honoroient cette ville de leur présence, ou y envoyoient quelqu'un pour juger les contestations d'entre les habitants en matière ecclésiastique.

Cette ville jouissoit encore d'un autre privilége ecclésiastique ; le voici : Quand les habitants mouroient avant l'âge de 16 ans accomplis, sans avoir disposé de leurs meubles par testament, ils ne devoient point être réputés intestats ; au lieu que dans le reste du diocèse, on était sensé mourir intestat, dès qu'on avoit atteint ses années de puberté, et qu'on mouroit sans avoir disposé de ses meubles par testament, ce qui n'étoit pas un petit avantage pour ceux de Verneuil, parce qu'en ce cas les successions mobilières des défunts étoient dévolues à leurs parents, au lieu que partout ailleurs elles appartenoient à l'évêque et à l'église cathédrale d'Evreux.

Verneuil fut successivement pris et repris par les Anglois et les François au XIVe siècle, et dans le suivant les Anglois la reprirent en 1420 ; les François en 1421, puis les Anglois s'en emparèrent au mois d'octobre 1422, au temps de la fameuse bataille de Verneuil qu'ils gagnèrent sur les François ; et ces derniers reprirent enfin cette ville vers le milieu du XVe siècle, qui fut le temps qu'ils chassèrent les Anglois de cette province.

DE LA TOUR GRISE.

La Tour-Grise, dont les historiens ont tant parlé, a toujours été la principale forteresse de Verneuil ; elle est ronde et d'une structure gothique, fort élevée d'ailleurs, et terminée tout autour par un rang de créneaux.

Sa construction est de pierre noire et graveleuse qui se trouve dans le pays, et qui est à l'épreuve du canon : elle est du côté de l'orient, à une des extrémités de la ville, dont elle n'est séparée que par un fossé de 12 à 15 pieds de large, profond et plein d'eau, dont elle est environnée de tous côtés.

Cette tour, qui est la même qui fut bâtie par Henri Ier, est la glèbe et le chef-lieu d'où relèvent beaucoup de fiefs sis en France, de l'autre côté de la rivière d'Avre, dont les seigneurs étoient autrefois tenus à certain nombre de jours de garde et de service pour sa défense, avec droit de justice royale sur ces fiefs et seigneuries, et sur quantité de paroisses sises en France qui sont de son ressort, dont les appels se relèvent au parlement de Paris pour les cas royaux et ordinaires, et au présidial de Chartres pour les cas de délit.

Le tribunal de cette justice se tient sur une petite langue de terre aux environs de cette Tour, dans l'enceinte des murailles de la ville, sur un fond purement normand, et sur un territoire emprunté, suivant la permission et la faculté que Charles IX en a accordé pour la commodité des justiciables.

Mais en fait des contrats et d'actes volontaires qui se passent sous le sceau de la Tour-Grise, les notaires et les parties contractantes sont tenus de se transporter hors la ville, et sur le territoire françois, appelé *la Bonde-de-l'Etang*, entre Verneuil et Saint-Martin.

DE LA-TOUR BLANCHE, OU DU CHATEAU.

Proche de la Tour-Grise est le couvent des Cordeliers. Il y a un autre endroit qu'on appelle la Tour-Blanche; mais cette dénomination ne convient aucunement au bâtiment en question : ce sont les restes du château de Verneuil, où demeuroient autrefois les gouverneurs de cette ville, qui fut démoli en 1632, par ordre de Louis XIII, et dont il ne reste plus aujourd'hui que huit belles chambres souterraines, voûtées et pavées de pierre de taille qui rendent les unes dans les autres, avec quatre escaliers pour y descendre. Elles forment entr'elles deux étages, dont le plus bas répond au niveau de la rivière, et chacun de ces étages contient quatre chambres qui sont construites les unes sur les autres, et qui font regretter le magnifique bâtiment dont elles faisoient partie.

PAROISSES DE VERNEUIL.

Verneuil contenoit autrefois sept grandes Paroisses dont

la moindre renfermoit plus de monde que les six qui restent aujourd'hui.

Il y en a qui attribuent la cause d'un changement si extraordinaire aux malheurs des guerres auxquels cette ville à été exposée; d'autres, à la dureté des gouverneurs, et d'autres enfin, à l'infection des étangs et des eaux croupissantes et malsaines dont elle était environnée au dehors et au dedans.

Aujourd'hui il n'y a plus que six paroisses, celle de Saint-Nicolas ayant été réunie en 1628 à l'abbaye de Verneuil.

Ces paroisses sont :

La Madeleine. Saint-Pierre.
Notre-Dame.   Saint-Jean.
Saint-Jacques. Saint-Laurent.

Il y a aussi une abbaye, plusieurs chapelles, un couvent de cordeliers et un hôpital, etc.

La tour de la Madeleine où sont les cloches, est un chef-d'œuvre d'architecture, et il n'y en a point dans le diocèse d'Evreux, et peut-être même dans la province, qui soit plus belle.

Elle est très-élevée, et paroît plus grosse par le haut que par le bas; et ce qui surprend le plus, c'est que rien n'est si délicat que les arcades sur lesquelles cette prodigieuse tour est portée : elle est beaucoup chargée de figures et d'ornements d'architecture; cependant les proportions et les règles de l'art y sont si bien gardées, qu'il ne s'y rencontre aucune confusion, et qu'on ne sauroit se lasser de l'admirer.

Il y a néanmoins une chose à laquelle on n'a pas fait assez attention, c'est qu'aux niches qui sont aux différents étages de cette tour, on y a placé des images de saints, dont les figures grossières ne répondent point à la beauté de l'ouvrage.

Cette belle tour fut bâtie vers le milieu du XVe siècle, par Artus Filon, chanoine d'Evreux, qui fut depuis évêque de Senlis. Il était fils de Jean Filon, natif de Verneuil, qui fut lieutenant-général du bailli d'Evreux sous Louis XI.

Il est représenté en relief à genoux et en habit de chanoine, au côté de cette tour qui regarde l'orient; et c'est à cette image qu'on connoît qu'il l'a fit construire avant le temps de son épiscopat.

L'église de la Madeleine est assez grande, et le chœur assez beau, mais la nef est mal bâtie, et sans les embellissements qu'on y a fait depuis peu, elle n'auroit rien que de très-commun.

Pour ce qui est de la sonnerie, il n'y en a guère dans le diocèse qui en approche, depuis que les cloches ont été fondues en 1743. Elles furent bénites par monseigneur de Rochechouart.

L'ABBAYE DE SAINT-NICOLAS.

Mlle de Laigle, abbesse.

Cette abbaye fut fondée le 25 avril 1627, pour des religieuses de l'ordre de Saint-Benoît, par dame Charlotte de Hautemer, comtesse de Grancey, veuve de Pierre Rouxel de Médavy, gouverneur de la ville et château de Verneuil, et en 1626, François de Péricard, évêque d'Evreux, supprima le titre collatif de la cure de Saint-Nicolas de Verneuil qui étoit tout proche de ce nouveau monastère, et donna l'usage et la propriété de l'église paroissiale aux abbesse et religieuses de cette abbaye.

Quant aux paroissiens, fondations, biens et revenus de la fabrique de cette église, ce prélat transféra, unit et incorpora le tout à l'église, paroisse et fabrique de Notre-Dame de Verneuil, dont Saint-Nicolas fut dès-lors réputé pour le second patron, et à ce moyen, ladite fabrique fut tenue et assujettie à faire acquitter à ses frais les fondations, et à faire dire tous les premiers mercredis de chaque mois une basse messe en l'honneur de Saint-Nicolas dans ladite église de Notre-Dame.

Le monastère est assez bien bâti, et en bel air : il a vue sur la campagne et sur une partie de la ville du côté de l'orient.

La fondatrice avoit affecté à la donation de ce monastère une rente hypothèque et annuelle de 1,500 liv.; mais elle fut éteinte et franchie en billets de banque par le comte de Médavy, le 31 mars 1720, qui paya, tant en principal qu'en arréages, la somme de 32,632 liv. qui servit à acheter, en la même année, 27 acres de terres labourables, sises en la paroisse de Saint-Martin du Vieux-Verneuil au diocèse de Chartres.

Cette abbaye ne valoit autrefois tout au plus que 1,800 liv. de revenu. Mais depuis que monseigneur de Rochechouart, toujours attentif aux besoins de son diocèse, y a réuni celle de Pacy, et les prieurés du Pont-de-l'Arche et de l'Aigle, dont les revenus étoient fort modiques et peu suffisants pour faire subsister ces communautés, les dames religieuses de Saint-Nicolas de Verneuil, ainsi que celles des susdites communautés, se trouvent aujourd'hui dans une situation plus aisée et plus commode, dont elles sont uniquement redevables aux soins d'un prélat, plus recommandable encore par ses qualités personnelles, qu'illustre par sa naissance et par sa dignité.

LES CORDELIERS.

Ce couvent fut fondé par Louis Hutin, roy de France, en 1315. Le lieu n'a rien d'agréable : il a été réparé depuis quelques années, et les changements qu'on y a faits en rendent le séjour un peu moins triste.

L'église est assez grande, mais elle n'offre à la vue rien de satisfaisant ni de beau ; et si l'on en excepte le sépulcre de Notre-Seigneur qui est placé dans la muraille de la nef, à main droite en entrant, et dont toutes les figures sont en relief, et de grandeur naturelle, on n'y trouve rien qui frappe, ni qui mérite l'attention des curieux.

Le célèbre Nicolas de Lyre, cordelier, originaire du bourg de Lyre, au diocèse d'Evreux, qui vivoit au commencement du XIVe siècle, étoit religieux profès de ce couvent. Il est enterré au milieu du chapitre des cordeliers de Paris, où l'on voit son tombeau élevé d'un pied ou environ avec une épitaphe. Le couvent de Verneuil conserve le calice dont il se servoit.

Depuis la première publication de cette notice, deux écrivains se sont occupés de l'histoire de Verneuil. M. Guilmeth, le premier, publia un résumé chronologique des faits principaux qui s'y rattachent. Plus tard, en 1835, le vénérable M. Vaugeois donna dans la *Revue des cinq départements de la Normandie* ses recherches sur la même histoire. Dans cet écrit, où se trouvent consignés les faits principaux qui se passèrent dans cette ville, est aussi tracée d'une manière remarquable sa topographie à différentes époques. Mais on doit regretter qu'aucun des deux historiens n'ait cru devoir s'occuper de l'origine et des développements d'une organisation communale, qui, créée pour la ville au moment même de sa fondation, devint plus tard aux mains des habitants assiégés un si précieux gage de fidélité pour les ducs et les rois, privés de communication avec cette forteresse. Les principales chartes cependant sont imprimées depuis longtemps, et de nombreux et précieux matériaux sont classés dans les archives de la ville, où, en les compulsant pour la grande *Histoire du Tiers-État*, nous avons regretté que personne ne songeât à les étudier.

Heureux si en signalant ici ce travail comme l'un des plus intéressants pour l'histoire de notre ancienne province, nous pouvions faire naître à quelqu'un le désir de s'y livrer !

HISTOIRE DE L'ABBAYE D'IVRY (1).

L'abbaye d'Ivry est située sur la rivière d'Eure, aux confins de ce diocèse, dans une vallée appelée anciennement le Pré, proche d'Ivry-la-Chaussée, lieu assez célèbre dans l'histoire par la grande victoire que Henri IV remporta sur les ducs de Mayenne et de Nemours le mercredi 14 du mois de mars, l'an 1590, entre les villages de Boussey et d'Epieds, à une lieue d'Ivry, sur le chemin d'Evreux, entre Saint-André et Pacy, ainsi qu'on a eu soin de le marquer le jour même de la bataille, dans un registre (2) de la paroisse de Saint-Martin d'Ivry.

Ce monastère fut fondé par le comte Roger d'Ivry, échanson de Guillaume-le-Conquérant, duc de Normandie, cinq ans après que ce prince eut conquis l'Angleterre, selon la chartre de fondation, qui porte ces mots :

In anno quinto postquam Willemus comes Normanorum in prœlio superavit Anglos : Ego Rogerius Pincerna, etc.

Ce qui revient à l'an 1071 ou environ. Ainsi, suivant la date de cette chartre, je me suis trompé, avec M. Lebrasseur, en mettant dans le calendrier de 1749 la fondation de l'abbaye d'Ivry en 1085, puisqu'il est certain que dès 1067 Guillaume avoit conquis l'Angleterre.

Le dessein du fondateur fut d'établir quinze religieux qui observeroient la règle de saint Benoît, comme l'on

---

(1) Extrait du Calendrier historique de 1753.
En tête de cet article on trouve la note suivante :
« La reconnaissance m'engage à déclarer au public que je suis redevable à dom Blondeau, prieur de l'abbaye d'Ivry, de plusieurs recherches curieuses touchant cette abbaye, dont il a bien voulu me faire part d'une manière aussi obligeante que gracieuse. J'attends la même grâce des autres personnes auxquelles j'aurai recours, et j'espère qu'elles ne me refuseront pas les éclaircissements qui me seront nécessaires. »

(2) Extrait des registres des baptêmes de la paroisse de St-Martin d'Ivry en 1590 : « Le mercredi 14 du mois de mars de l'an 1590, a été baptisée Barbe, fille de Jean Legrand, etc. » Et à la marge est écrit : « Ledit jour et an la bataille a été faite par le roi Henry IV contre les princes Mrs de Mayenne et de Nemours ; le champ du combat entre les villages de Boucé et d'Espiers, et la victoire demeurée audit roi Henry de Bourbon quatriesme. »

faisoit à Coulombs, selon l'ordre de Marmoutiers et les coutumes de Cluny, ce que le roi-duc confirma dans le même temps.

L'église est dédiée à la mère de Dieu et à l'apôtre saint Pierre. Les papes ont accordé plusieurs priviléges à cette abbaye, particulièrement Innocent IV, dans une bulle donnée à Latran en 1244. Ce souverain pontife prend sous la protection de saint Pierre et du saint-siége l'abbaye d'I-vry, confirme par détail tous les biens qu'elle possédoit, et particulièrement ceux qui étoient situés sur le diocèse de Chartres.

Le pape Nicolas III confirma la première année de son pontificat tous les priviléges, les exemptions et libertés donnés par ses prédécesseurs à cette abbaye.

Luc et Mathieu, évêques d'Evreux, confirmèrent aussi les biens qu'elle possédoit dans leur diocèse, ainsi que les rois d'Angleterre Henri II et Henri VI. Ce dernier donna des lettres-royaux pour la confirmation des biens que ses prédécesseurs avoient donnés à l'abbaye d'Ivry.

Ce monastère a été ruiné plusieurs fois. Un pape Innocent (et selon toute apparence ce fut encore Innocent IV) accorda vingt jours d'indulgence à ceux qui aideroient de leurs facultés à la réédification du monastère, qu'on rebâtissoit, selon les termes de la bulle, d'une manière somptueuse et magnifique, *Monasterium ipsum nimia vetustate comsumptum reparare inceperint opere plurimum sumptuoso.*

En effet, le reste du portail de l'ancienne église, qui subsiste encore, est un morceau d'architecture et de sculpture qui fait assez voir qu'elle a été autrefois toute autre qu'elle est aujourd'hui. Ce portail, qui sert présentement d'entrée au monastère, représente sur son cintre la Sainte-Trinité, avec les symboles des quatre évangélistes; aux côtés sont placées cinq grandes figures. Celles qui sont à gauche en entrant représentent le duc Guillaume, roi d'Angleterre, et ses deux fils Robert et Guillaume, et de l'autre côté Roger d'Ivry et sa femme.

L'an 1669, au mois de septembre, les religieux de la

congrégation de Saint-Maur entrèrent et mirent la réforme dans l'abbaye d'Ivry, après avoir passé concordat avec les anciens religieux en 1667, et autre concordat en 1669 avec Philippe de Vendôme, abbé d'Ivry.

Dans le temps de l'introduction de la réforme le monastère étoit dans un si pitoyable état qu'il menaçoit ruine de tous côtés ; en sorte que lesdits religieux réformés furent obligés de le rebâtir entièrement. On commença d'abord par mettre l'église dans un état plus décent ; ensuite on y bâtit un dortoir, et un autre corps de logis pour servir d'hôtellerie et d'infirmerie, tel qu'on le voit à présent.

En 1226, les abbé et religieux de la Croix-Saint-Leufroy firent une union et société de prières avec ceux d'Ivry, qui firent la même chose en 1233 avec l'abbé et couvent de Saint-Magloire de Paris.

L'abbaye d'Ivry a eu trente-cinq abbés réguliers et huit commandataires. Les deux premiers abbés réguliers ont été Pierre, religieux de Coulombs, et Radulphe Durand, religieux du Bec. Guido de Hellenvilliers a été le dernier abbé régulier. Je ne parlerai que des abbés commandataires de cette abbaye, et c'est ce que je ferai aussi à l'égard des autres abbayes du diocèse.

JEAN DE LUXEMBOURG, 1er ABBÉ COMMANDATAIRE.

Jean de Luxembourg fut le premier abbé commandataire. Il étoit fils de Charles de Luxembourg, comte de Roussy, duc d'Aumale et baron d'Ivry, à cause de Charlotte d'Etouteville son épouse, à laquelle appartenoit la baronnie d'Ivry. Il n'avoit que dix ans lorsqu'il fut élu abbé par les religieux, et cependant il étoit déjà protonotaire du saint-siége.

Le pape Clément VII confirma son élection sous deux conditions : la première, que si la mense abbatiale étoit séparée de la communauté, la troisième partie du revenu du monastère seroit appliquée à la réédification des lieux réguliers, au soulagement des pauvres, etc.

La seconde, que le prieur claustral de l'abbaye en auroit l'administration jusqu'à ce que le jeune abbé eût atteint l'âge de dix-huit ans.

Cette seconde clause fut assez bien observée : car dans toutes les affaires qu'eut Jean de Luxembourg par la suite, au sujet de son abbaye, même contre le baron d'Ivry, on ne voit que le nom de Jacques de Garencières, qui étoit alors prieur, et qui prenoit la qualité de député du saint-siége et de l'abbé d'Ivry.

Ce prieur commença son administration par vendre la crosse de l'abbaye pour payer les bulles de l'abbé, qui prit possession de son abbaye le 15 juillet 1525. Il fut ensuite évêque de Pamiers, et mourut vers la fin de 1548.

PHILIBERT DE LORME, 11ᵉ ABBÉ COMMANDATAIRE.

Philibert de Lorme succéda à Jean de Luxembourg en 1548 ; mais il ne fut pas d'abord paisible possesseur de son abbaye : Edmond Maillard, qui en étoit prieur, s'en disoit aussi abbé (peut-être avoit-il été élu par la communauté). Quoi qu'il en soit, Maillard s'étoit emparé du revenu de l'abbaye et avoit fait défense aux fermiers de payer Philibert ; ce qui se prouve par une sentence rendue à Evreux à ce sujet le 18 janvier 1549, par laquelle l'abbé de Lorme fut maintenu dans la perception des fruits de son abbaye, dont il ne jouit paisiblement que vers le mois de mars de la même année, comme il le déclare dans l'aveu qu'il rendit au roi, en la chambre des comptes de Paris, le 8 octobre 1549.

Cet abbé étoit un des plus habiles architectes du royaume. Ce fut lui qui bâtit le château d'Anet, où l'on voit encore aujourd'hui des pièces d'architecture qu'on ne peut se lasser d'admirer. Il y a apparence qu'il fit faire les stalles du chœur de son monastère ; elles sont simples, mais elles sont propres. Ses armes sont à la chaire abbatiale. C'est un orme contre un croissant, et une tour, avec cette devise : *Nequid nimis*. Ces sortes d'armoiries, accompagnées de devises, étoient fort du goût de cet abbé-architecte. Les beaux restes de sculpture de sa façon qu'on voit au château d'Anet en sont remplis.

JACQUES DE POITIERS, IIIe ABBÉ COMMANDATAIRE.

Jacques de Poitiers, conseiller et aumônier du roi, abbé de Saint-Symphorien de Beauvais, chambrier de Coulombs, fut nommé à l'abbaye d'Ivry sur la fin de l'année 1559 ou au commencement de l'année suivante. Dans un titre de 1573 il prend la qualité de prieur et seigneur temporel de Coudres (1) au diocèse d'Evreux, prieuré occupé aujourd'hui par les missionnaires de St-Lazare.

Cet abbé paroît avoir été fort affectionné pour son abbaye, laquelle ayant été taxée en 1564 à la somme de 1380 livres pour subvenir aux nécessités de l'état; et les religieux voulant aliéner une terre pour payer cette taxe, Jacques de Poitiers ne le voulut point permettre, et aima mieux emprunter cette somme au denier 10, qu'il remboursa de ses propres deniers le 18 août 1565.

Le 13 juin 1573 il fonda le service des morts dans la chapelle du portail de l'abbaye, fit réparer la maison abbatiale et ladite chapelle, dans laquelle il fit faire dès son vivant un tombeau de pierre, élevé à six pieds de terre et soutenu par quatre petits piliers; le tout assez bien travaillé. Il est représenté couché sur son tombeau, avec cette épitaphe au-dessus :

Jacobo Pictonico Reg. Consil. et Elemosin.
Hujus monasterii quod instaurarat Abb. benè meerito :
In Deum et Ecclesiam pio,
In Egenos liberali, in amicos et domesticos munifico,
In omne hominum genus officioso,
Viro denique bono et egregio,
Monumentum hoc, vivente ipso, inchoatum.

---

(1) Guillaume de Jumiéges dit que ce fut à Londres que Robert, roi de France, fit le traité de paix entre Richard II du nom, duc de Normandie, et Eudes, comte de Chartres, par lequel la ville et château de Dreux demeureront à Eudes, et les terres sises en Normandie, en deçà de la rivière d'Avre, retourneront à Richard.

Le fief et seigneurie de Coudres, dépendant du prieuré, a les droits honorifiques de l'église, et la seigneurie de toute la paroisse ; il fut uni et incorporé à la maison de St-Lazare de Paris en 1667. Il relève et est en ce moment de la seigneurie de Nonancourt. (*Note de l'auteur.*)

*Testamenti executores ad illius œternam memoriam pp.
Vixit an. 58 obiit idib. Maii* 1577.

Ses armes sont de sinople chargé de six besans d'argent, avec deux griffons pour supporter l'écu.

Il étoit frère de Diane, duchesse de Valentinois, dame d'Anet, baronne d'Ivry, etc.

LOUIS POUPIN, IVᵉ ABBÉ COMMANDATAIRE.

Louis Poupin fut nommé à l'abbaye d'Ivry en 1579. Cette abbaye ayant été mise deux ans en économat après la mort de Jacques de Poitiers : on ne sait de quelle famille il étoit. Il demeuroit ordinairement près de Langés, en Touraine. Ce fut cet abbé qui en 1583 fit avec le curé de la paroisse de Neuilly une translation très-préjudiciable à l'abbaye d'Ivry; ce qui a causé par la suite un grand et long procès. Cet abbé mourut sur la fin de 1587.

JEAN LE BIGOT, Vᵉ ABBÉ COMMANDATAIRE.

Jean le Bigot succéda à Louis Poupin en 1588. On ne connoît pas mieux sa famille que celle de son prédécesseur. Il demeuroit aussi pour l'ordinaire à Langés ou aux environs. Le 14 juillet 1588 il donna procuration, passée audit lieu de Langés, à Pierre de Palerme, écuyer, sieur d'Espereaux, pour transiger avec les religieux de son abbaye, au sujet de leur vivre et entretien, ce qui fut exécuté la même année. Mais cette transaction ne fut pas de durée : car les religieux eurent un procès avec cet abbé dès l'année suivante, pour n'être pas payés de leurs pensions (peut-être parce que l'abbé n'étoit pas encore paisible possesseur du revenu temporel de son abbaye), les gens de guerre ruinant toutes les fermes. D'ailleurs l'abbaye lui étoit disputée par un nommé Artus d'Agar, gentilhomme du pays, qui avoit été nommé à ladite abbaye par le duc de Mayenne, et qui en avoit été déclaré économe par le lieutenant d'Evreux.

Jean Giffard, doyen de l'église d'Evreux, prit aussi presque dans le même temps la qualité d'économe ; mais on ne dit point par qui il avoit été nommé. Il passa des baux, et fit même une transaction le 24 février 1791 avec le curé de Garennes, au sujet d'une redevance que cette cure fait annuellement à l'abbaye d'Ivry. Mais tous les actes et procédures qui furent faits par la suite furent tous au nom de Jean le Bigot, qui mourut vers l'an 1623.

GABRIEL DE BEAUVEAU, VIe ABBÉ COMMANDATAIRE.

Gabriel de Beauveau fut nommé abbé d'Ivry, en 1623. Le 22 juillet 1624, il y eut contrat passé entre cet abbé et les religieux, au sujet de leurs pensions. Il fut ensuite évêque de Nantes et prieur de Grammont, près Chinon. On ne trouve rien de considérable pendant 45 ans, ou environ, qu'il a possédé cette abbaye. Il mourut vers la fin de 1667.

PHILIPPE DE VENDOSME, VIIe ABBÉ COMMANDATAIRE.

Haut et puissant prince Philippe de Vendosme, chevalier de l'ordre de St-Jean-de-Jérusalem, et depuis grand prieur de France, succéda à Gabriel de Beauveau, en 1668. C'est ce prince qui introduisit les religieux de la congrégation de St-Maur. Il étoit petit-fils de Françoise de Lorraine de Mercœur, fille unique et héritière de Philippe-Emmanuel de Lorraine, duc de Mercœur, et de Marie de Luxembourg, princesse de Martiques, épouse de César de Vendosme. Cette princesse, pleine de piété, honoroit de sa protection les religieux de la congrégation de Saint-Maur, et a beaucoup contribué à leur introduction dans l'abbaye d'Ivry, à laquelle elle a fait du bien.

LOUIS ANISSON, VIIIe ABBÉ COMMANDATAIRE.

Louis Anisson, docteur de la maison et société de Sorbonne, grand vicaire de M. de Villeroy, archevêque de Lyon, a succédé à Philippe de Vendosme, en 1727.

BÉNÉFICES DE L'ABBAYE.

Il y a cinq offices claustraux, celui du prieur, de chantre, de sacristain, d'aumônier et de vestiaire.

Six Prieurés, qui sont membres de l'abbaye, savoir :

Ste-Magdeleine-de-Serville...... ⎫
St-Marc-du-Sépulchre.......... ⎬ Diocèse de Chartres.
    Il étoit conventuel. ⎪
St-Lubin-du-Coudray........... ⎰
    Il étoit aussi conventuel.

St-Germain-de-la-Truite........ ⎫
St-Nicolas-de-Tourois.......... ⎬ Diocèse d'Evreux.
St-Barthélemy-de-Gournay...... ⎭

Les cures sont :

Autrefois celle de St-Ursin, dans le château d'Ivry, où il y avoit une petite collégiale ; en sa place est aujourd'hui celle de St-Jean-du-Pré.

St-Martin-d'Ivry............... ⎫
Notre-Dame-de-la-Couture...... ⎬
St-Martin-d'Espiers............ ⎭
St-Martin-du-Breuil............ ⎫
St-Barthélemy-de-Berniancourt.. ⎬ Diocèse d'Evreux.
Ste-Waldeburge-de-Foucrainville. ⎪
Ste-Opportune-de-Boucey ...... ⎭
St-Sulpice-de-la-Haye.......... ⎱ Diocèse de Chartres.
St-Lubin-de-la-Haye........... ⎰

LETTRE

A l'auteur du Journal de Verdun, sur le véritable lieu où s'est donnée la bataille d'Ivry (1).

Pour répondre, Monsieur, à la question insérée dans votre journal il y a déjà longtemps, sur le véritable lieu du champ de bataille d'Ivry, je crois avoir trouvé un titre qui doit le fixer.

« Le mercredi quatorzième jour de mars, au matin, dit
« Mézerai dans son *Abrégé chronologique de l'Histoire de*
» *France*, les deux armées se rangèrent en bataille vis-à-
» vis d'Ivry, dans cette grande plaine qui est au milieu
» d'une péninsule que forment les rivières d'Avre et d'Iton,
» et celle d'Eure qui les reçoit toutes deux. » Cette grande plaine se nomme la campagne de Saint-André de la Marche.

Le père Daniel et nos autres historiographes disent à peu près la même chose. D'Avila dans son *Histoire des guerres civiles* me semble avoir mieux désigné ce champ de bataille.

« Après que l'armée, dit-il, se fut rafraîchie et qu'elle
» eut repeu, l'on commença avec moins de précipitation
» que le jour précédent à marcher du côté de la campagne
» d'Ivry (il faut dire de la campagne de Saint-André), lieu
» destiné par le roi pour champ de bataille, et choisi ex-
» près, tant pour sa vaste étendue que pour sa commode
» situation de certains lieux de grand avantage dont il avoit
» fait dessein de s'emparer en prévenant l'ennemi. Cette
» plaine est de forme ronde et large de quelques lieues.
» A main gauche, par où venoit l'armée royale, elle a
» pour limites deux villages commodes et grands, l'un
» appelé Foucrainville, l'autre Saint-André (c'est ce der-
» nier qui donne le nom à la campagne); et du côté
» droit, où les troupes de la ligue avoient pris leur
« marche, elle est bornée d'un bois fort touffu, que
» ceux du pays appellent communément le bois de la
» Prairie. Devers le Ponant, par où cheminoient les

(1) Journal de Verdun, 1762, t. 1.

» deux armées, se voit une profonde vallée le long de
» laquelle coule l'Eure, rivière médiocrement grande et
» qui a sur son bord deux grosses bourgades : Anet, tourné
» vers le midi, et Ivry vers l'opposite, du côté de la tra-
» montane.... Cette campagne, qui est ouverte de toutes
» parts, sans être embarrassée ni de chaussée, ni de fossés,
» ni d'aucunes clôtures, n'a qu'un seul endroit en forme
» de vallon, creusé naturellement, et qui, ne s'étendant
» pas tout à fait jusqu'au milieu de la plaine, se trouve
» situé vis-à-vis de Foucrainville. » Et deux pages après il
dit : « L'armée de la ligue, marchant ainsi à petits pas du
» côté de la plaine, et tournant peu à peu le dos au bourg
» d'Ivry et au bord de la rivière de.... » Et il ajoute : « Le
» roi, voyant qu'il étoit toute nuit, mena loger commodé-
» ment son armée dans les villages de Foucrainville et de
» Saint-André, etc. »

Mais voici quelque chose de plus certain. Un curé d'I-
vry, curieux selon toute apparence, administra le sacrement de baptême à un enfant le jour et après la bataille.
La copie de l'extrait baptistaire m'a été communiquée.

Extrait des registres de baptême de la paroisse de Saint-Martin d'Ivry, année 1590.

« Le mercredi quatorze du mois de mars de l'an 1590,
» a été baptisée Barbe, fille de Jean le Grand, etc. » Et à
la marge de ce baptistaire est écrit : « Lesdits jour et an,
» la bataille a été faite par le roi Henri IV contre les prin-
» ces messeigneurs de Mayenne et de Nemours, le champ
» du combat entre les villages de Boussey et d'Espieds, et
» la victoire demeurée audit roi de Bourbon quatrième. »

La note du curé d'Ivry sur son registre des baptêmes est
trop claire pour avoir besoin de commentaires. Or il faut
remarquer qu'Epieds, où se donna le grand choc, est à
plus d'une lieue d'Ivry ; il semble que cette bataille auroit
dû en porter le nom. On n'a point dit la bataille de Tournay, mais la bataille de Fontenoi, qui est plus proche de
cette célèbre ville qu'Epieds ne l'est du bourg d'Ivry, qui
n'est qu'une bicoque comparée à Tournay.

Je fus exprès, ces vacances dernières, pour m'informer, sur les lieux, du véritable champ de bataille. Je m'adressai en conséquence à M. de Boussey, sur la seigneurie duquel elle s'est donnée en partie. Il se fit un vrai plaisir de me donner les notions que je désirois, et qui ont un grand rapport avec notre extrait baptistaire. Je vous les communique, Monsieur, pour en faire part au public.

Henri IV faisant le siége de Dreux, le duc de Mayenne marcha au secours de cette ville ; ce qui obligea le roi de lever le siége et de se retirer à Nonancourt, d'où il partit le lendemain pour empêcher le duc de Mayenne de passer la rivière d'Eure, ou pour le surprendre au passage de cette rivière. Mais le duc, n'ayant que quatre lieues à faire pour passer à Ivry, avoit bien moins de chemin que le roi, qui en fit près de huit par sa marche.

Il fit cependant tant de diligence, qu'il n'étoit qu'à une lieue et demie d'Ivry lorsque le duc déboucha dans la plaine de la Malmaison, tenant au bourg d'Ivry, et marchoit traversant celles de la Couture et de Boussey, pour aller occuper le village d'Epieds, qui fit sa droite appuyée à un bois appelé la Haye d'Epieds, et sa gauche de Tourneboisset, hameau de Garenne, où l'on voit encore les vestiges de très-larges fossés qui pouvoient former une redoute.

Ceci est d'autant plus probable, que la tradition est qu'une butte, qui existe encore aujourd'hui dans les vignes de Boussey, étoit l'emplacement d'une batterie de canon du duc, qui étoit très-bien pour tirer sur les troupes qui occupoient depuis la Breuille-Evrart, ou le Bravillevaret, jusqu'à Epieds, venant à marcher pour attaquer l'armée du duc.

Le roi, étant arrivé le 13 dans la plaine (1) de Foucrainville, fit ses dispositions, et marcha par la plaine de Serez

(1) Il y a dans cette plaine un vivier, contenant à peu près 2 acres, que la tradition assure avoir été fait par Henri IV, pour abreuver et désaltérer son armée. Selon M. de Boussey, cela n'est pas vraisemblable, le roi n'y ayant fait que coucher, encore ses troupes durent-elles être en mouvement toute la nuit. (*Note de l'auteur.*)

au village d'Epieds, qui devint sa gauche, ayant sa droite appuyée aux hameau et bois de Breuille-Evrat, paroisse de Serez. L'attaque commença au village d'Epieds le mercredi matin 14 mars 1590.

Le roi ayant forcé la droite du duc, et obligé ses troupes d'abandonner Epieds et la Haie qui est un bois taillis, il fit marcher son armée par un quart de conversion sur sa gauche, qui ne bougea, et la rendit parallèle à l'armée ennemie à Lente, triége (1) de la seigneurie d'Epieds, où se donna le grand choc, et où l'armée du duc, mise en déroute, fit sa retraite avec beaucoup de désordre au bourg d'Ivry. Là, n'ayant qu'un pont, et suivi des troupes du roi, il y eut un sanglant combat où le duc perdit bien du monde.

Le duc, ne voyant de salut que dans une prompte retraite, pour se la faciliter fit rompre le pont, et arrêta par là le roi, qui, ne le pouvant plus suivre, craignit qu'il ne voulût fortifier la garnison de Dreux. Henri IV chercha les moyens de l'en empêcher, en passant au gué de la Tourniolle au-dessous du pont des Cordeliers, proche Anet, avec ce qu'il avoit de troupes les plus légères, se mettant par cette marche entre Dreux et l'armée du duc, qui ne pensoit à rien moins, puisqu'il fut à toute bride à Mantes, avec ce qui pût le suivre. Le reste se retira à Chartres.

Pendant que le roi remplissoit son objet de ce côté, les troupes qu'il avoit laissées sur le champ de bataille passèrent l'Eure au gué de l'Epine, proche Neuilly, à une petite demi-lieue d'Epieds, et le tout le joignit à Rony, chez M. de Sully, où il coucha.

Telles sont, Monsieur, les connaissances que m'a données M. de Boussey, qui en quittant Pallas, s'est donné tout entier à Minerve.

---

(1) M. le comte d'Eu, instruit de ce trait de la bataille, y a fait planter un grès carré, de 3 pieds de haut, avec cette inscription : *C'est ici l'endroit de Lente, où se tint le roi Henri IV le jour de la bataille d'Ivry, le 14 mars 1590.*

Voici un autre fait dont aucun de nos historiographes n'a fait mention ; il est pris des archives de l'abbaye d'Ivry, et ce fait passe pour constant dans le pays.

Un religieux de cette abbaye (1) nommé Fréval, de la maison de Fréval, branche de celle de Hallot, ancienne noblesse du canton, ayant appris que les ennemis de Henri IV, qui devoit le lendemain les attaquer et les charger à la tête des reîtres, avoient dessein de le tuer, alla trouver ce monarque à Saint-André de la Marche, à trois lieues d'Ivry, pour l'avertir de la conspiration de ses ennemis, et qu'ils savoient le poste qu'il devoit occuper le lendemain. Le roi écouta ce religieux ; mais, craignant que ce ne fût un espion, il le donna en garde à un gentilhomme dont on ne dit point le nom. Henri IV ne laissa pas cependant de profiter de cet avis ; et ayant fait mettre à la tête des reîtres le marquis d'Entragues, il fut effectivement tué par le capitaine des gardes du duc de Mayenne, nommé la Bigottière (2), gentilhomme du pays, qui prit aussitôt la fuite, croyant avoir tué le roi. Mais ayant été arrêté à Epieds, il fut conduit devant Henri IV, qui lui demanda ce qu'il avoit prétendu faire en tuant le marquis d'Entragues. « Mon devoir, sire, lui répondit la Bigottière ; puisque j'ai eu le malheur de m'engager dans un mauvais parti, j'ai été obligé de faire ce qu'on m'avoit commandé, d'attaquer V. M. en personne », et ajoutant aussitôt que ce jour-là étant le jour de son triomphe, ce devoit être aussi celui de sa miséricorde. Le roi lui pardonna et lui fit rendre son épée.

Cette tradition populaire me paroît d'autant plus sus-

---

(1) L'abbaye d'Ivry, ordre de St-Benoît, fut fondée en 1071, par le comte Roger d'Ivry, échanson de Guillaume le Conquérant, duc de Normandie, cinq ans après que ce prince eut conquis l'Angleterre, selon la charte de fondation : *In anno quinto postquam Willemus comes Normanorum, in prælio superavit Anglos, ego Rogerius pincerna*, etc. Le mot *comes Normanorum* est à remarquer. On peut voir ce que j'ai dit de cette abbaye dans mon Calendrier historique de la ville et du diocèse d'Evreux, année 1750. (*Note de l'auteur.*)

(2) Il ne reste plus de cette ancienne famille que deux demoiselles qui demeurent à Serez, proche Epieds. (*Note de l'auteur.*)

pecte, que je n'ai lu nulle part qu'un marquis d'Entragues eût été tué à la bataille d'Ivry. Si ce fait est vrai, il faut que M. de Sully ait eu de fortes raisons pour le passer sous silence dans ses *Mémoires*.

J'ai l'honneur d'être, etc.

DURAND,
Professeur au collége royal d'Evreux.

MÉMOIRE

Adressé à l'auteur du Journal de Verdun, contenant quelques détails sur ILLIERS, bourg du diocèse d'Evreux (1).

Tout ce qui concerne ma patrie m'est si cher, que je ne vois qu'à regret qu'on ignore ou qu'on supprime ce qui y a rapport. A l'ouverture du nouveau Moreri, je tombai directement, il y a quelques jours, sur la lettre I. Mon premier soin fut de chercher avec empressement *Illiers*, joli bourg du diocèse d'Evreux : je trouve *Illiers-Vendôme*. Mais si c'est de celui-là, comme il y a toute apparence, dont M. Drouet entend parler, je ne le reconnois plus. Il ne trouvera donc pas mauvais que par la voie du *Journal de Verdun* je lui fasse voir les vrais seigneurs à qui cette ancienne baronnie a toujours appartenu légitimement.

Illiers est un petit bourg assez bien bâti et percé ; sa situation est des plus agréables. La fertilité de son territoire répond à la beauté du point de vue ; et quoiqu'il soit assis en pleine campagne, il ne laisse pas d'être arrosé par un petit ruisseau appelé Caudanne, qui prend sa source aux environs et qui en fait toute la commodité.

Le terroir produit du vin en plusieurs endroits de la paroisse ; mais celui qui croît au canton appelé les Châteaux-d'Illiers (2) ne le cède point aux vins de Champagne en délicatesse. Après cela, que quelques géographes modernes viennent nous dire hardiment qu'il ne croît point de vin en Normandie. Si la preuve que j'en apporte ne les satisfaisoit pas encore, je les renverrois à l'excellent vignoble de Mesnilles, Vaux, Hardencourt, Ecardenville, etc., paroisses situées à trois petites lieues d'Evreux, et dont le vin en certains cantons peut aller de pair avec le Bourgogne.

La cure ou l'église paroissiale d'Illiers est divisée en deux portions, qui sont desservies par deux curés qui en sont les titulaires : l'une est sous l'invocation de Notre-Dame, et l'autre sous celle de saint Martin. Le chapitre

(1) Journal de Verdun, 1762, t. 1.
(2) Louye et l'Etrée.

de Chartres est le patron de la première, et l'abbé de St-Père-en-Vallée, de la même ville, est le patron de la seconde.

Il y a peu de paroisses dans le diocèse d'Evreux qui renferment dans ses enclaves des seigneuries aussi considérables et des grosses dîmes aussi étendues ; et rien n'est plus agréable à la vue que de voir de loin et en perspective les manoirs seigneuriaux du Bremien, de Pinson et de Jarsey, avec les parcs et les bois de haute futaie qui les accompagnent.

L'église et la dîme de cette paroisse furent premièrement possédées en pure propriété, vers le milieu du Xe siècle, par Leutgarde, fille de Herbert, IIe du nom, comte de Vermandois et de la Champagne, et femme en premières noces de Guillaume Longue-Épée, second duc de Normandie, et en secondes noces de Thibaud, surnommé *le Tricheur*, comte de Tours, de Chartres et de Blois.

Il est à présumer que cette princesse tenoit le domaine et la seigneurie de cette église et de ses dépendances de la pure libéralité d'un de ses deux maris, qui suivant l'usage de ce temps lui en avoit fait une donation à cause de noces, pour et avec faculté d'en disposer comme de son propre et légitime domaine. Cette dame en fit don à Aves Grandus, son parent, et Aves la donna l'an 906 au chapitre de Chartres.

Il ne paroît pas cependant que la possession du chapitre de Chartres ait été paisible et sans troubles depuis ce temps-là jusqu'à 1156 ; il semble au contraire que l'église et la dîme d'Illiers aient suivi le sort de la seigneurie de cette paroisse, et que les possesseurs de la forteresse et du château disposoient à leur gré du bien de l'église comme de celui de la seigneurie. Et ce n'est que depuis l'an 1157 qu'il y a eu une règle et une forme certaine dans le droit et l'exercice du patronage et dans la possession et jouissance des dîmes de l'église d'Illiers : car il paroît que ce fut Rotrou, évêque d'Evreux, qui, pour se conformer à l'intention de ceux qui firent entre ses mains la donation, ou, pour mieux dire, la restitution de l'église et de la dîme d'Illiers, divisa l'une et l'autre en deux portions égales, et en donna une au chapitre de Chartres et l'autre à l'abbaye de Saint-Père-en-Vallée, sans oublier les intérêts des deux curés de cette paroisse, auxquels il assigna une portion et un canton particulier dans lesdites dîmes. Ce partage ainsi fait par l'évêque d'Evreux, les abbé et religieux de Saint-Père, pensant jouir paisiblement de leur portion, trouvèrent de l'opposition de la part du chapitre; mais après bien des contestations et des difficultés, les parties en vinrent à un traité d'accommodement en 1225, au moyen duquel et d'une somme de 25 livres de retour, le chapitre de Chartres céda à l'abbaye de Saint-Père la portion de l'église et de la dîme en question; et c'est cette somme de 25 livres que l'abbé et les religieux de ce monastère payent encore aujourd'hui au chapitre pour les honoraires et la rétribution de deux processions que le clergé de l'église cathédrale fait à l'église de Saint-Père, l'une le mardi de Pâques et l'autre à la fête de Saint-Pierre, auxquels jours les chanoines célèbrent la grand'messe conjointement avec les religieux de ce monastère.

A l'égard de la châtellenie et baronnie d'Illiers, il n'est pas facile de fixer le temps et l'époque de la donation qui en a été faite à l'évêché d'Evreux. Cette seigneurie a passé successivement par tant de mains différentes dans le XIe et le XIIe siècle, qu'on ne peut rien affirmer de certain à cet égard.

Le premier seigneur dont le nom soit parvenu jusqu'à nous qui s'est emparé de la seigneurie d'Illiers, a été Geoffroy, vicomte de Châteaudun. Il y fit bâtir un château, comme le remarque Fulbert, évêque de Chartres, dans sa 89e épître; ce qui arriva sur la fin du XIe siècle. Après lui, cette seigneurie passa à Gervais et Hugues de Châteauneuf, qui ruinèrent le premier château et en firent bâtir un autre. Les seigneurs d'Ivry et d'Anet l'ont possédée successivement, et elle étoit encore entre les mains de ces derniers lorsque Philippe-Auguste prit Illiers et sa forresse, en 1204, sur Simon d'Anet, et en donna la confiscation à Pierre de Courtenai, son cousin, dont la postérité en a joui jusqu'en 1273, que Robert de Courtenai, évêque d'Orléans, qui en étoit seigneur, le vendit à Philippe de Cahors, évêque d'Evreux.

La châtellenie et baronnie d'Illiers a toujours été une seigneurie très-noble et très-considérable. C'était originairement un fief mouvant du duché de Normandie, dont les évêques d'Evreux se sont toujours retenu la seigneurie directe, avec l'hommage et la mouvance des fiefs qui en dépendoient, dans le temps même que cette châtellenie étoit sous la puissance de seigneurs étrangers.

Il est vrai que ces prélats avoient attaché l'hommage et la tenure de ces fiefs à la baronie de Condé (1), par forme d'*interim* ; et c'est la raison pour laquelle, dans les aveux de l'évêché, la plupart des fiefs mouvants de la baronnie d'Illiers se trouvent confondus avec ceux de la baronnie de Condé. Mais cette soustraction d'hommage, qui n'a été que pour un temps, n'a diminué en rien l'honneur et la dignité de cette baronnie ; présentement qu'elle est retournée à ses vrais et légitimes seigneurs, les choses sont remises dans leur premier état.

Il se trouve une charte dans le cartulaire de l'évêché d'Evreux qui justifie deux faits d'importance à cet égard. Le premier, que le fief d'Illiers est mouvant du duché de Normandie ; et le second, que l'évêque d'Evreux en est le seigneur, et que, pour le dédommager en quelque façon des torts et griefs que Henri Ier, roi d'Angleterre et duc de Normandie, avait faits à l'église d'Evreux, en 1120, ce prince en mourant réserva une somme considérable pour être employée à la réparation du château d'Illiers, dont on voit encore les vestiges que les curieux admirent. Quoi qu'il en soit, l'antiquité de la donation de la terre et seigneurie

---

(2) Condé est la maison de plaisance des évêques d'Evreux. C'est là où le fameux cardinal du Perron, qui en étoit évêque, a composé la plus grande partie de ses ouvrages. Ce château, bâti par Ambroise et Gabriel le Veneur, évêques d'Evreux, étoit abandonné et prêt à tomber en ruines ; mais M. de Rochechouart, aujourd'hui évêque de Bayeux, en a fait un séjour charmant, et c'est à cet illustre prélat qu'on est redevable de cette réédification. (*Note de l'auteur.*)

d'Illiers, l'incertitude du temps où elle a été fief, la certitude où l'on est que ce fief est mouvant maintenant du duché de Normandie, toutes ces circonstances prouvent que cette terre et seigneurie a fait originairement partie de celles que Rollon ou Raoul Ier, duc de Normandie, donna à l'église d'Evreux, en 912, le troisième jour après son baptême, et que si la possession des évêques d'Evreux se trouve interrompue et troublée dans les Xe et XIIe siècles, c'est un effet du renversement de l'ordre et de l'injustice causée par les guerres de ce temps-là; et de l'usurpation des seigneurs étrangers, sans que le droit de ces prélats n'en ait été pour cela ni moins légitime, ni moins certain.

Par M. DURAND,
Professeur au collége royal d'Evreux.

A Evreux, ce 28 octobre 1761.

LETTRE

A M. Dreux-du-Radier, avocat, sur une ancienne Bible de la collégiale de Dreux, etc. (1).

Pendant mon séjour à Dreux, ce mois dernier, je n'ai pas manqué, Monsieur, de voir l'ancienne Bible de la collégiale de cette ville, dont vous parlez dans votre lettre, insérée dans le journal de juin de cette année.

Ce fut Louis-le-Gros qui fonda, dans l'enclos du château de Dreux, un chapitre composé d'un abbé et de quatorze chanoines réguliers de l'ordre de Saint-Victor et qui leur fit bâtir une église sous l'invocation de Saint-Etienne, en l'année 1119, comme il paroit par deux vers, que l'on voit encore sur une des pierres de taille de cette église :

Centies undenis quater annis adde novenos
Sexto, qui sequitur, domus hæc fundata probatur.

Ce chapitre subsiste encore ; il n'y a plus d'abbaye ni de chanoines réguliers dont les prébendes sont à la nomination du roi, mais à la présentation des comtes de Dreux. Il est à présumer que l'abbé et les chanoines réguliers étoient cloîtrés dans le château. J'ai appris de M. le Tellier, libraire à Dreux, qu'on a trouvé, il n'y a pas longtemps, plusieurs tombeaux dans l'enceinte du château, qui pourroient bien être le lieu où l'on avoit inhumé ces premiers abbés.

On ne voit point en quel temps s'est fait ce changement dont on pourroit trouver des preuves dans l'abbaye de Saint-Victor, de Paris ; car, pour indemniser ces messieurs de ce changement, les chanoines de Saint-Etienne de Dreux donnoient autrefois la première année du revenu de leurs prébendes à l'abbaye de Saint-Victor ; mais par une transaction du quinzième siècle, ils ne paient plus que dix écus d'or à l'abbé.

Il paroît, Monsieur, que vous n'aimez pas les observations du père Texte ; quoi qu'il y ait des fautes en quelques endroits, je serais fâché que Messieurs du Chapitre, qui

(1) Journal de Verdun, 1764, t. 1.

m'ont fait l'honneur de me recevoir avec mille politesses, supprimassent l'ouvrage du savant jacobin : et bien loin de *donner lieu à tant de méprises*, je pense au contraire qu'elles peuvent conduire à bien des éclaircissements.

Il est inutile que je rapporte ici l'acte de donation dont j'ai sérieusement examiné l'original et la copie; il me semble n'avoir vu ni dans l'un ni dans l'autre, le *quod*, qui est mal placé. J'ai lu seulement, *et post transitum hujus sæculi, dies anniversarii eorum in eâdem ecclesiâ annuatim, perpetuo celebrentur.*

Vous paroissez douter si le père Texte ne s'est point trompé en prenant Louis VI pour Louis VII. Non, Monsieur, il ne s'est point trompé, j'ose vous l'avouer : c'étoit Louis-le-Gros qui régnoit en France en 1116, et Henri I en Angleterre, époque dont on ne perdra jamais la mémoire, puisque cette même année fut le commencement des guerres entre la France et l'Angleterre, qui n'ont fini que sous le règne de Charles VII. Louis VII ne vint au monde qu'en 1120, quatre ans après la donation de la Bible; et cette même année, Henri I, alors duc de Normandie, bâtit la ville de Verneuil au Perche.

Vous dites, Monsieur, que les signatures de la donation sont entièrement effacées, pour moi je crois qu'il n'y en a jamais eu. Plusieurs chartes et autres actes de ce siècle sont dans le même goût. On se contentoit seulement d'exprimer au commencement son nom, sa qualité, la donation ou la fondation qu'on faisoit. Cependant le nom *Pierre*, trois fois répété avec paraphe, me semble une souscription. Ne seroient-ce point trois témoins du même nom qui auroient assisté à la donation. A ce sujet, le père Texte donne une plaisante raison : « *Nota*, dit-il, *quod in-* » *frà sparsim legitur Petrus, cum parapho, quæ subscrip-* » *tio ter jocosè repetita, despicitur.* » Mais dans une donation faite à Dieu et à Saint-Etienne, avec tant de solennité par Thomas et Ermeline, sa femme, qui posent chacun leur main sur l'autel, *pro remedio animæ suæ*, donation marquée au coin de la plus profonde piété, à quelle fin le mot *Pierre* se trouve-t-il répété trois fois par badinerie, *jo-*

cesè, selon le père Texte ? Pour moi, je crois qu'il faut attribuer cette triple souscription, *Pierre*, très-lisible, à toute autre cause qu'au badinage. La solennité de la donation, le lieu saint où elle est faite, les circonstances pieuses qui l'ont accompagnée, répugnent au badinage. Mais, dans le onzième ou douzième siècle, le nom de *Pierre* (1) se prononçoit-il, s'écrivoit-il comme aujourd'hui ?

C'est à un savant tel que vous, à porter son jugement ; en conséquence, je profiterai avec plaisir de vos lumières.

Oui, Monsieur, le père Texte s'est trompé en ne faisant qu'une seule personne de Thomas et Roger ; il ne le dit pas affirmativement, il en doute, et son doute est mal placé. A l'égard du sire Gervais, il conjecture : cela est naturel. S'il eût connu cette maison comme vous, il nous auroit donné des preuves et non des conjectures.

Notre jacobin traduit le mot latin *drapifer* par maître-d'hôtel, il n'a pas tort ; et vous, Monsieur, par sénéchal, vous avez raison ; mais tout le monde n'est pas aussi savant que vous. Combien de personnes qui lisent ce journal, auront pris le mot *sénéchal* pour un magistrat. J'aurois voulu que vous eussiez pris la peine d'expliquer, pour plus grande intelligence, les différentes significations analogues au mot sénéchal. Il est certain que les anciens ont confondu la dignité de *senescallus*, avec celle de *drapifer*. L'un et l'autre veut dire maître-d'hôtel. *V. le dictionnaire de Trevoux* (2) dernière édition, au mot *sénéchal*.

Il est vrai que l'ordre de la Vulgate est changé dans

---

(1) On dit encore aujourd'hui l'abbaye de St-Père de Melun, de St-Père de Chartres, pour *Pierre*. (*Note de l'auteur.*)

(2) Son sénéchal à Raoul appellé,
    Qui del mangier le servoit à son gré.

    Force on li sénéchal hâté
    A la cuisine la viande.

Judas étoit sénéchaux des disciples. Ce mot signifie ici *pourvoieur*.

    Et li baron sont à table assis,
    Li sénéchal s'en sont bien entremis,
    De bien servir chacun fut bien appris.

cette Bible. Les paralipomènes précèdent les autres livres qui les suivent, et quoi qu'en dise le père Texte dans ses observations, je regarde cette Bible comme Arienne. Malgré les autorités qu'il rapporte pour la rendre orthodoxe, il ne peut s'empêcher d'attribuer aux Ariens d'avoir supprimé ces paroles sacrées. *Tres* (1) *sunt in cœlo qui testimonium dant. Pater, Verbum, et Spiritus Sanctus, et hi tres unum sunt.* Elle est donc Arienne? La plus grande grâce que nous puissions faire à Roger, qui l'a écrite, et à Thomas, qui l'a donnée, c'est de les accuser d'ignorance; vice qui n'étoit que trop commun dans ce siècle.

Le père Texte remarque fort bien qu'on appeloit anciennement la Bible *Bibliothèque par excellence*, selon, dit-il, la remarque de Durand.

Vous la croyez, Monsieur, du douzième siècle; pour moi, je présume qu'elle est plus ancienne, par la différence que je trouve entre l'écriture de la donation et celle de la Bible. Je finis par une difficulté qui ne paroit pas facile à résoudre. Comment s'est-il pu faire que Thomas *Dapifer* ait donné, en 1116, une Bible à une église qui n'a été fondée qu'en 1119: que son épouse Ermeline et lui aient posé leur main sur un autel qui n'a existé que trois ans après la donation : *Datâ manu ipsius Thomæ, et manu conjugis super altare?* Il vous est réservé, Monsieur, de nous débrouiller ce chaos.

J'ai l'honneur, etc.   DURAND,
Professeur et bibliothécaire du collége royal d'Evreux.

A Evreux, ce 5 octobre 1763.

(1) Saint Jean, épître prem., c. 5, v. 7.

FIN.

TABLE.

Préface..	IV
La juste Position des principales villes et bourgs de Normandie, leurs degrés de longitude et latitude ; par Cretien, curé d'Orgeville..	1
Abrégé historique de la ville d'Evreux, par Durand..........	23
Suite de l'Histoire d'Evreux, par le même	26
Saint-Nicolas..	30
Du Château..	36
Histoire de la grosse Horloge, par le même..................	51
De la Boulangerie	41
Hôtel-de-Ville...	43
Histoire de l'Eglise cathédrale, par le même.................	45
Des Paroisses d'Evreux, par le même	48
Des Rues d'Evreux, par le même............................	50
Noms et Surnoms de Mgr l'illustrissime et révérendissime évêque d'Evreux, etc...	57
Fondations des Dignités, Chanoinies, Prébendes, Vicairies et Chapelles de l'église cathédrale ; par Durand.............	64
Clergé régulier de la ville d'Evreux.........................	66
— Couvents et Communautés	67

Du Clergé du diocèse............................	75
Abbayes du diocèse................................	75
Chambre du clergé................................	77
Bailliage, Présidial et autres juridictions d'Evreux............	78
Départ des Carrosses d'Evreux pour Paris, Rouen et Dreux..	89
Etat civil du comté d'Evreux, par Durand................	91
Comtes d'Evreux de la maison de Bouillon, par le même......	93
Chronologie historique des comtes d'Evreux, par les auteurs de l'*Art de vérifier les dates*............................	97
Lettre contenant quelques Observations sur le livre intitulé: *Abrégé chronologique des grands Fiefs de la Couronne*, par Durand....................................	116
Etat de la ville d'Evreux dans les xive, xve et xvie siècles, par le même..	121
Recherches sur les Entrées solennelles de nos rois dans la ville d'Evreux, par le même............................	124
Observations sur Turstin, archevêque d'Yorck, et Audin, évêque d'Evreux; par Beziers........................	127
Réception de N^{grs} évêques d'Evreux à leur joyeux avènement, par Durand....................................	130
Explication du terme bizarre *Abbas Cornardorum* (abbé des cornards) et d'un usage singulier qui a subsisté dans la ville d'Evreux......................................	134
Lettre sur l'ancienne et célèbre cérémonie de la Saint-Vital, et la Procession noire d'Evreux, par L. A. M. A..........	149
Lettre de Durand à Loisel, auteur de la *Dissertation sur le bonnet vert*....................................	155
Lettre écrite d'Evreux le 15 décembre 1734 par M. A C. D. S. T., sur un droit honorifique singulier....................	162
Lettre de Durand sur le Droit d'*atrier*....................	164
Mémoire sur le droit d'*atrier* établi à Evreux, par Jobey......	167
Extrait d'une lettre écrite d'Evreux, sur une Médaille d'or d'Edouard, roi d'Angleterre, trouvée dans cette ville..........	175
Extrait d'une lettre de Boislambert, curé du Vieil-Evreux, contenant des remarques sur la position de ce lieu et les antiquités que l'on y trouve..................................	179
Lettre sur une Statue antique trouvée dans les environs d'Evreux, par Durand..................................	182

Observations sur Jean de la Tour, qui livra, du temps de la Ligue, la ville de Louviers à Henri IV ; par Durand 184

Histoire de la ville de Verneuil, par le même 188

— de l'abbaye d'Ivry, par le même 198

Lettre sur le véritable lieu où s'est donnée la bataille d'Ivry, par le même 296

Mémoire contenant quelques détails sur Illiers, bourg du diocèse d'Evreux ; par le même 212

Lettre à Dreux-du-Radier, sur une ancienne Bible de la collégiale de Dreux ; par le même 217

FIN DE LA TABLE.

Observations sur Jean de la Tour, qui livra, du temps de la Ligue, la ville de Louviers à Henri IV ; par Durand.......	184
Histoire de la ville de Verneuil, par le même................	188
— de l'abbaye d'Ivry, par le même....................	198
Lettre sur le véritable lieu où s'est donnée la bataille d'Ivry, par le même...	296
Mémoire contenant quelques détails sur Illiers, bourg du diocèse d'Evreux ; par le même............................	212
Lettre à Dreux-du-Radier, sur une ancienne Bible de la collégiale de Dreux ; par le même...........................	217

FIN DE LA TABLE.

www.ingramcontent.com/pod-product-compliance
Lightning Source LLC
Chambersburg PA
CBHW051859160426
43198CB00012B/1667